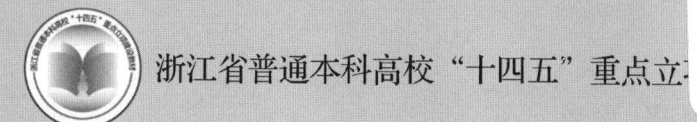

浙江省普通本科高校"十四五"重点立项

# 技术性贸易壁垒理论、规则与实务

主　编◎杨幽红
副主编◎王世川　张朋越

JISHUXING
MAOYI BILEI
LILUN、GUIZE
YU SHIWU

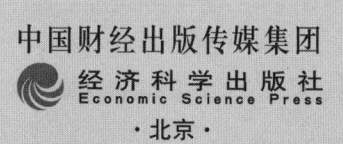

中国财经出版传媒集团
经济科学出版社
Economic Science Press
·北京·

图书在版编目（CIP）数据

技术性贸易壁垒理论、规则与实务 / 杨幽红主编；王世川，张朋越副主编. -- 北京：经济科学出版社，2025.4. -- ISBN 978-7-5218-6917-0

Ⅰ.F746.17

中国国家版本馆CIP数据核字第202520723T号

责任编辑：白留杰　凌　敏
责任校对：齐　杰
责任印制：张佳裕

**技术性贸易壁垒理论、规则与实务**
JISHUXING MAOYI BILEI LILUN、GUIZE YU SHIWU
主　编　杨幽红
副主编　王世川　张朋越
经济科学出版社出版、发行　新华书店经销
社址：北京市海淀区阜成路甲28号　邮编：100142
教材分社电话：010-88191309　发行部电话：010-88191522
网址：www.esp.com.cn
电子邮箱：bailiujie518@126.com
天猫网店：经济科学出版社旗舰店
网址：http://jjkxcbs.tmall.com
北京密兴印刷有限公司印装
710×1000　16开　16印张　270000字
2025年4月第1版　2025年4月第1次印刷
ISBN 978-7-5218-6917-0　定价：68.00元
（图书出现印装问题，本社负责调换。电话：010-88191545）
（版权所有　侵权必究　打击盗版　举报热线：010-88191661
QQ：2242791300　营销中心电话：010-88191537
电子邮箱：dbts@esp.com.cn）

# 前 言

在经济全球化深入发展的 21 世纪,国际贸易已成为推动人类文明进步的核心动力。在这个由商品、资本、技术共同编织的全球网络中,技术性贸易壁垒(Technical Barriers to Trade,TBT)作为一把"双刃剑",既承载着保障人类健康、环境保护和技术创新的使命,又日益成为国际经贸博弈的战略工具。据世界贸易组织(WTO)统计,2022 年全球 TBT 通报量达到创纪录的 4582 项,较十年前增长 217%,这一数字折射出技术性贸易措施在国际贸易体系中的权重正发生历史性跃升。中国作为全球货物贸易第一大国,2022 年出口总额达 3.59 万亿美元,其中约 30% 的出口企业遭遇过技术性贸易壁垒,直接经济损失超过 600 亿美元。这些数据警示我们:在传统关税壁垒逐渐消弭的今天,技术性贸易壁垒已成为影响国际经贸格局重构的关键变量。

## 一、技术性贸易壁垒的时代价值与战略意义

WTO 框架下,技术性贸易壁垒特指为实现合法目标而采取的技术法规、标准、合格评定程序等措施。这些措施本应服务于提升产品质量、保护生态环境、维护消费者权益等公共目标,但在实践中往往异化为新型贸易保护工具。以欧盟 REACH 法规为例,这部被称为"史上最严化学品管控体系"的技术法规,表面上是为保护人类健康和环境安全,实则通过复杂的注册、评估程序,将发展中国家价值数百亿美元的化工产品拒之门外。

当前全球价值链正经历深度重构,技术性贸易壁垒的战略价值呈现三个维度跃迁:其一,在功能定位上,从单一的市场准入工具升级为综合性的国家竞争战略载体。美国《芯片与科学法案》将技术标准制定与半导体产业链重构深度绑定,通过出口管制实体清单构建技术"小院高墙",即为典型案例。其二,在作用机制上,从显性的技术指标限制转向隐性的制度体系竞争。欧盟正在推进的碳边境调节机制(CBAM),将产品全生命周期的碳排放核算标准转化为新的贸易门槛,这种制度性壁垒比传统技术指标更具系统性和持续性。其三,在

影响范围上，从货物贸易领域向服务贸易、数字贸易等新兴领域快速延伸。全球83个国家已出台数据本地化存储法规，人工智能伦理标准、区块链技术规范等新型技术壁垒正在重塑数字贸易规则体系。

## 二、全球技术性贸易壁垒发展的新维度与新挑战

当今世界正处于百年未有之大变局，技术性贸易壁垒呈现出五个显著演进趋势：第一，标准制定权争夺白热化。美、欧、日三方通过"标准联盟"掌控国际标准化组织（ISO）83%的技术委员会秘书处，主导着全球95%以上的国际标准制定。第二，绿色技术壁垒加速崛起。截至2023年，全球已有46个碳定价机制投入运行，覆盖12%的全球碳排放量，"气候合规"成为新的贸易通行证。第三，数字技术壁垒向纵深发展。欧盟《数字市场法案》《数字服务法案》构建起覆盖数据流动、算法透明、平台责任的立体化数字贸易壁垒体系。第四，私营标准体系快速扩张。亚马逊、沃尔玛等跨国企业建立的供应商认证标准，事实上已形成超越国家主权的"私人治理"体系。第五，安全泛化趋势日益凸显。美国以"国家安全"为由实施的半导体出口管制，开创了技术性贸易措施政治化的危险先例。

在全球贸易保护主义与供应链重构以及地缘政治冲突叠加作用下，技术性贸易壁垒呈现出三个新特征：应急性技术措施常态化，欧盟医疗设备紧急使用授权制度已转化为永久性准入要求；区域化标准体系板块化，美墨加协定（USMCA）中的汽车原产地规则要求75%的零部件必须在本地区生产；技术民族主义显性化，主要经济体研发投入的"内向化"倾向加剧，2022年全球国际共同专利申请占比下降至11.3%，创十年新低。

## 三、中国构建TBT应对能力的现实路径

面对复杂多变的技术性贸易壁垒环境，中国需要从认知革新、能力建设和制度创新三个维度实现突破。认知层面，要超越"合规应对"的被动思维，建立"规则塑造"的战略意识。实务层面，亟须培养既懂国际规则又熟悉产业技术的复合型人才，这正是本教材编写的根本出发点。

本教材创造性地构建了"理论-规则-实践"三位一体的认知框架：在理论维度，系统阐释TBT的经济学机理、法学基础和政治逻辑；在规则维度，横向对比欧盟、美国和日本技术性贸易壁垒规制逻辑差异，纵向解析WTO争端

解决机制下的 TBT 典型案例（如乌克兰诉俄罗斯铁路设备进口限制措施案例、加拿大、挪威诉欧盟禁止进口和销售海豹产品措施案例）；在实践维度，探讨主要贸易伙伴技术性贸易壁垒对我国重要行业产品出口的影响及应对策略。书中特别设置"引导案例"和"中国视角"专栏。"引导案例"介绍最新技术性贸易措施，强化教学代入感。"中国视角"剖析华为 5G 标准重围、新能源汽车欧盟认证等多个本土案例，揭示技术性贸易博弈的本质规律。本框架突破传统教材"理论－实务"二元分割模式，通过规则维度衔接学理认知与实战需求，使 TBT 研究既具理论纵深感，又保持实践鲜活性。

在百年变局加速演进的时代背景下，掌握技术性贸易壁垒的客观规律，不仅关乎企业跨国经营的成败，更是关系国家发展权的重要战略课题。当前，中国在国际标准制定中的贡献率已从 2012 年的 0.8% 提升至 2022 年的 7.3%，但相比发达国家仍有显著差距。期待本教材能为培养具有全球视野、战略思维和专业能力的 TBT 人才提供知识支撑，助力中国在国际经贸规则重构中实现从"跟跑"到"并跑"最终"领跑"的历史性跨越。

本书共十章，具体分工如下：第一章，张朋越；第二至第三章，王世川；第四至第六章，杨幽红；第七章，杨幽红、王世川；第八至第十章，杨幽红。全书由杨幽红统稿。

本书被列为浙江省普通本科高校"十四五"首批新工科、新文科、新医科、新农科重点教材。在编写过程中，引用和参考了国内外大量相关文献，得到了国家市场监督管理总局国家标准技术审评中心、浙江省高等教育学会、中国计量大学教务处和经济科学出版社等专家和同行热情帮助，张可欣为本书的数据统计和资料整理做出贡献，在此一并表示衷心感谢。

本书适用于国际经济与贸易、国际商务、标准化工程、法学（国际经济法方向）等专业类的课程教材，也可以作为广大从事技术性贸易壁垒相关工作人员的参考资料。

鉴于技术性贸易壁垒领域的动态性特征，我们将持续跟踪全球规则演进，适时更新教材内容。由于作者学术水平和实践经验有限，书中遗漏和不足之处在所难免，敬请有关专家、学者和读者批评指正。

**编者谨识**
2025 年 1 月于杭州

# 目 录

**第一章 技术性贸易壁垒概述** ·················································· 1
    第一节 技术性贸易壁垒的产生背景 ································· 2
    第二节 技术性贸易壁垒的含义 ········································ 3
    第三节 技术性贸易壁垒的表现形式 ································· 6
    第四节 技术性贸易壁垒形成原因与作用机理 ·················· 10

**第二章 技术性贸易壁垒协定** ·················································· 15
    第一节 《技术性贸易壁垒协定》的产生 ·························· 16
    第二节 《技术性贸易壁垒协定》的内容 ·························· 18
    第三节 技术法规/标准/合格评定程序信息的提供和获取 ······ 27
    第四节 《技术性贸易壁垒协定》的基本原则 ··················· 33

**第三章 实施卫生和植物卫生措施协定** ······································ 38
    第一节 《实施卫生与植物卫生措施协定》的产生 ············· 39
    第二节 《实施卫生与植物卫生措施协定》概述 ················ 40
    第三节 《实施卫生与植物卫生措施协定》的主要内容 ······· 45
    第四节 《实施卫生与植物卫生措施协定》应遵守的原则 ···· 53

**第四章 美国技术性贸易壁垒管理体系** ······································ 60
    第一节 美国技术性贸易壁垒相关的法律法规体系 ············· 61
    第二节 美国技术性贸易壁垒相关的标准体系 ··················· 69
    第三节 美国技术性贸易壁垒相关的合格评定体系 ············· 74
    第四节 美国技术性贸易措施实施 ···································· 80

**第五章 欧盟技术性贸易壁垒管理体系** ······································ 88
    第一节 欧盟技术性贸易壁垒相关的法律法规体系 ············· 89

第二节　欧盟技术性贸易壁垒相关的标准体系 …………………………… 93
　　第三节　欧盟技术性贸易壁垒相关的合格评定体系 ……………………… 95
　　第四节　欧盟技术性贸易措施实施 ………………………………………… 98

## 第六章　日本技术性贸易壁垒管理体系 …………………………………… 104
　　第一节　日本技术性贸易壁垒相关的法律法规体系 ……………………… 105
　　第二节　日本技术性贸易壁垒相关的标准体系 …………………………… 107
　　第三节　日本技术性贸易壁垒相关的合格评定体系 ……………………… 111
　　第四节　日本技术性贸易措施实施 ………………………………………… 119

## 第七章　技术性贸易壁垒对我国机电产品出口的影响 …………………… 124
　　第一节　我国机电产品出口概况 …………………………………………… 125
　　第二节　美国、欧盟和日本对机电产品设置的技术性贸易壁垒 ………… 128
　　第三节　美国、欧盟扣留/召回我国机电产品及影响 …………………… 133
　　第四节　我国机电产品出口受阻案例 ……………………………………… 137

## 第八章　技术性贸易壁垒对我国ICT产品出口的影响 …………………… 142
　　第一节　我国ICT产品出口概况 …………………………………………… 143
　　第二节　主要出口国对ICT产品设置的技术性贸易壁垒 ………………… 146
　　第三节　主要出口国对ICT产品通报情况 ………………………………… 153
　　第四节　我国ICT产品出口受阻案例 ……………………………………… 156

## 第九章　技术性贸易壁垒对我国农食产品的影响 ………………………… 164
　　第一节　我国农食产品出口概况 …………………………………………… 165
　　第二节　主要出口国对农食产品设置的技术性贸易壁垒 ………………… 167
　　第三节　主要出口国对我国农食产品的召回及原因 ……………………… 173
　　第四节　我国农食产品出口受阻案例 ……………………………………… 177

## 第十章　国际技术性贸易壁垒争端解决案例与解析 ……………………… 185
　　第一节　印度尼西亚诉美国影响丁香烟生产和销售措施案例 …………… 186
　　第二节　乌克兰诉俄罗斯铁路设备进口限制措施案例 …………………… 193
　　第三节　加拿大、挪威诉欧盟禁止进口和销售海豹产品措施案例 ……… 199
　　第四节　日本诉韩国进口禁令和放射性核素测试和认证措施案例 ……… 206

**附录** ·················································································· 215
    附录1　技术性贸易壁垒协定 ·············································· 215
    附录2　实施卫生与植物卫生措施协定 ··································· 232
**参考文献** ············································································ 243

# 第一章　技术性贸易壁垒概述

【学习目标】
- 了解技术性贸易壁垒产生的背景和表现形式；
- 掌握技术性贸易壁垒的相关概念及关系；
- 理解技术性贸易壁垒形成的原因与作用机理；
- 树立经济全球化意识，初步了解技术性贸易壁垒在国际贸易中的重要性和复杂性。

【引导案例】

**2023 年技术性贸易措施对中国企业的影响调查**

2024 年，海关总署完成了 2023 年技术性贸易措施影响的统计调查。调查结果显示，技术性贸易措施对我国出口企业的影响持续加剧。2023 年，我国 24.91% 的出口企业受到国外技术性贸易措施的不同程度影响，受影响企业比例较上一年上升了 6.89 个百分点。国外技术性贸易措施对我国出口企业造成的直接损失额高达 3341.96 亿元，同比增长 10.95%；同时，我国出口企业为应对这些措施而新增的成本为 1429.71 亿元，同比增长 6.49%。

从行业分布来看，机电仪器、玩具家具和橡塑皮革行业是受技术性贸易措施影响最严重的行业，直接损失额分别达到 1337.41 亿元、705.98 亿元和 366.44 亿元，三者累计占直接损失总额的 72.11%。在应对措施方面，机电仪器、玩具家具和纺织鞋帽行业的新增成本最高，分别为 774.77 亿元、190.84 亿元和 137.30 亿元，累计占新增成本总额的 77.14%。

从地域分布来看，广东省、浙江省和江苏省是受技术性贸易措施影响最严重的省份，直接损失额分别为 925.54 亿元、803.64 亿元和 471.17 亿元，三者累计占直接损失总额的 65.84%。在新增成本方面，浙江省、广东省和江苏省的出口企业分别承担了 556.30 亿元、320.96 亿元和 221.11 亿元的成本，累计占新增成本总额的76.82%。

此次调查反映出，技术性贸易措施对我国出口企业的影响范围不断扩大，损失和成本持续增加，尤其在特定行业和经济发达地区表现更为明显。这不仅对企业的经济效益产生了重大影响，也对我国整体出口贸易的可持续发展提出了新的挑战。

资料来源：改编自常乔婧. 受国外技术性贸易措施影响的中国企业超两成，直接损失超3340亿元［J］. 技术性贸易措施导刊，2024（3）：31.

### 思考题

什么是技术性贸易壁垒/措施？为何技术性贸易措施会造成我国出口企业这么大损失？

## 第一节 技术性贸易壁垒的产生背景

技术性贸易壁垒的产生具有深刻的社会和技术背景。首先，随着国际经济一体化的加速，各国通过关税壁垒限制进口的空间已大幅缩小。与此同时，传统非关税壁垒中的配额、许可证等贸易限制措施也在世界贸易自由化的进程中逐步弱化。在全球化背景下，国际竞争愈发激烈。为了维护本国贸易利益，各国在逐步取消那些明显违背世界贸易组织（World Trade Organization，WTO）精神的传统非关税壁垒的同时，不断推出更为隐蔽的技术性贸易壁垒。这种做法不仅存在于发达国家之间，也发生在发达国家与发展中国家之间，甚至在发展中国家之间也有所体现。其次，随着科技的进步和生活水平的提高，消费者对产品质量和安全的要求越来越高，这促使各国政府更加重视产品质量问题。为了确保进口产品符合本国的技术标准和安全要求，各国制定了众多技术标准，建立了产品质量认证制度，并将其扩展到安全认证，以保护本国消费者的健康和安全。然而，由于科技水平发展的不平衡，发达国家和发展中国家在技术性措施方面存在巨大差异。发达国家在技术法规、标准、认证制度及检验检疫制度的制定水平和内容上具有先进性，处于领先地位。它们在激烈的国际市场竞争中凭借技术优势和领先者地位抢占市场先机，率先建立了一套又一套有利于自己的技术标准、产品标准、市场准入标准和市场竞争规则，从而获得国际市场垄断地位和垄断利润。相比之下，发展中国家的科技发展水平远远落后于发达国家，技术法规、标准等的制定水平和内容与发达国家存在较大差距，认证制度和各种检验检疫制度也不够健全。因此，发展中国家的出口商品往往难以达到发达国家的规定标准，从而受到技术性贸易壁垒的影响。再次，技术性贸易壁垒常被用作保护本国产业的手段，通过设置较高的技术门槛，增加外国产品的进入难度，从而降低本国市场的竞争压力，扶持本国产业发展。这种保护主义的做法在国际贸易中较为常见，尤其是在经济不景气或国内产业面临激烈竞争的情况下。最后，过去各国在强调发展经济的同时，对环境保护重视不够，导致生态环境不断恶化，人类的健康和生存受到威胁。随着全球环境保护意识的提升，各国政府开始通过技术性贸易壁垒来限制那些可能对环境造成负面影响的产品进口。例如，对含有有害物质或不可降解材料的产品进行限制，以推动可持续发展和绿色贸易。

总之，技术性贸易壁垒的产生是多种因素共同作用的结果。它既反映了国际贸易中对产品质量和安全的更高要求，也体现了各国政府保护本国产业和环境的决心。然而，过度的技术性贸易壁垒也可能阻碍国际贸易的自由化进程。因此，各国在保障自身利益的同时，需要积极寻求合作与共赢的解决方案。

## 第二节 技术性贸易壁垒的含义

### 一、技术性贸易壁垒

技术性贸易壁垒（Technical Barriers to Trade，TBT）是指商品进口国制定的技术法规、标准以及合格评定程序对外国进口商品构成了贸易障碍。即通过颁布法律、法规、技术标准、认证制度、检验制度等方式，在技术指标、卫生检疫、商品包装和标签等方面制定苛刻的规定，最终达到限制进口的目的或效果，这种限制或阻碍进口的技术性措施就是技术性贸易壁垒。TBT 是一个广义的概念，既包括技术法规、技术标准、认证制度、合格评定程序等，又包括检验检疫制度、商品包装和标签要求、绿色壁垒及信息技术壁垒等。

## 二、技术性贸易壁垒措施

技术性贸易措施是世界贸易组织《技术性贸易壁垒协定》（Agreement on Technical Barriers to Trade of the World Trade Organization，以下简称《WTO/TBT 协定》和《实施卫生与植物卫生措施协定》（Agreement on the Application of Sanitary and Phytosanitary Measures，以下简称《WTO/SPS 协定》）所涵盖的技术法规、标准、合格评定程序以及动植物检疫和食品安全措施等，其目的是保护 WTO 成员免受国际贸易可能带来的国家安全、健康安全、环境安全、欺诈行为及劣质产品等风险威胁。通俗地理解，技术性贸易措施就是针对国际货物贸易制定实施的各类技术性要求。这些要求客观上会形成一定的准入门槛，产生壁垒效应，因而技术性贸易措施在很多场合也被称为"技术性贸易壁垒"。主要由四类组成（见图 1-1）。

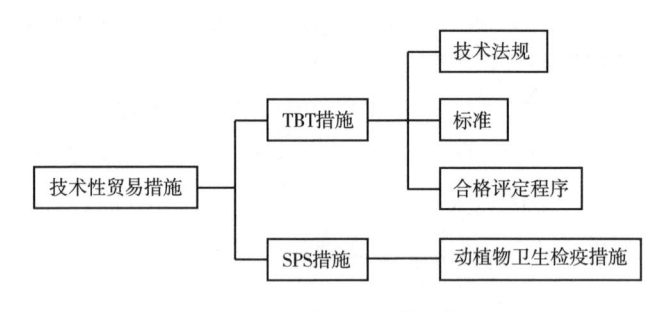

图 1-1 技术性贸易措施构成

### （一）TBT 措施

TBT 措施是由《WTO/TBT 协定》所涵盖的技术法规、标准、合格评定程序构成。

1. 技术法规。技术法规是各国通过立法或行政命令，强制执行的包含产品特性、工艺方法、管理规定等要求在内的技术文件。比如，欧盟以法令形式颁布的《化学品注册、评估、许可和限制》（REACH 法规）、《限制在电子电器设备中使用某些有害物质的指令》（ROHS 指令）都属此类。

2. 标准。标准是经公认机构批准的、非强制执行的普遍使用或重复使用的技术文件。标准与技术法规最大的不同在于：技术法规本身是强制执行的，而标准本身不具有强制执行的法律约束力，只有被技术法规引用后才能强制执行。

3. 合格评定程序。合格评定程序是证明产品符合技术法规或标准的要求而采用的验证程序，包括认证、认可、检验、检测、注册备案程序等。国际上最通行的合格评定程序主要是认证认可和检验检测两类。

## （二）SPS 措施

SPS 措施是《WTO/SPS 协定》所涵盖的 WTO 各成员为保障食品安全、保护动植物健康而制定实施的措施，如畜禽产品中兽药残留限量标准、为防止疫病传人而实施动物产品进口禁令等都属于这类措施范畴。

## （三）技术性贸易壁垒与技术性贸易措施的关系

技术性贸易壁垒（TBT）是指商品进口国制定的技术法规、标准以及合格评定程序等对外国进口商品构成了贸易障碍。技术性贸易壁垒是非关税措施（Non-tariff measures，NTMs）的重要组成部分。联合国贸易和发展会议（United Nations Conference on Trade and Development，UNCTAD，）对非关税措施进行了较为详尽的分类，如表 1-1 所示。

表 1-1　　　　　　　　非关税措施的国际分类

| | | |
|---|---|---|
| 进口相关 | 技术性措施 | A. 动植物卫生检疫措施 |
| | | B. 技术性贸易壁垒 |
| | | C. 装运前检验和其他手续 |
| | 非技术性措施 | D. 条件性贸易保护措施（包括反倾销，反补贴和保障措施） |
| | | E. 出于非卫生和植物检疫或技术性贸易壁垒原因而实施的非自动许可、配额、禁令和数量控制措施 |
| | | F. 价格控制措施，包括额外费 |
| | | G. 财政措施 |
| | | H. 影响竞争的措施 |
| | | I. 与贸易有关的投资措施 |
| | | J. 分销措施 |
| | | K. 售后服务限制 |
| | | L. 补贴（不包括归入 P7 类的出口补贴） |
| | | M. 政府采购限制 |
| 进口相关 | 非技术性措施 | N. 知识产权 |
| | | O. 原产地规则 |
| 出口相关 | — | P. 与出口相关的措施 |

资料来源：United Nations Conference on Trade and Development（UNCTAD），非关税措施分类（2019 版）.

技术性贸易措施是指一个国家（区域）为维护国家安全、保护人类健康和安全、保护动植物生命和健康、保护环境、保证产品质量和防止欺诈行为等目的而采取的技术法规、标准、合格评定程序（如认证）、卫生与动物措施等强制性或自愿性的技术性措施。技术性贸易措施包括TBT措施和SPS措施。

技术性贸易措施是一个更广泛的概念，包括了技术性贸易壁垒。技术性贸易措施涵盖了所有为了合法目标而采取的技术性措施；而技术性贸易壁垒则是这些措施中对国际贸易造成障碍的部分。

# 第三节 技术性贸易壁垒的表现形式

一直以来，技术性贸易壁垒是进口国针对出口国的某些产品特征，通过使用技术标准、技术法规来限制进口产品的输入。近几年，随着科学技术突飞猛进地发展，传统的技术壁垒形式逐渐完善、巩固，同时，更具时效性的技术壁垒形式也不断出现。最常见的技术性贸易壁垒表现形式有：

## 一、颁布各种强制性的技术法规[①]

技术法规包括有关技术性的法律、法令、行政条例等，因是进口国政府及有关权力机构制定、颁布的，所以具有法律约束力。许多国家通过颁布各种强制性的技术法规，对商品的生产、质量、技术、检验、包装、标志以及工艺过程等进行严格的规定和控制，迫使进口到该国的商品具有与进口到其他国家同类商品所不同的特性及适用性，由此而形成贸易壁垒。对于出口厂商来说，必须遵守进口国制定的技术法规，否则进口国有权对违反技术法规的商品限制进口，或扣留、销毁甚至提起申诉。技术法规所涉及的范围越来越广，包括环境保护、卫生与健康、劳动安全、节约能源、交通规划、计量、知识产权等方面。日本是技术法规较多的国家，在这方面制定的法规有《电气用品安全法》《食品卫生法》《化学物质审查规制法》等。美国也有许多贸易技术法规，如规定所有输美的产品、药品、化妆品必须符合美国《联邦食品、药品、化妆品法》，而医疗设备输入美国要受21CFR Part 801（标签）、Part 820（生产质量

---

① 李涛. 国际贸易中的技术性壁垒及我国对策 [J]. 中国地质矿产经济, 2003 (4).

等法规约束。

## 二、制定苛刻的技术标准

技术标准已经成为技术法规中的主要内容，越来越多的国家以法规的形式颁布技术标准或技术规定，以使技术标准法律化，使其变成贸易保护的工具。无论是对工业制成品或初级产品，发达国家都规定了严格繁多的技术标准，包括产品标准、试验检验方法标准、卫生安全标准、环境保护标准、包装标签标准等，对商品设计、制造、技术、管理、生产、销售乃至使用、维修进行严格控制。出口商品只有符合进口国规定的标准，才准予进口，以此达到限制或阻止商品进口的目的。技术标准有强制性和非强制性两类。强制性标准和法规的作用是基本相同的，非强制性标准企业可以根据需要自愿采用，而实际运用中，标准的强制使用和苛刻化已成为一种趋势。日本一直对输入食品的质量要求非常严格，国外输往日本的食品因农药残留量及其他违反进口规定遭到退货的纠纷时有发生。例如，日本2024年实施的《食品中农业化学品残留标准》（厚生劳动省第196号告示）将检测项目扩展至824项，其中针对柑橘类水果新增的2，4-D残留量要求（0.01ppm）较中国标准严格40倍。

## 三、推行严格的合格评定程序

合格评定程序是证明产品符合技术法规或标准的要求而采用的验证程序，包括认证、认可、检验、检测、注册备案程序等。国际上最通行的合格评定程序主要是认证认可和检验检测两类。相对于技术法规、标准是静态的、宏观性的要求，合格评定程序是动态的、具体实施的，反复发生在不同的货物贸易当中，结果往往难以预料，因此对国际贸易产生的影响也是最直接、最普遍的。我国所面临的国外技术性贸易措施中，合格评定程序大约占1/3，而且呈逐年上升趋势。例如，出口欧盟电子电器产品必须经过CE认证，加贴"PSC、PSE"标志，否则就不予进口。进入美国的机电产品必须获得UL认证，而进入美国市场的食品和药品必须通过FDA认证。进入日本市场的消费品，需要进行PSC、PSE认证。还有近年来日益受到关注的欧美国家"碳足迹"认证等，都是合格评定程序方面的措施。

### 四、其他形式的技术壁垒

技术性贸易壁垒涉及的主要范围不仅局限于工业产品、农产品等制成品，而且已扩展到对产品生产过程、产品的使用或进口预期结果等。从实质内容来看，主要分为：绿色壁垒（又称环境壁垒）、信息技术壁垒、低碳壁垒、社会责任标准贸易壁垒（又称蓝色壁垒）和动物福利壁垒（又称道德壁垒）等。

#### （一）绿色贸易壁垒

绿色贸易壁垒（又称环境壁垒）一般是指在国际贸易中，进口国为保护生态环境而制定的限制甚至禁止进口的措施。其建立初衷是保护自然环境、生态环境和人体健康，但是随着贸易竞争的激烈化加剧，逐步发展成为贸易壁垒的措施之一。发达国家为了保护本国相关行业利益，进行贸易保护，往往借自身经济、技术等优势，以产品环保要求不达标、有害人体健康等理由，设置严格甚至歧视性的检疫检验标准，限制甚至是禁止一些产品进入本国市场。一些国家还颁布了一系列严苛的法律法规、认证和审批制度甚至贸易壁垒进行限制。例如，欧盟要求进入欧盟国家的产品从生产前到制造、销售、使用以及最后处理阶段都要达到规定的技术标准，达不到标准则不准进口。德国通过立法规定禁止含偶氮染料的纺织品进口。美国、日本、加拿大、挪威、瑞典、瑞士、法国、澳大利亚等西方发达国家纷纷制定环保技术标准，并趋向协调一致，相互承认。

#### （二）信息技术壁垒

信息技术壁垒是指进口国利用在信息技术上的优势，通过制定信息技术应用标准、信息技术应用的法规体系及合格评定程序，对国际贸易的信息传播手段提出要求，从而造成贸易上的阻碍，达到贸易保护的目的。

信息技术壁垒的范畴并不算特别广泛，通常来说，包括条形码、标签制度、商品的标识、计量单位制等。信息技术壁垒的形成，主要因为各国有各自对商品信息管理的体系和标准，而国际贸易市场没有进行统一规范，导致信息管理方面的不统一，进而困扰着国际产品贸易。在信息网络高度发达的今天，条形码基本上已经成为国际商品贸易市场中产品的名片，类似于人的身份证。著名的"碳标签"就是属于信息壁垒的一种。其目的在于一方面告知消费者产品关于碳排放的相关数据，展示其环保、绿色特性。另一方面提升和增强消费者的低碳、环保意识。碳标签的逐步推行，无疑对产品出口企业的碳减排技术提出了更高的要求。对大多数外国出口企业，特别是我国的传统农产品企业而言，需要具备对碳排放数据分析、核算以及相关信息收集、综合等方面的能力，是一种极大的考验，甚至可能成为障碍。以日本为例，其在农食产品中广泛推行"生产履历表制度"，一方面利用标签标识制度保障食品安全；另一方面也是日本信息化技术助力技术性贸易壁垒的代表作。其中最为典型的是"牛肉生产履历表"。该制度要求所有牛肉包装必须展示牛肉从饲养到销售所有环节的详细信息，通过"生产履历表制度"，运用信息化、网络化技术，将包装标识、生产销售记录、管理和执法部门信息披露等所有环节串联起来，形成完整的信息链条。消费者能非常方便地通过产品生产履历表全面地了解食品厂家、来源、原料、销售者以及质量安全等产品相关信息。不符合该生产履历表要求的产品，将禁止进入日本市场，是一道技术性贸易壁垒的有力屏障。

（三）低碳壁垒

低碳壁垒主要通过征收碳关税、推行碳标签、实施生态设计要求提高低碳技术标准等形式予以表现。其中碳关税是当前政界与学界争论最为激烈的问题之一。自哥本哈根气候会议之后，"低碳"成为行业关注的热点。在转变经济发展模式、产业结构转型升级的紧要关头，"低碳"为我们指明了一条现实而又科学的发展之路。

（四）社会责任标准贸易壁垒

社会责任标准贸易壁垒（又称蓝色壁垒）是指以劳动者劳动环境和生存权利为借口采取的贸易保护措施。它由社会条款发展而来，是对国际公约中有关社会保障、劳动者待遇、劳工权利、劳动标准等方面规定的总称，它与公民权利和政治权利相辅相成。其核心是 SA 8000 标准。SA 8000 是规范社会道德行为的一项新的国际标准。SA 8000 要求企业在赚取利润的同时主动承担社会责任，目标是保护人类基本权益，改善全球工人的工作条件，确保企业所提供的产品符合社会责任标准要求，达到公平工作条件的标准。SA 8000 在童工、强迫和强制性劳动、健康与安全、结社自由与集体谈判权利、平等就业、歧视、惩戒性措施、工作时间、工资报酬、管理系统等方面对企业规定了社会责任的最低要求。SA 8000 已成为继 ISO 9000、ISO 14000 之后的又一项国际标准。一旦企业取得了 SA 8000 认证，就取得了进入进口国的通行证，但通过第三方认证则要增加企业的成本。

### （五）动物福利壁垒

动物福利壁垒又称道德壁垒。发达国家在进口活体动物时，利用已有的"动物福利优势"，将"动物福利"作为进口标准的一个重要内容，以此判断是否准予进口。它们可能会利用"动物福利"的国家差距，作为新的贸易壁垒产生，从而保护本国农民的经济利益。"动物福利"标准包括清洁饮用水和必需的食物、有适当的房舍、能预防或治疗疾病、良好的处置（包括宰杀过程）以及足够的空间和适当的设施五个方面。

## 第四节 技术性贸易壁垒形成原因与作用机理[①]

### 一、技术性贸易壁垒形成原因

技术性贸易壁垒具有双重性，包括合理的和不合理的技术性贸易壁垒。合理的技术性贸易壁垒是某些国家为实现社会公共目标而实行技术性贸易措施。不合理的技术性贸易壁垒是指有些国家以合理目标为借口限制某些产品进口，事实上是在保护本国贸易利益。前者是因为贸易发展和环境保护关系的不协调、经济技术水平差距和消费者需求层次的不同形成；后者则是在传统关税和非关税壁垒严格受限的情况下，为实现贸易保护，各国充分利用国际公约中允许在适当条件下采取必要贸易措施的规定。总之，技术性贸易壁垒的形成原因有如下几点：

### （一）贸易发展和环境保护的不协调

环境问题最初被认定为一国国内的问题，但随着环境污染日益加剧，环境保护浪潮不断掀起，人们逐渐认识到环境污染具有全球性的影响，比如全球气

---

① 冯纵宪，柯大纲. 开放经济下国际贸易壁垒 [M]. 北京：经济科学出版社，2001.

候变暖、臭氧层破坏等。与此同时，国际贸易的开展可能使某些有害废弃物通过贸易方式转移，给他国造成严重环境污染。另外，随着贸易自由化的加快，贸易对象扩大，一国为了满足更大规模的消费需求，会扩大企业规模，增加资源的消耗和废气物的排放，尤其是"两高一资"（高污染、高能耗、资源性）企业的发展，对环境危害较大。这样环境保护与贸易发展之间就会出现冲突，发达国家和发展中国家对贸易与环境的看法也存在着差异。发达国家为了保护人类健康和生态环境，实现可持续发展等合理公共目标，制定了一些技术法规、标准以及认证制度等技术性贸易措施，限制某些产品的进口。相对而言，发展中国家没有发达国家的环保意识强，其相关环保法规不够完善，很难达到发达国家的要求，因此形成贸易壁垒。

### （二）经济技术水平差距

发达国家经济技术水平高于发展中国家，是发达国家设置技术性贸易壁垒的前提。由于发达国家掌握着先进技术，发展中国家为缩小技术差距，会采取技术模仿策略。但发达国家不会轻易放弃技术上的领先优势，一方面，要求出口国的产品达到一定的技术标准和水平；另一方面，依靠先进科技继续开发新的产品，保持技术领先，而当产品技术生命周期处于成熟阶段时，通过申请专利和技术许可延缓技术转移速度。与此同时，利用自身在检测手段上的技术优势，在检测上增加更多数据指标，采用更为严格的标准，提高检测精度，技术落后国很难达到相关标准，甚至不具备相应的检测手段。因此，只要发达国家与发展中国家之间存在技术差距，这种技术性贸易壁垒就不会消失。

### （三）消费者需求层次的不同

根据马斯洛的需求层次说，人的需求是不断升级的。随着经济的发展和生活水平的提高，人们对商品的消费需求不再停留在基本效用上，更关注保障人体健康和保护环境方面。尤其是发达国家，人均收入高，消费者的需求层次相对于发展中国家要高，为了保护消费者的利益，保证产品环保安全，各国都相应制定法律、法规、安全和卫生标准。而发展中国家的需求层次较低，对产品的环保和质量安全不够重视，其生产的产品就很难达到发达国家的技术标准要求，同时还会给发达国家消费者造成其产品质量低劣的印象，从而降低消费者对其产品的信任度。因此，各国消费者需求层次的不同无形中构筑了技术性贸易壁垒。

**（四）传统关税和非关税壁垒严格受限**

在世界分工格局以及国际贸易方式转变的背景下，由于发达国家之间以及发达国家和发展中国家之间经济发展的不平衡，发达国家的劳动力成本较高，传统行业的竞争优势逐渐丧失，贸易条件恶化，经济增长缓慢，从而导致相关行业萎缩，失业率提高，因此贸易保护主义盛行。同时，多边贸易机制不断完善，关税逐渐减让，进口国很难使用传统关税贸易壁垒。包括技术性贸易壁垒在内的非关税措施被广泛采用，国际贸易中的技术密集型产品的比例在不断提高，加之技术性贸易壁垒的特点，它逐渐成为贸易保护的重要手段。

**（五）国际公约相关规定给一些国家设置技术性贸易壁垒创造了机会**

为规范技术性贸易措施的实施，实现相应的公共政策目标，并保障这些措施不对国际贸易构成不必要的限制，第八轮谈判乌拉圭回合中，达成了正式的《技术性贸易协定》。除此之外，其他国际公约中也有许多相关条款。虽然这些条款对技术性贸易措施的滥用起到限制作用，但同时又允许在适当条件下采取必要贸易措施，而且实际中对于技术性贸易措施的歧视性很难界定，加之这些技术性壁垒具有广泛性和隐蔽性的特点，都为某些国家变相实施技术性贸易措施提供了机会。

## 二、技术性贸易壁垒作用机理

**（一）数量控制机理**

通过设置技术性贸易壁垒，进口国对进口商品的技术标准及合格评定程序设定了更高的要求，若出口国商品在短期内未能达到相关要求，则会被限制或禁止进口，出口国则需要投入一定成本以使其出口产品达到进口国的相关标准才能顺利出口，此时，进口国设置的技术性贸易壁垒改变了原有的贸易流向和贸易规模，对出口国的商品造成了数量的限制。以中欧贸易为例，欧盟作为发达国家，在技术密集型产业有着较强的技术优势，我国机电产品对欧出口常因不满足欧盟设置的相关技术标准而受阻。欧盟较高水平的技术法规标准对我国出口商品造成了贸易壁垒，对我国相关商品出口数量起到了一定限制作用。

## （二）价格控制机理

当进口国对某种商品设置技术性贸易壁垒后，出口国商品出口数量受到一定程度上的抑制，出口国为了打破此种贸易壁垒，将会投入更多的成本以符合进口国合规标准，此时随着出口成本的增加，出口国商品价格优势将有所减弱。

在进口国施加技术性贸易壁垒之后，出口国企业需要投入更多的成本以打破这种技术壁垒。需额外投入的成本形式多样，既包括一次性的成本，如认证费用、检验检疫费等用于取得相关证明或合格评定所要投入的成本，也包括需持续投入的成本，如为了改进生产技术，提高原材料标准需投入的成本。由于上文所述的成本的增加，产品的单位成本将会增加，在短期出口量不变的情况下，厂商需要将价格提高才能保证不亏损。价格的提高可能会造成出口国商品在进口国市场份额的下降。而如果厂商想要维持之前的价格优势，则需要将产量提高才能保证不亏损。换言之，若厂商不想通过抬高价格的方式维持利润，则必须提高产量，通过规模经济效应降低单位成本。这同时也会对厂商的生产能力、市场开发能力带来挑战，在短期内存有一定难度。

## （三）短期贸易效应

短期内，技术性贸易壁垒（TBT）对出口国贸易产生了显著的抑制作用。TBT 的要求越苛刻，出口国的逾越成本则越大，对贸易量的抑制效应就越强。在极端情况下，当进口国设置的技术标准过于苛刻，出口国在短时间内无法突破时，TBT 对出口国商品出口就起到了禁止作用。

## （四）长期贸易效应

尽管技术性贸易壁垒（TBT）会在短期内对出口国的商品出口产生抑制作用，但长期来看，TBT 则可能会产生促进作用。在进口国施加技术性贸易壁垒后，如果出口国政府及相关企业积极应对所设置的技术壁垒并实现技术上的革新和突破，成本将有所降低，甚至会低于设置技术性贸易壁垒前的水平。随着出口国商品技术的革新，其出口竞争力也会随之增加。新的均衡使出口国贸易条件得到改善，实现了出口国贸易量的增加。由此可以说明，长期来看，如果出口国企业应对有力，成本降到一定水平，则技术性贸易壁垒可能会对贸易流量起到促进作用。

# 本章小结

本章作为全书的导论，概述了技术性贸易壁垒产生的背景，阐述了技术性贸易壁垒的概念内涵、表现形式、形成原因和作用机理，为读者提供了一个理解技术性贸易壁垒相关知识的理论框架，并为后续章节奠定了理论基础。

**复习与思考题**

1. 什么是技术性贸易壁垒？
2. 技术性贸易壁垒形成的原因是什么？
3. 什么是非关税措施？
4. 什么是绿色壁垒？什么是信息技术壁垒、低碳壁垒、社会责任标准贸易壁垒？什么是动物福利壁垒？
5. 技术性贸易壁垒的作用机理是什么？

# 第二章　技术性贸易壁垒协定

**【学习目标】**

- 了解《技术性贸易壁垒协定》的产生背景；
- 掌握《技术性贸易壁垒协定》的框架以及技术法规、标准及合格评定概念内涵；
- 理解《技术性贸易壁垒协定》的条款内容；
- 熟练掌握技术法规/标准/合格评定程序信息的提供、获取渠道、内容和形式；
- 熟悉《技术性贸易壁垒协定》的基本原则，树立国际贸易规则意识。

**【引导案例】**

### WTO发布2023年《技术性贸易壁垒协定》执行情况

2024年6月7日，世界贸易组织（WTO）技术性贸易壁垒委员会（TBT委员会）发布了2023年《技术性贸易壁垒协定》执行情况的年度审查报告。报告总结了以下10项主要审查结果：（1）WTO成员共提交了超过4000件技术性贸易措施通报。（2）2023年期间，至少提交了1件通报的成员有90个。（3）2023年提交给WTO的通报的平均评议时间为58.5天。（4）2023年有1000件通报将保护环境列为主要目标。（5）ePing平台的国际论坛使用量增长了近3倍。（6）共有35个成员提出至少一个新的或先前已提出的特别贸易关注。（7）2023年提出的特别贸易关注涉及广泛的行业。（8）近100名成员积极使用eAgenda。（9）TBT委员会完成了第10年的专题讨论。（10）关于TBT工作的技术援助是近年来要求最多的培训主题之一。

报告反映了WTO成员在技术性贸易壁垒领域的活跃参与和持续关注，同时也展示了各成员在环境保护、技术标准和贸易合规方面的努力。通过ePing平台和eAgenda工具的广泛使用，以及对特别贸易关注的深入讨论，WTO成员在促进透明度和减少贸易壁垒方面取得了显著进展。

资料来源：改编自黄浩迪. WTO 发布 2023 年《技术性贸易壁垒协定》执行情况 [J]. 技术性贸易措施导刊，2024（4）：12.

### 思考题

什么是 WTO《技术性贸易壁垒协定》？什么是技术性贸易措施通报？

## 第一节 《技术性贸易壁垒协定》的产生

联合国欧洲经济委员会早在 20 世纪 60~70 年代发现：在国际贸易中，约有 25% 的非关税壁垒是由于产品标准不一，以及应用不同的检验手段、产品质量认证和认可方法造成的。技术壁垒的泛滥对国际贸易造成了巨大危害，消除技术壁垒、发挥技术法规和标准的积极作用、遏制其消极作用，日益成为各国关注的焦点。

世界贸易组织（WTO）一直致力于寻求某种预防和消除技术壁垒的方法，以便使各国的技术法规、标准以及认证体系的制定和实施在国际贸易中不致成为不必要的障碍。最早采取行动的是欧共体（以下简称欧共体，"欧盟"的前身）委员会。在 1957 年《罗马条约》签署后，欧共体在其内部取消了关税，但贸易技术壁垒在欧共体内大有泛滥之势。为此，欧共体于 1969 年专门通过并颁布了《消除商品贸易技术壁垒的一般纲领》。该纲领的主要内容包括消除因各国法律、法规或行政行为差异而导致的工业产品贸易的技术性壁垒。通过协调各成员的技术标准和法规，减少因标准不一致而产生的贸易障碍。推动欧共体内部市场的统一，促进商品的自由流通。欧共体的这一行动引起了美国、日本、加拿大等非欧洲发达国家的重视，促使美国等国家在 1970 年向 WTO 的前身关税及贸易总协定（General Agreement on Tariffs and Trade - GATT，以下简称关贸总协定）倡议将技术性贸易壁垒作为议题进行讨论。于是，关贸总协定（GATT）成立了一个制定技术标准和质量认证法规方面的工作组，负责起草《技术性贸易壁垒协定》。在东京回合中，经过长期艰苦谈判和反复讨论，有关缔约方最终就技术法规、标准与认证制度的制定与实施、确认合格以及处理争端的仲裁机构及程序等内容达成一致，于1979年4月正式签署《技术性贸易壁垒协定》（又称《标准守则》）。该协议于1980年1月1日正式生效，并对所有感兴趣的缔约方开放。作为历史上第一个世界性的、全面规范技术标准的法律文件，该协定在防止利用技术法规、标准和认证制度作为贸易保护的工具方面起到了一定的积极作用。该协议的实施，使得各缔约方的标准化和认证体系日趋开放，在制定和实施技术法规、标准与质量认证程序中的透明度日益提高，从而减轻了它们作为贸易技术壁垒对国际贸易的阻碍作用，促进了国际贸易的发展。

然而，该协定不足之处也是显而易见的。首先，缺乏可操作性。协议对标准化等问题仅作了原则性的规定，不便于实践中操作。其次，协议对许多关键问题都未能做出相应规定，而且协议中存在许多例外规定，为各国尤其是发达国家继续实施名目繁多的技术壁垒留下了借口。最后，约束力有限。该协议属于任一项协议，仅对签字缔约方有约束力，对总协定的其他缔约方则没有约束力。截至1994年11月，只有40个国家和地区参加了该协议，因此其约束力极为有限。毋庸讳言，该协议的制定、实施不可能即刻全面地解决贸易技术壁垒方面的所有问题。

正是基于第一版技术壁垒协议在实践中积累的经验教训，在乌拉圭回合中，作为加强关贸总协定和改进多边贸易体制方面的重要谈判议题之一的"多边贸易谈判协议和安排"专题谈判小组，对东京回合通过的技术壁垒协议进行了审议，并对原有文本作了较大的改进、澄清、充实和扩展。1993年12月15日，第二版技术壁垒协议在日内瓦草签，经过对文本内容和文字的最后修改与润色，1994年3月15日正式文本形成。这次修订，无论是内容还是体例安排，都经历了从简—到繁—再到简的过程。虽然第二版的协议对第一版中确立的基本原则未作根本性改动，但它结合国际经贸活动的新特点以及国际标准化领域取得的最新进展，作了新的发展和补充。而且第二版的协议属于一揽子接受的多边协议范畴，具有普遍约束力。因此，乌拉圭回合达成的《技术性贸易壁垒协定》具有重要的意义，它对于世界各国采用国际标准、减少技术壁垒、促进国际贸易产生了积极的作用。

然而，WTO的《技术性贸易壁垒协定》虽然原则上禁止以贸易保护主义为目的的技术性壁垒，但也承认各国为了合法目标（如保护环境、人类健康等）可以采取必要的技术性措施。这些规则的灵活性为技术性贸易壁垒的实施提供了法律依据。由于技术和经济发展水平不同,各国制定和实施技术性贸易措施的差别亦很大。随着多边贸易谈判的推进,关税壁垒不断削减,非关税壁垒的作用日益增大。技术性贸易措施成为非关税壁垒的主要形式之一,具有合理性、隐蔽性等特点,容易被贸易保护主义者所利用,形成不合理的贸易壁垒。

# 第二节 《技术性贸易壁垒协定》的内容

技术性贸易壁垒协定（Agreement on Technical Barriers to Trade of the World Trade Organization,以下简称 WTO/TBT 协定）又称标准守则,它对各成员在国际贸易中制定、采用和实施的技术法规、标准及合格评定程序等做出了明确的规定。TBT 协定由1个序言、15个条款和3个附件组成。

## 一、序言

序言主要阐述了该协定的目的、宗旨及适用范围。

TBT 协定的目标是：发展国际贸易；规范各成员制定、采用和实施技术法规、标准和合格评定程序的行为；消除国际贸易中不必要的技术壁垒。但各成员的正当合法目标不受该协定的限制。这些正当合法目标是：(1) 国家安全要求；(2) 保护人身安全和健康；(3) 保护动植物的生命和健康；(4) 保护环境；(5) 防止欺诈行为。

当上述正当合法目标的情况改变或不复存在时,则不得维持此类技术法规,而必须执行 TBT 协定。

WTO/TBT 协定的宗旨是：为防止和消除技术性贸易壁垒,避免技术法规、标准以及合格评定程序给国际贸易带来不必要的障碍,使国际贸易自由化和便利化,在技术法规、标准、合格评定程序以及标签、标志制度等技术要求方面开展国际协调,遏制以带有歧视性的技术要求为主要表现形式的贸易保护主义,最大限度地减少和消除国际贸易中的技术壁垒,为世界经济全球化服务。

WTO/TBT 协定适用范围是：所有产品,包括工业产品和农业产品。但各政府机构拟定的为其本身的生产或消费需求的采购规格不受本协议的约束，而且各国关于卫生与植物检疫的各项措施也均不受本协议的约束。

WTO/TBT协定中所涉及的技术法规、标准、合格评定程序，不仅指其本身，还应包括对其规则的任何修正或产品范围的任何补充（无实质意义的修正和补充除外）。

## 二、技术法规的制定、采用与实施

WTO/TBT协定规范了各成员中央政府、地方政府和非政府机构制定、采用和实施技术法规的行为。各成员国在制定技术法规方面应以国际标准为基础，否则必须在文件的初期阶段进行通报。

### （一）技术法规定义

技术法规强制性是指必须强制执行的有关产品特性或其相关工艺和生产方法，包括法律和法规；政府部门颁布的命令、决定、条例；技术规范、指南、准则、指示；专门术语、符号、包装、标志或标签要求。

技术法规所包含的内容主要涉及劳动安全、环境保护、卫生与保健、交通规则、无线电干扰、节约能源与材料等。当前，工业发达国家颁发的技术法规种类繁多。如《食品、药品和化妆品法》《消费产品安全法》《进口牛奶法》《设备安全法》《防毒包装法》《易烧织物法》《防爆器材法》《高频设备干扰法》《蔬菜水果进口检验法》《产品含毒物质限制法》等。对于一个企业来说，向国外出口产品要考虑进口国的技术法规。近二三十年来，许多工业发达国家为了保护消费者的合法权益，大力制定保护消费者安全的法规。美国、日本、英国和法国等工业发达国家均制定了消费品安全法规、保护消费者法规、消费者安全法规和消费者信息与保护法。

发达国家颁布的技术法规名目繁多，而且它不像技术标准那样可以互相协调，一经颁布就强制执行，在国际贸易中构成了比技术法规标准更难以逾越的技术性贸易壁垒。因此，了解有关国家的技术法规，在出口贸易中力求避免与其相抵触，这是十分必要的。

（二）中央政府/地方政府对技术法规的制定、采纳和实施技术法规所应遵守的规则

WTO/TBT 协定在第二条中详细规定了一成员方中央政府对技术法规的制定、采纳和实施所应遵守的规则。

1. 各成员方应按国民待遇原则和非歧视性原则，保证在技术法规方面给予从任一成员方领土进口的产品的优惠待遇不得低于本国类似产品和其他国家类似产品的优惠待遇。

2. 各缔约方在制定和实施技术法规时，如对贸易造成的限制是出于国家安全需要、防止欺诈行为、保护人类健康或安全、保护动植物生命健康、保护环境的考量，都属于合理的限制措施。

3. 各成员方在制定技术法规时，已存在有关的国际标准或在国际标准即将完成的情况下，各成员方应使用这些国际标准或其有关部分，作为制定技术法规的基础，除非这些国际标准或有关部分对实现有关目标显得无效或不适当。

4. 在一切适当的情况下，各成员方应按产品的性能要求，而不是按设计特性或说明性质来阐明技术法规。

5. 各成员方应确保立即公布已通过的技术法规，并使有关的缔约方获得并熟悉这些法规。除紧急情况外，各缔约方应该在技术法规公布与生效之间留有一段合理的时间，以便其他国家的出口生产者，特别是发展中国家的生产者有足够的时间或生产方法来适应进口方的要求。

6. 此外，对于各自领土内的地方政府制定的技术法规，应比照上述方法，相应地做出通知、公布。

### 三、标准的制定、采用和实施

WTO/TBT 协定规范了各成员标准化机构制定、采用和实施标准的行为。各成员在制定标准方面应以国际标准为基础，否则必须在文件的初期阶段进行通报。

（一）标准的定义

标准是指经公认机构批准的、非强制执行的、供通用或重复使用的产品或其相关工艺和生产方法的规则、指南或特性的文件。该文件还可包括关于适用

于产品、工艺或生产方法的专门术语、符号、保证、标志或标签的要求，或专门针对这些方面提出要求。

对通用术语"标准"的定义，WTO/TBT 协定与 ISO/IEC 指南 2 有所不同，体现在以下三个方面：

1. ISO/IEC 指南 2 中，"标准"涵盖了产品、工艺和服务；而 WTO/TBT 协定中，"标准"只涉及产品或工艺和生产方法。

2. ISO/IEC 指南 2 中的"标准"可以是强制性的，也可以是自愿的；WTO/TBT 协定中的"标准"是自愿采用的（技术法规被定义为强制性的）。

3. 国际标准化组织制定的标准是建立在协商一致基础上的；而 WTO/TBT 协定还包括非协商一致基础上的文件。

发达国家对于许多制成品规定了极为严格烦琐的技术标准，既有产品标志，也有试验检验方法标准与安全卫生标准；既有工业品标准，也有农产品标准。例如，欧盟各国都有各自的工业产品技术标准，某些产品如玩具、电冰箱、仪表等必须符合该国生产销售的标准才允许在市场上出售。以毛料服装为例，法国规定纯毛的服装要求含毛 85%，而比利时规定为 97%，德国为 99%。这样，法国的羊毛织品在比利时和德国就很难销售。又如农业拖拉机，各国规定的技术标准也不相同，并有严格限制，使农业拖拉机出口极为困难。

## （二）制定、采用和实施标准的良好行为规范

WTO/TBT 协定规定，世界贸易组织（WTO）各成员境内的任何标准化机构，无论是中央政府机构、地方政府机构或非政府机构；一个或多个世界贸易组织成员参加的任何区域性政府标准化机构；世界贸易组织（WTO）各成员境内一个或多个机构参加的任何区域性非政府标准化机构，都受《制定、采用和实施标准的良好行为规范》的约束。这些约束包括以下几个方面：

1. 各标准化机构应保证不制定、采用或实施在目的上或效果上给国际贸易制造不必要障碍的标准。

2. 当国际标准存在或即将完成时，各标准化机构应以这些标准或其有关部分作为它们制定标准的基础。

3. 为使标准在尽可能广泛的基础上协调一致，各标准化机构应以适当方式尽可能地参加相关的国际标准化机构制定它们已采用或准备采用的国际标准的

制定工作。

4. 任何一成员境内的各标准化机构应尽可能避免在工作上与境内其他标准化机构或相应国际或区域性标准化机构相重叠或重复。

5. 各标准化机构应尽可能按产品性能而不是按设计或描述特征来制定产品标准。

6. 各标准化机构应至少每 6 个月公布一次工作计划，包括其名称和地址、正在制定的标准以及前一段时间已采用的标准。

7. 标准化机构应尽可能与 ISONET 成员保持联系。

8. 在采用一个标准之前，标准化机构应留出至少 60 天的时间让其他世界贸易组织各成员境内有利害关系的各方对标准草案提出意见。

9. 应世界贸易组织的各成员境内的任一有利害关系方的要求，标准化机构应立即或准备做出安排，提供其已提交征询意见的标准草案文本。

10. 标准化机构在进一步制定标准时，应考虑在征询意见期间收到的意见。

11. 应世界贸易组织的各成员境内任一有利害关系方的要求，标准化机构应立即或准备安排，提供最新的工作计划文本或其制定的标准文本。

12. 各标准化机构应当对接受《关于制定、采用和实施标准的良好行为规范》的其他标准化机构提出的有关本规范实施的问题或意见，给予考虑并提供磋商的机会。

## 四、符合技术法规和标准

### （一）合格评定定义

合格评定是指任何直接或者间接用于确定是否达到了技术性法规或者标准中相关要求的程序。

合格评定程序包括抽样、检验和检查；评估、验证和合格保证；注册、认可和批准以及各项的组合。

合格评定程序一般由认证、认可和相互承认组成。认证是指由授权机构出具的证明，一般由第三方对某一事物、行为或活动的本质或特征，就当事人提出的文件或实物审核后给予的证明，这通常被称为第三方认证。

认证又分为产品认证和体系认证。产品认证是指由授权机构出具证明，认可和证明产品符合技术规定或标准的规定。发达国家和地区都设有各种各样的认证制度，对进口商品，尤其是对产品的安全性直接关系到消费者生命健康的产品提出强制性的认证要求，否则不准进入市场。如进入美国市场的机电产品必须获得 UL 认证，药品必须获得 FDA 认证；进入日本的商品必须获 PSE 认证（电气产品）、JAS 认证（食品）、PSC 认证（消费品）和 TELEC 认证（无线设备）等。欧盟的产品要通过 CE 认证或遵守特定法规，如 REACH。

**（二）中央政府、地方政府和非政府机构制定合格评定程序应遵守的规则**

WTO/TBT 协定规定，各成员中央政府、地方政府和非政府机构在制定、采用和实施合格评定（如抽样、测试和检验，评价、证实和合格保证，注册、认可和核准等）中，应遵守如下规则：

1. 评定程序应遵守国民待遇原则和最惠国待遇原则，并不对国际贸易造成不必要的阻碍。

2. 各缔约方应保证及时公布每一项合格评定程序的标准处理期限，或经请求，应该将预计的处理期限告知对方。

3. 各种资料的提供应限于合格评定所必须的范围，并应对具有商业秘密的材料提供与国内厂商相同待遇的保密措施。

4. 各缔约方应保证在合格评定过程中，尽量依据国际标准化组织的标准。如果不存在国际统一标准，应依据自己制定的技术标准来评定，并公布这样的合格评定程序和依据的标准，以使其他缔约方熟悉。除了紧急的情况之外，各缔约方应在公布合格评定程序与正式生效之间留一段合理的期限，以便其他缔约方，特别是发展中缔约方的生产者有足够的时间修改其产品或生产方法，以适应进口方的要求。

5. 在相互磋商的前提下，各缔约方应确保认可其他缔约方有关合格评审机构的评定结果，并接受出口方指定机构做出的合格评定结果。

## 五、技术信息通报

WTO/TBT 协定规定，各成员有义务向 WTO/TBT 通报本国的有关技术法规、标准或合格评定程序，并在发生变化时及时通报变化的情况，以保证其他成员及时了解，采取措施，适应变化，利于国际贸易的顺利开展。但是，并非所有的技术法规、标准等文件都必须向 WTO 通报。按照 WTO/TBT 协定的规定，只有符合以下条件才有必要进行通报：

1. 没有现行的国际标准或国际准则，只能制定本国的技术文件。

2. 有现行的国际标准或国际准则，但因地理位置或气候等原因不适用，导致制定的技术文件与现行的国际标准或国际准则不符。

3. 对其他成员的贸易会产生重大影响。这种影响既包括正面的影响，也包括负面的影响；既包括对一个国家的影响，也包括对多个国家的影响；既包括一个具体技术文件所产生的影响，也包括一类技术文件产生的影响。

## 六、对其他成员的技术援助

WTO/TBT 协定规定，各成员尤其是发展中国家成员，可以按有关成员同意的条款和条件向其他成员或秘书处寻求技术援助，最不发达国家成员提出的要求享有优先权。

WTO/TBT 协定规定，各成员尤其是指发达国家，如收到请求，就技术法规、标准和合格评定的制定向其他成员，特别是发展中国家成员提供建议，并按双方同意的条款和条件给予它们技术援助。技术援助的范围涵盖了从技术法规的制定到国家标准化机构的建立，再到参加国际标准化机构以及发展中国家获得加入区域或国际合格评定体系所应采取的步骤。技术援助可以帮助发展中国家成员的厂商按照进口国的要求进行生产，以便使其产品进入进口国的市场。

世贸组织秘书处通常采取举办区域性或次区域性研讨会的方式，向发展中国家成员和最不发达国家成员提供技术性贸易壁垒方面的援助。例如，每年秘书处都会同其他国际和区域组织共同举办技术援助研讨会。

## 七、对发展中国家成员的特殊和差别待遇

WTO/TBT 协定规定，考虑到发展中国家成员的技术水平和发展程度，它们在履行 WTO/TBT 协议时，可以享受下列特殊和差别待遇：

1. 在执行 WTO/TBT 协定及各成员在制定和实施技术法规、标准和合格评定程序时，应考虑各发展中国家成员特殊的发展、财政和贸易需要，以保证此类技术法规、标准和合格评定程序不对发展中国家成员的出口造成不必要的

障碍。

2. 各成员不应期望发展中国家成员使用不适合其发展、财政和贸易需要的国际标准作为其技术法规或标准、包括试验方法的依据。

3. 各成员应采取合理措施，保证国际标准化机构和国际合格评定体系的组织和运作方式便利发展中国家的参与。

4. 应发展中国家的请求，国际标准化机构应尽可能制定对发展中国家有利的国际标准。

5. 各成员应向发展中国家成员提供技术援助，以保证技术法规、标准和合格评定程序的制定和实施不对发展中国家成员出口的扩大和多样化造成不必要的障碍。

6. 考虑到发展中国家的特殊性，可能会妨碍它们充分履行协定中规定的义务，因此，本协定中全部或部分义务可给予发展中国家特定的有时限的例外。

7. 在磋商过程中，发达国家应考虑发展中国家在制定和实施标准、技术法规和合格评定程序过程中遇到的特殊困难，并提供帮助。

8. 定期审议本协定所制定的给予发展中国家的特殊和差别待遇。

## 八、机构、磋商和争端解决

为了解决有关技术法规、标准及合格评定程序方面的争端，WTO/TBT 决定设立技术性贸易壁垒委员会。该委员会按照 1994 年 4 月 15 日在摩洛哥的马拉喀什部长会议上通过的关贸总协定，第 22 条和第 23 条的规定，在 WTO 争端解决机构的领导下工作。任何一个成员，在另一个成员因为没有履行 WTO/TBT 的有关条款而给其利益造成严重影响时，有权向该委员会提出上诉。该机构可以组织专家组对有关情况进行调查。在争端解决过程中，当事团体将被视为国家对待。

### （一）技术性贸易壁垒委员会

技术性贸易壁垒委员会是由每一成员的代表所组成。委员会选举自己的主席，并每年应至少召开一次会议，为各成员提供机会，就与 WTO/TBT 协定的运用或促进其目的的实现有关的事项进行磋商，委员会应履行 WTO/TBT 协定或各成员所指定的职责。委员会设立工作组或技术专家小组，履行技术仲裁职责。

技术专家小组受委员会专家组的管辖，其工作职责和具体的工作程序受专家组决定。技术专家小组必须向专家组报告工作。其管辖范围包括可向他们认为适当的任何来源处寻求信息和进行技术咨询。当技术专家小组向某缔约方管辖的来源处寻求这类信息或建议时，应事先通知该成员政府。各成员应迅速和充分地答复技术专家小组提出的提供其认为必要和适合的信息的任何请求。

WTO/TBT 协定附件 2 中对负责解决争端的技术专家小组的人员组成作了如下规定：

（1）参加技术专家小组的人员必须是所涉领域里具有专业知识和经验的个人。

（2）未经所有争端方的一致同意，争端方的公民不能参加技术专家小组，除非小组委员会认为在特定科学知识方面需要他们参加。争端方的政府官员不能参加技术专家小组，技术专家以个人身份参加技术专家小组，他们不是政府代表，也不是任何组织的代表。因此，政府或其他组织不能就技术专家小组处理的事项向其成员发出指示。

WTO/TBT 协定对技术专家小组的工作做了如下规定：

（1）除保密信息外，争端方应能获取提供给技术专家小组的全部有关信息。向技术专家小组提供的保密信息，未经提供该信息的政府、组织或个人的正式授权不得公布。当向技术专家小组索取未被技术专家小组授权予以公布的这类信息时，应由提供该信息的政府、组织或个人提供该信息的非保密性摘要。

（2）技术专家小组应向有关各成员提供报告草案，以征询他们的意见，并在最终报告中酌情考虑这些意见。最终报告提交委员会专家组时，也应同时发给有关成员。

### （二）磋商和争端解决

WTO/TBT 协定规定，凡影响本协定运用的任何事项的磋商和争端解决应在争端解决机构的主持下进行，并应遵循由《争端解决谅解》详述和适用的 GATT 1994 第 22 条和第 23 条的规定，但应在细节上作必要修改。此外，TBT 协定还对监督机构的设置、争端解决等问题作了规定。

# 第三节 技术法规/标准/合格评定程序信息的提供和获取

## 一、技术法规与合格评定程序的通报

### (一) WTO/TBT 协定规定

当一成员提出的技术法规/合格评定程序与国际标准不一致,且对其他成员的贸易有重大影响时,该成员必须:

1. 在早期适当阶段,在出版物上刊登准备采用此技术法规/合格评定程序的通告。
2. 通过 WTO/TBT 秘书处,将此技术法规合格评定程度涉及的产品清单通报给其他成员。
3. 应要求,向其他成员提供拟定中的技术法规合格评定程度文本。
4. 给各成员留出合理时间,以便他们提出书面意见。
5. 在技术法规合格评定出版与生效之前留出合理时间,以便生产者按要求调整产品和生产方法。

### (二) 负责通报的机构

由中央政府机构在国家一级负责(见条款10.10),如有两个或多个中央政府机构负责,必须将每个机构的责任范围的完整和明确的信息提供给其他成员。

### (三) 通报的格式

为了确保通报程序运作的统一和有效,TBT 委员会要求,通报必须采用通报表格(见表2-1)。

通报表格上各栏目的信息应尽可能详细提供,任何栏目不得空缺不填。

表 2-1　　　　　　　　　　通报的信息

| 条目 | 说明 |
| --- | --- |
| 1. 通报成员 | 接受本协定并实施通报的政府，包括欧盟政府当局，需要时，包括涉及的地方政府名称（条款3.2和条款7.2） |
| 2. 负责机构 | 负责提案或颁布技术法规成合格评定程序的机构，如果处理通报意见的机构，不是主管机构，也应给出相关意见 |
| 3. 通告所依据的条款 | 本协定相关条款。第2.9.2条：中央政府机构提议的技术法规；第2.10.1条：中央政府机构针对紧急问题采用的技术法规；第3.2条：地方政府（中央的下一级政府）提出的技术法规或针对紧急问题采取的技术法规；第5.6.2条：中央政府机构合格评定的建议程序；第5.7.1条：中央政府机构针对紧急问题采用的合格评定程序；第7.2条：建议的合格评定程序或地方政府（在中央政府的下一级）为紧急问题而采用的合格评定程序。在这些条款中规定的紧急情况下可能产生通知的其他条款；第8.1条：非政府机构采用的合格评定程序；第9.2条：国际或区域组织采用的合格评定程序 |
| 4. 涉及的产品 | 可以使用HS或CCCN（章节或标题及数字）表达。国家关税标题若与HS或CCCN不同，则用国家关税标题。可用提供ICS编号作为补充把内容表达清楚。明确的说明对于代表团和翻译人员理解通知非常重要。应避免使用缩写 |
| 5. 标题和页数 | 提议或采用的技术法规和合格评定程序的标题、被通告文件的页数以及所使用的语言 |
| 6. 内容描述 | 提议或采用的技术法规和合格评定程序的摘要应能清楚地说明，其内容描述清楚使代表团和翻译人员能清楚理解至关重要，应避免使用缩写 |
| 7. 目标和原理，当适用时，包括紧急问题的性质 | 例如健康、安全、国家安全等 |
| 8. 相关文件 | （1）发表公告的出版物，包括出版日期和索引；（2）与提案有关的建议和基本文件（包括索引号或其他标记）；（3）提案通过后将刊登的出版物；（4）尽可能给出参考的国际标准，如果提供的文本要收费，则应标明 |
| 9. 采用和生效的拟定日期 | 根据条款2.12的规定，给出技术法规和合格评定程序采用和生效的日期 |

续表

| 条目 | 说明 |
|---|---|
| 10. 征询意见的截止日期 | 根据协议条款2.9.4、条款2.10.3、条款3.1、条款5.6.4、条款5.7.3和条款7.1，各成员提交意见的截止日期、委员会建议征询对通告意见的一般期限为60天。但若有必要，成员可在通告上注明若45天内没有收到意见，也没有收到要求延长期限的要求，则通告的内容将予以实施。但应鼓励各成员提供60天以上的期限 |
| 11. 提供文本机构 | 如果国家咨询点能提供文件文本，则应在表格上用"X"标出。如果文本由其他机构提供，请提供其地址、电子邮件、电传和传真号码。如果网站上有，请提供网站地址 |

WTO/TBT通报格式示例如图2-1所示。

**WORLD TRADE ORGANIZATION**

G/TBT/N/XXX/XXX

(00-0000)

Date
Page:

**Committee on Technical Barriers to Trade**

**NOTIFICATION**[7]

The following notification is being circulated in accordance with Article 10.6.

1. Notifying Member:
If applicable, name of local government involved (Articles 3.2 and 7.2):
2. Agency responsible:
Name and address (including telephone and fax numbers, e-mail and web-site addresses, if available) of agency or authority designated to handle comments regarding the notification shall be indicated if different from above:
3. Notified under Article 2.9.2 [ ], 2.10.1 [ ], 5.6.2 [ ], 5.7.1 [ ], other:
4. Products covered (HS or CCCN where applicable, otherwise national tariff heading. ICS numbers may be provided in addition, where applicable):
5. Title, number of pages and language(s) of the notified document:
6. Description of content:
7. Objective and rationale, including the nature of urgent problems where applicable:
8. Relevant documents:
9. Proposed date of adoption:
Proposed date of entry into force:
10. Final date for comments:
11. Texts available from: National enquiry point [...] or address, telephone and fax numbers, e-mail and web-site addresses, if available of the other body:

7 Where boxes appear under Items 3 and 11 of the format, notifiers are requested to check the relevant box or indicate relevant information under "other".

**图2-1 WTO/TBT通报格式示例**

资料来源：The WTO Agreements Series Technical Barriers to Trade Third Edition.

### （四）技术法规/合格评定程序通报的时间

通报应在技术法规/合格评定程序草案文本已提出且对文本尚可进行修订和对收到意见进行考虑时进行。

### （五）通报语言

发给 WTO 的通报必须用英文、法文或西班牙文（参见 TBT 协定 10.9）。

### （六）征询意见的期限

征询意见的一般期限是 60 天。但是如果有必要，各成员可以在通报中标明。若在 45 天内没有收到意见，也没有收到延期的要求，则将实施拟议的措施。委员会鼓励各成员提供 60 天以上的期限。

### （七）对征询意见的处理

1. 各成员应把负责处理意见的机构通报给 WTO 秘书处。
2. 各成员通过授权机构收到意见后，不需进一步要求，应该：

——告知已收到意见；

——在合理期限内，向其他成员说明对收到的意见将如何处理，并在合适的时候向它们提供有关技术法规和认证系统规则的相应信息；

——向提出意见的成员提供相应技术法规或认证系统规则文本或目前还没有相应技术法规或认证系统被采用的信息。

### （八）对索取文件要求的处理

在提供和获得被通报的技术法规/合格评定程序文本方面，TBT 委员会规定：

1. 当索取文件时，应给出检索此文件的全部信息，特别是 WTO 通报文号（TBT 通报……）。提供的文件应标有与上述要求相应的文号或标记。

2. 任何索取文件的要求，若可能时，均应在五天内处理。如果不能按时提供文本，应通知索取方。

## 二、涉及技术法规、标准、合格技术评定程序的双边或多边协议的通报

### (一) TBT 协议规定

凡一个成员与任何一个或多个其他国家在技术法规、标准或合格评定程序上达成可能对贸易有重大影响的协议时，协议中的某一方应通过 WTO 秘书处通知其他成员此协议所覆盖的产品清单，包括该协议的简要说明。

### (二) 通报表格

双边或多边协议通报内容如表 2-2 所示。

表 2-2　　　　　　　　双边或多边协议通报内容

| 序号 | 主要内容 |
| --- | --- |
| 1 | 通报成员 |
| 2 | 双边或多边协议 |
| 3 | 协议签订方 |
| 4 | 协议生效期 |
| 5 | 覆盖的产品 |
| 6 | 协议涵盖的主题（技术法规、标准或合格评定程序） |
| 7 | 协议的简单描述 |
| 8 | 提供进一步信息的单位和地址 |

### (三) 标准通报

1. WTO/TBT 协定规定：

（1）标准化机构至少每 6 个月在国内标准化出版物上公布一次工作计划，包括该标准化机构名称地址、正在研制的标准、前一段时间批准的标准。此工作计划应在公布之前通报给 IEC/ISO 信息中心（日内瓦）。

（2）在批准一个标准前，必须留出至少 60 天时间征询 WTO 成员意见。征询意见的期限应在上述国内标准化出版物上公布，并应标明此标准草案是否偏离国际标准。

2. 负责通报的机构。WTO 成员境内的任何标准化机构，无论是中央政府

机构、地方政府机构，还是非政府机构。

具体操作：

（1）标准通报时，标准和标准草案的标题应以英文、法文或西班牙文提供。

（2）工作计划中的每一个标准项目都必须给出：

——主题的差别；

——标准制定过程中所处的阶段；

——引用作为基础的国际标准。

（3）通报必须包括：

——标准化机构名称和地址；

——出版物价格；

——索取出版物的方法和地点。

（4）标准化机构在对标准作进一步处理时，必须考虑征询意见期间收到的意见。

（5）对已接受良好行为规范的各标准化机构提出的意见必须尽快予以答复，包括对偏离国际标准必要性的解释。

（四）咨询点

1. 工作任务（参见 TBT 协定 10.1~协定 10.3）。

（1）回答其他成员和其他成员境内有关团体的合理询问。

（2）应要求，提供下述文件和信息：

——政府机构批准或建议的技术法规、标准、合格评定；

——按 TBT 协议发布通告的地址，或获得这类通报信息的地址；

——非政府机构批准或建议的标准和合格评定程序；

——政府机构或非政府机构参加国际性或非国际性标准化机构、合格评定体系的成员身份和参加活动情况，以及在本协议范围内的双边和多边协议情况，以及这些体系和协议的有关条款的信息。

2. 咨询点应回答的询问。咨询点回答的询问仅限于合理询问，"合理询问"的含义是：

（1）当询问仅限于对某一个具体产品或一组产品时，询问应被认为是合理的；超出上述范围，涉及法规或合格评定程序领域整个行业的询问则是不合理的。

在询问合成产品时，应尽可能给出所询问的零部件是什么。在询问产品使用方面的问题时，最后给出使用的具体范围。

（2）各成员咨询机构应能答复它们或它们境内有关机构在国际和区域标准化机构、认证系统以及在双边协议中的成员地位和参与情况，并能适当提供这些机构、认证系统和协议方面的信息。

3. 对咨询的处理。

（1）收到询问后，应主动通知对方已收到询问；

（2）对索取技术法规/合格评定程序文本的要求，应在 5 天之内处理；如不能按时提供文本，应通知索取方。

（3）把送给非对口咨询点的询问件立即转交给对口咨询点（在设多个咨询点的情况下）。

### （五）信息的获取

1. 各成员准备采用的技术法规/合格评定程序信息。获取渠道：各成员刊登通告的出版物；TBT 秘书处分发给各成员的通报。

2. 各成员技术法规/合格评定程序文本。获取渠道：咨询点或通报和咨询点给出的提供文本文件的单位。

3. 各成员标准制定计划。获取渠道：各成员公布标准计划的刊物；IEC/ISO 信息中心（日内瓦）。

4. 各成员标准批准前征询意见的信息。获取渠道：各成员公布标准计划的刊物。

5. 各成员标准文本。获取渠道：咨询点或咨询点提供的机构。

6. 各成员参加国际/区域标准化机构、合格评定体系的成员身份和参加活动情况。获取渠道：咨询点。

7. TBT 协议范围内的双边和多边协议方面的信息。获取渠道：咨询点。

8. 有关问题：可向咨询点问问。

# 第四节 《技术性贸易壁垒协定》的基本原则

WTO/TBT 协议的基本原则包括非歧视和国民待遇原则、避免不必要的贸易壁垒原则、标准协调原则、等效和相互承认原则、透明度原则等。

## 一、非歧视和国民待遇原则

《技术性贸易壁垒协定》与世贸组织其他协议一样，均遵循世贸组织的基本原则——非歧视原则。该协议第2条第1款规定："各成员方在技术法规的制定、采用或实施中，给予进口产品的待遇不得低于本国同类产品及其他成员方同类产品。"此规定既包括国民待遇又包括最惠国待遇的要求。

最惠国待遇与国民待遇条款也适用于产品合格评定程序。协议第5条规定：进口产品合格评定的费用不得高于本国产品（第5.2.5项）。对进口产品提交的商业秘密信息，成员方的保密义务不得弱于对本国产品的保护（第5.2.4项）。合格评定周期和流程需对进口产品适用相同规则（第5.2.3项），如中国CCC认证对进口汽车的安全测试周期不得超过国产车。

同样，非歧视和国民待遇原则也适用于制定、批准和实施标准的良好行为规范。该协议附件3规定：中央政府标准化机构必须遵守非歧视原则，地方政府及非政府机构应"尽合理努力"遵循（第D条）。在标准制定中，给予其他成员方产品的参与机会和技术考虑不得低于本国产品。例如，日本JIS标准制定需向中美企业开放技术委员会席位。

## 二、避免不必要的贸易壁垒原则

《技术性贸易壁垒协定》明确规定，成员方制定技术法规时，需确保贸易限制程度不超过实现合法目标的必要水平（第2.2条）。合法目的应包括国家安全的要求、防止欺诈行为，保护人类的健康或安全，保护动、植物的生命或健康，保护环境。在评估此风险时，尤其需要考虑的因素有：当时可获得的科学与技术的信息；有关的加工技术或产品的预期最终用途。

技术法规和标准应基于国际标准。如果认为国际标准不存在或者国际标准不合适，则制定的技术法规不应比实现上述合法目的的必要程度采用更严格的要求。根据技术性贸易壁垒的有关规定，判断一个不以国际标准为基础的技术法规是否对贸易造成了不必要的障碍，首先看该法规要达到的目的。如果制定该法规的目的是上述合法目的之一，那么，紧接着要做的是审查该法规规定的技术标准是否比达成上述目的所要求的技术标准的必要程度更严格，如果采用一个不如该法规严格的法规，则存在不能实现上述合法目的的风险。

标准不应给国际贸易造成不必要的障碍。如果各成员之间自愿采用的标准差异很大，那么，自愿采用的标准也可能会对国际贸易造成障碍。为了协调各国在制定标准时尽量一致或相似，《技术性贸易壁垒协定》第4.1条款规定，各成员方须保证其中央政府标准化机构接受并遵守产品本协议附件3《关于制定、采用和实施标准的良好行为规范》。各成员方应采取适当措施，确保其境内的地方政府和非政府的标准化机构能自觉接受并遵守良好行为规范。此外，成员方不得采取直接或者间接导致要求或鼓励这些标准化机构违反此良好行为规范的措施。各标准化机构应保证不制定、不采用或不实施在目的上或效果上给国际贸易造成不必要障碍的标准。

同样，合格评定程序也不应给国际贸易造成不必要的障碍。技术性贸易壁垒协定规定，各成员方在制定和实施评定某一产品是否符合技术法规和标准的程序时，不应给国际贸易造成不必要的障碍。《技术性贸易壁垒协定》第5条规定，中央政府机构在制定、批准和实施合格评定程序时，给予进口产品的待遇不应低于给予原产于国内产品的待遇，应该提供给外国供应商有关评定期间的信息；向外国供应商收取的费用与评定国内产品合格时收取的费用相比是公平的；合格评定程序中所用设备的产地以及样品的抽取不应给外国供应商及其代理人带来麻烦。

### 三、标准协调原则

《技术性贸易壁垒协定》鼓励各成员在其国家法规中全部采用现有的国际标准或者部分采用，除非采用对实现其政策目标是无效的和不适合的。该协定第2条第4款规定，如果必须有技术法规，且已有国际标准存在，或国际标准的制定即将完成，则成员应采用此国际标准，或部分采用此标准，作为其技术法规的基础；但此国际标准或其相关部分对合法目标的达成无法有效或不适当时，则不在此限。例如，由于基本的气候与地理因素或基本的技术问题，可能会出现这种情况。为尽量使技术法规的协调有更广泛的基础，成员应在其资源允许的情况下，就其所已经采用或预备采用作为其技术法规的产品的国际标准，充分参照相关国际标准机构制定的过程。该协定鼓励各成员方在其有限资源范围内参与国际标准、指南或建议的制定，保证国际标准反映出具体国家的生产、政府与贸易关系。

## 四、等效和相互承认原则

《技术性贸易壁垒协定》第 2 条 7 款规定，当一成员认为其他成员的技术法规能够充分达到本国的技术法规的目的时，应接受其他成员的技术法规与本国的技术法规具有相等性。如果进口成员接受其他成员的技术法规与本国的技术法规具有相等性，可认定该产品符合进口成员的技术法规。这样各成员可降低因产品被重复认定而产生的成本。

## 五、透明度原则

透明度原则最早产生于《GATT1947》，是 WTO 在维持国际法律机制的合理性与合法性方面的重要原则，后被《TBT 协定》所继承适用。该原则的核心原理是通过尽早地向各成员提供充分的贸易法规信息，提升成员对其他成员的贸易法规制定方向的预测性，既能保障所有成员都能遵守 WTO 相关规定，又能避免因贸易法规信息获取的滞后性导致的贸易壁垒与利益损失。因此，透明原则也被一些学者形象地称为"阳光原则"，即：一旦光芒照射到，问题就会消失[①]。该原则要求各成员应当对本国的食品安全技术法规的制定、修改计划按照相关协议约定的形式及时公布，以便其他成员及时做出调整，避免贸易纠纷。原则的具体内容共涵盖三个方面，即公布义务、通知义务、设立咨询义务。首先，公布义务指的是 WTO 成员和相关国际组织应当及时地公布已经制定、采用的技术法规、标准等内容。除一些紧急情况以外，应当在生效以前至少预留 6 个月时间，以便其他成员有充分的时间作出应对措施。其次，通知义务是指一成员方如果制定可能对国际贸易造成较大影响的技术法规，应在早期阶段通知其他成员或利害关系方，"早期阶段"要求不得迟于立法阶段，同时要向其他成员国家阐明该技术法规的制定理由和目的。接收到通知的国家，可在 60 天内对技术法规制定的国家提出相关意见，这些意见应被发出通报的成员方充分考虑并给出答复。最后，设立咨询义务是指各成员方必须保证设立至少一个以上数量的咨询点，以便为有需要者提供相关法律文件、解答疑问。

---

① 王秉乾. WTO 透明度原则研究 [J]. 国际商法论丛, 2008 (1): 51.

# 本章小结

《技术性贸易壁垒协定》是WTO框架下的一项重要协定，旨在确保各成员在制定、采用和实施技术法规、标准以及合格评定程序时，不会对国际贸易造成不必要的障碍。同时，该协定也允许各成员在必要时采取合理的措施以保护人类、动植物的生命或健康以及保护环境等。

本章介绍了《WTO/TBT协定》的产生背景，阐释了《WTO/TBT协定》的内容与要求，技术法规、标准和合格评定程序信息的提供与获取的程序及要点，还阐述了实施《WTO/TBT协定》的基本原则，提供了全面理解《WTO/TBT协定》的理论框架和内容。

**复习与思考题**

1. 什么是《技术性贸易壁垒协定》？
2. 简述《技术性贸易壁垒协定》的主要内容？
3. 什么是技术法规、标准和合格评定？
4. 什么是通报？如何通报？一个正式通报应包括哪些部分？
5. 实施《技术性贸易壁垒协定》应遵守哪些基本原则？

# 第三章　实施卫生和植物卫生措施协定

**【学习目标】**

- 了解《实施卫生与植物卫生措施协定》产生的背景、形式和特点；
- 理解《实施卫生与植物卫生措施协定》相关的概念；
- 掌握《实施卫生与植物卫生措施协定》的框架、宗旨、目标和适用范围；
- 熟悉《实施卫生与植物卫生措施协定》的内容及原则。

**【引导案例】**

## 欧亚经济联盟修订苹果和梨检疫要求

2024年10月14日，据WTO/TBT-SPS网站消息，欧亚经济联盟（EAEU）发布草案，拟修订《欧亚经济联盟海关边境和关税区的应检疫产品和应检疫物品的共同植物检疫要求》。此次修订主要针对苹果树和梨树的幼苗、砧木、插条和果实，制定了新的植物检疫要求，以防控草莓黑斑病菌（尖孢炭疽菌）的传播。

主要修订内容包括：（1）梨的幼苗、插穗和插条（编码0602）要求必须来源于未受梨火疫病菌、梨衰退植原体和草莓黑斑病菌感染的地区或生产地。（2）新鲜苹果和梨（编码0808）要求不得携带斑翅果蝇、杏小卷蛾、樱小卷蛾、梨小食心虫、桔小实蝇、梨大食心虫、桃小食心虫、梅球颈象玫瑰色卷蛾、地中海实蝇、康氏粉蚧、苹果绕实蝇等有害生物，并且必须来自未受草莓黑斑病菌和美澳型核果褐腐病菌感染的地区或生产地。此次修订旨在加强欧亚经济联盟的植物检疫安全，降低有害生物传入和传播的风险。

资料来源：朱震杭. 欧亚经济联盟修订苹果和梨检疫要求［J］. 技术性贸易措施导刊，2004（3）.

**思考题**

欧亚经济联盟修订苹果和梨检疫要求符合WTO/SPS协定吗？

# 第一节 《实施卫生与植物卫生措施协定》的产生

《实施卫生与植物卫生措施协定》（Agreement on the Application of Sanitary and Phytosanitary Measures，以下简称《WTO/SPS 协定》）是世界贸易组织关于各成员货物贸易的一项重要协定，属于关贸总协定乌拉圭回合贸易谈判的重要成果。乌拉圭回合农业问题的谈判是《WTO/SPS 协定》产生的直接原因。在农产品非关税措施关税化后，人们担心一些国家可能会更多地和不合理地使用卫生与植物卫生措施形成新的非关税壁垒，《WTO/SPS 协定》就是为了消除这种威胁而制定的。对《WTO/SPS 协定》的谈判是伴随着《农业协定》的谈判开始的，初衷是要"减少卫生及植物卫生条例的壁垒对农产品贸易所产生的消极影响"。这是因为随着国际贸易的发展和贸易自由化程度的提高，各国实行的卫生与植物卫生制度对贸易的影响越来越大，特别是某些国家为了保护本国动植物产品市场，利用各种非关税措施来阻止国外动植物产品进入本国市场，其中卫生与植物卫生措施就是一种隐蔽性很强的技术性贸易壁垒。许多进口的农产品，特别是植物、鲜果和蔬菜、肉类、肉制品以及其他食品，必须满足关贸总协定各缔约方的动植物卫生规定及产品标准。如果这些产品不符合有关产品检验检疫的规定和要求，各国就禁止或限制其进口。这样，贸易自由化主张和卫生与植物卫生措施这对矛盾所引起的对贸易的阻碍作用就日渐显得突出，成为一个非解决不可的重要问题。

在乌拉圭回合之前，卫生与植物卫生措施只是作为一般性例外规定在《1994 年关贸总协定》第 20 条第 2 款中，即各成员为了保护人类及动植物的生命和健康，可以对进口产品实施必要的卫生和植物卫生措施，但缺乏具体的规则，一直未形成系统的多边法律制度。在乌拉圭回合谈判中，卫生与植物卫生措施一直与农产品贸易谈判联系在一起，被各方所讨论，但在乌拉圭回合最后文件中则以单独的法律文件——《WTO/SPS 协定》成为多边货物贸易规则的一部分。值得注意的是，卫生与植物卫生措施与农产品贸易具有密切的联系，乌拉圭回合最终达成的《农产品协定》也明确规定对农产品进出口的检疫措施适用《WTO/SPS 协定》的规定。

虽然可以认定关贸总协定各缔约方的卫生与植物卫生措施是技术性贸易壁

垒的一种形式，但是由于自1980年开始生效的关贸总协定的技术性贸易壁垒协定难以适应卫生与植物卫生措施的技术复杂性、区域的差异性和国别的特殊性，对卫生与植物卫生检疫措施的约束力不够，要求也不具体，难以适应动植物产品和食品贸易不断增加的需要，因而谈判一个新的专项协定就是顺理成章的了。可以说《WTO/SPS协定》既由《农业协定》的谈判孕育而生，本身又是《WTO/TBT协定》的派生产物，它在各成员制定和实施卫生与植物卫生措施方面，提出了比《WTO/TBT协定》更为具体和严格的要求。

## 第二节 《实施卫生与植物卫生措施协定》概述

### 一、相关概念

**（一）《WTO/SPS协定》**

《WTO/SPS协定》是WTO框架下的一项重要协定，旨在规范各成员在国际贸易中制定、采用和实施卫生与植物卫生措施（SPS措施）的行为，以保护人类、动物或植物的生命或健康，同时避免这些措施对国际贸易构成不必要障碍。

《WTO/SPS协定》共有14条42款及3个附件。主要内容包括：适用范围、基本权利和义务、协调、风险评估、透明度和特殊和差别待遇。

**（二）SPS措施**

SPS措施（Sanitary and Phytosanitary Measures）是指WTO成员采取的旨在保护食品安全和动植物健康的措施。SPS措施既包括卫生措施，也包括植物卫生措施。卫生措施针对人类与动物的健康；而植物卫生措施则针对植物和植物产品。根据《SPS协议》附件A（标题为"定义"），SPS措施应用于以下情形：

（1）保护成员境内的动植物生命或健康，远离害虫、疾病、携带病毒的生物体或引发疾病的生物体的进入或传播的风险；

（2）保护成员境内的人类或动物的生命或健康，远离食物、饮料或饲料中的添加剂、污染物、毒素或引发疾病的生物体；

（3）保护成员境内的人类生命或健康，远离动物、植物或产品中或来自害虫的进入或传播的风险；

（4）防止和限制由于害虫的进入和传播造成的成员境内的其他损害。

### （三）《WTO/SPS 协定》与 SPS 措施关系

《WTO/SPS 协定》通过明确各成员在制定、采用和实施 SPS 措施时的行为规范，旨在减少和消除技术性贸易壁垒，促进国际贸易的自由化和便利化。SPS 措施是《WTO/SPS 协定》的具体实施内容，必须基于科学原理和国际标准，遵循透明度和非歧视原则，以维护国家主权和促进国际贸易的健康发展。

### （四）《WTO/SPS 协定》与《WTO/TBT 协定》区别与联系

在《WTO/SPS 协定》之前，很多关于食品安全、动植物健康的法规是在 1979 年《WTO/TBT 协定》管辖范围之内。1979 年《WTO/TBT 协定》也被称为"标准守则"，是东京回合多边贸易谈判的产物。此守则允许《WTO/TBT 协定》成员为正当目标制定对贸易有潜在限制的技术、卫生或植物卫生方面的法规。在乌拉圭回合，考虑到农业谈判引出的一系列问题，健康保护与贸易措施间的关系需要比"标准守则"更专业、更深入的规定，因此，WTO 把卫生和植物卫生措施独立出来。

《WTO/SPS 协定》与《WTO/TBT 协定》的区别在于它们在适用范围上是不重合和不交叉的，即凡适用《WTO/SPS 协定》的措施不适用于《WTO/TBT 协定》。一般来讲，《WTO/TBT 协定》主要规定了与安全有关的标签、质量、规格、包装及合格评定等方面的要求。而《WTO/SPS 协定》主要是对农产品的安全性要求（如农兽药残留、有毒有害物残留）以及动植物疫病等提出要求。例如，进口瓶装水中的水细菌是否超标，由《WTO/SPS 协定》管辖；而装水的瓶子大小、形状的规定则属于《WTO/TBT 协议》管辖（见图 3-1）。

《WTO/SPS 协定》与《WTO/TBT 协定》的联系在于这两个协定有一些共同点，比如，非歧视的基本义务和关于成立信息部（问询处）以及预先通告的类似要求。然而，许多实质的规定是不同的。比如，二者都鼓励使用国际标准，但在《WTO/SPS 协定》中要求告知现有的健康威胁评估的科学依据，以此判断选择比国际机构制定标准更严格的标准是否合理。而且，有了科学依据,政府就可以适当地强制执行 SPS 措施,以保护人类、动物或植物的健康。《WTO/TBT 协定》规定,当 WTO 成员认为由于气候或地理因素,或技术问题,国际标准对于实现某一合法目标不合适或无效,那么它们可以适当偏离国际标准。

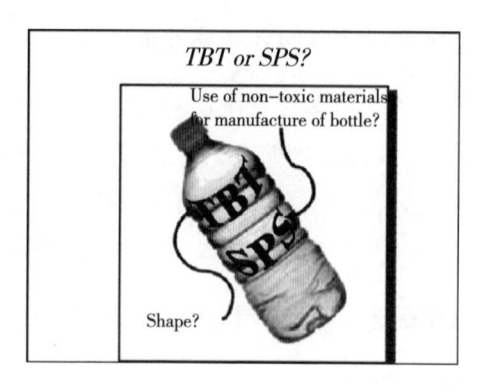

**图 3-1 进口瓶装水是 TBT 协定 or SPS 协定管辖**

### (五)《WTO/SPS 协定》与《农业协议》

在乌拉圭回合期间,农业谈判主要是力争降低农产品关税和取消农产品非关税措施。由于担心农业谈判在降低贸易壁垒方面的成果被以卫生和植物卫生法规形式出现的隐蔽的保护主义措施所抵消,在农业谈判的同时,WTO 成员就卫生和植物卫生措施也进行了谈判,并最终签订了《WTO/SPS 协定》。

《WTO/SPS 协定》和《农业协议》是互补的。这两个协议均由 WTO 秘书处下设的农商处负责。虽然,《WTO/SPS 协定》和《农业协议》是互补的,但它们在框架结构上是不同的。《农业协议》不仅包括各成员必须遵守的原则,而且包括各成员在数量上的具体承诺。《WTO/SPS 协定》没有任何束缚性的及数量上的承诺,它是一组 WTO 成员必须遵守的规则和原则,用以判断各成员的卫生和植物卫生措施是否合理,从而保证这些措施不对国际贸易构成隐蔽的壁垒。

## 二、《WTO/SPS 协定》目标和宗旨

### (一)《WTO/SPS 协定》目标

《WTO/SPS 协定》承认,为了保护人类生命、健康和安全,为了保护动植

物的生命、健康和安全，制定动植物产品及食品的检疫要求。实施动植物检疫制度是每个成员的权利，但是这种权利不是不受约束的，而是以动植物检疫措施不对贸易造成不必要的障碍为前提，应该仅在保护人类、动植物的生命或健康的限度内实施。各成员在制定动植物卫生措施时要把对贸易的影响降到最低程度，且不得对国际贸易造成变相的限制。因此，该协议的目标可以概括为：维护任何成员认为的适当动植物安全保护水平的权益，但确保这些权利不为贸易保护主义目的所滥用且不会产生对国际贸易的不必要的障碍。

### （二）《WTO/SPS 协定》的宗旨

《WTO/SPS 协定》的宗旨：一是保护人类、动物或植物的生命或健康。各成员有权采取必要的卫生与植物卫生措施，以保护本国的人类、动植物的卫生和健康。二是避免不必要的贸易障碍。这些措施必须基于科学原理和相关国际标准，且不能在成员之间构成任意或不合理的歧视与限制。三是促进国际贸易自由化和便利化。通过国际协调，减少和消除技术性壁垒，遏制以带有歧视性的卫生与植物卫生措施为主要表现形式的贸易保护主义。

## 三、适用范围

根据《WTO/SPS 协定》第 1 条的规定，该协定适用于所有可能直接或间接影响国际贸易的卫生与植物卫生措施。同时，协定第 1 条第 4 款特意强调，对于不属于本协定范围的措施，本协定的任何规定不得影响各成员在《WTO/TBT 协定》项下的权利。

按照《WTO/SPS 协定》的阐述，下列情况适用 SPS 措施：

（1）保护人类或动物的生命或健康免受由食品中添加剂、污染物、毒素或致病有机体所产生的风险。

（2）保护人类的生命免受动植物携带的疫病的侵害。

（3）保护动物或植物的生命免受害虫、疫病或致病有机体传入的侵害。

（4）保护一个国家免受有害生物的传入、定居或传播所引起的危害。

## 四、SPS 措施的形式

SPS 措施可以采取多种形式，具体包括：

（1）所有相关法律、法令、法规、要求和程序，特别是最终产品标准。

（2）工序和生产方法。

（3）检验、检查、认证和认可程序。

（4）检疫处理，包括与动物或植物运输有关的或与在运输过程中为维持动植物生存所需物质有关的要求。

（5）有关统计方法、抽样程序和风险评估方法的规定及与食品安全直接有关的包装和标签要求。

（6）要求产品来自无病区域。

（7）制定农药残留量最高限量。

（8）在食品中加入添加剂的限制。

## 五、SPS 措施的特点

按照 WTO 的原则，SPS 协议的制定和措施的实施，不允许存在歧视，这些卫生检疫标准和措施尽管可以有一定的灵活性，但对包括本国在内的所有国家的企业和厂商原则上应该是一致的，不能具有歧视性和针对性，即不能存在针对不同国家的多重标准和措施。WTO 的 SPS 措施具有如下特点：

1. 涉及产品、服务的广泛性。SPS 措施涉及的产品不但包括农产品等初级产品，也包括工业制成品。SPS 不但对产品的属性本身提出了标准的要求，对产品的制作和生产程序及过程也提出了相应的要求。

2. 隐蔽性。从制定 SPS 措施的目的来讲，实行 SPS 措施显然有科学和合理的一面；但另一方面，它的过度执行，很容易使它成为更为隐蔽的、披着科学外衣的贸易保护主义的工具。

3. 易变性。随着科技的进步，人们对于产品标准的认识也在提高，因此，许多国家的动植物检疫标准常常发生变化，这使得出口国在很多时候感到难以适应。

4. 多样性。各国关于同类甚至是同种产品的标准通常是不一样的，短时间内很难掌握全部的各个国家的标准，也很难确定哪个国家的标准更具有科学性。

5. 表面的非歧视性与实际的歧视性。由于经济和技术上的原因，发达国家的产品标准往往定得很高，超过了正常消费的需要，这使得发展中国家的产品在短时间内很难达到发达国家的标准，造成了对发展中国家或技术落后国家的出口产品的实际歧视。

6. 难以协调性。尽管WTO等国际组织一直在号召使用国际标准，但鉴于SPS措施涉及产品之广泛，技术措施之复杂，国际上很难制定出统一的标准。即使有了统一的标准，由于各国自然、经济和技术条件的差异，也使国际标准的使用难以推广，这就为在标准上各行其是埋下伏笔。

7. 耗时性。一项技术标准的制定或证明是正确的需要很长时间，企业按照标准调整自己的生产也需要时间。

# 第三节 《实施卫生与植物卫生措施协定》的主要内容

## 一、《实施卫生与植物卫生措施协定》框架

《WTO/SPS协定》共有14条42款及3个附件，主要是对《1994年关贸总协定》第20条第2款内容的更详细的规定。具体内容包括各成员方在实施卫生与植物卫生措施方面的权利和义务、各成员方之间采取有关措施的协调、风险评估制度的建立和适当的卫生与植物卫生保护水平的确定、适应地区条件，包括适应病虫害非疫区和低度流行区的条件、透明度、对发展中国家成员方的特殊和差别待遇、管理机构及争端解决等。三个附件是：附件A，定义；附件B，卫生与植物卫生法规的透明度；附件C，控制、检查和批准程序。

协定的结构如下：

第1条　总则

第2条　基本权利和义务

第3条　协调

第4条　等效

第5条　风险评估和适当的卫生与植物卫生保护水平的确定

第6条　适应地区条件，包括适应病虫害非疫区和低度流行区的条件

第7条　透明度

第8条　控制、检查和批准程序

第9条　技术援助

第 10 条　特殊和差别待遇

第 11 条　磋商和争端解决

第 12 条　管理

第 13 条　实施

第 14 条　最后条款

附件 A　定义

附件 B　卫生与植物卫生法规的透明度

附件 C　控制、检查和批准程序

## 二、《实施卫生与植物卫生措施协定》条款解析

### （一）基本权利与义务

《WTO/SPS 协定》第 2 条规定，各成员方有权采取必要的卫生与植物卫生措施，目的是保护本国的人类、动植物的卫生和健康。同时，各成员方在采取这些措施的时候，应履行下述义务。

1. 确保任何动植物卫生检疫措施的实施都以科学原理为依据，并且仅在保护人类、动物或植物生命或健康所必需的限度内实施，没有充分科学依据的 SPS 措施就不再实施或停止实施。在科学依据不充分的情况下，可临时采取某种 SPS 措施，但应在合理的期限内做出评估。科学依据包括：有害生物的非疫区，有害生物的风险分析（PRA），检验、抽样和测试方法，有关工序和生产方法，有关生态和环境条件，有害生物传入、定居或传播条件等。

2. 世贸组织成员实施 SPS 措施时要遵守非歧视原则，不应该在具有相同或相似情形的两个成员间采取任意的或毫无根据的歧视性措施。尤其是在有关控制、检验和批准程序方面，要给予外国产品国民待遇，保证所实施的检疫措施不会对国际贸易构成变相的限制。

3. 根据《WTO/SPS 协定》第 4 条的规定，各成员方应平等地接受其他成员方的卫生与植物卫生措施，尽管这些措施也许不同于本国或其他成员方所实施的同类措施。在此情况下，出口成员方应能够证明它所采取的卫生与植物卫生措施能达到进口成员方所要求的保护水平，一旦进口方要求，出口方应提供其检疫的方法，以便进口成员方进行必要的检查。

## （二）协调

各国间如能实行统一的卫生与植物卫生措施，将有助于国际贸易的顺利开展，避免因采取卫生与植物卫生措施而给国际贸易造成不必要的障碍。因而，《WTO/SPS 协定》强调各成员的动植物卫生检疫措施应以国际标准、准则和建议为依据。《WTO/SPS 协定》鼓励所有成员在制定 SPS 措施时采用国际标准、准则和建议，并认定了三个国际组织的标准为各成员制定 SPS 措施时所应采用的国际标准。这三个国际组织分别是：

——食品法典委员会（Codex），是世界卫生组织（WHO）和联合国粮农组织（FAO）的附属机构，总部在罗马。SPS 协议指定 Codex 作为国际食品安全评估和协调事务的权威机构。Codex 负责制定食品安全，如食品添加剂、兽药和杀虫剂残留、污染物等方面标准。

——国际兽疫办公室（OIE），是世界动植物健康组织，总部在巴黎。IOE 的"国际动物健康规范"和"水生动植物健康规范"提供国际动物健康标准和程序，并根据最新科学研究定期更新。

——国际植物保护公约（1PPC），总部设在罗马，是联合国粮农组织的下属机构。其主要目标是采取特别行动阻止植物病虫害的发生和传播及对病虫害的控制。IPPC 负责制定国际植物进口健康标准。IPPC 制定的病虫害危险评估指南为各国政府确定植物保护水平提供了科学依据。

《WTO/SPS 协定》第 3 条规定，各成员应努力协调各国的卫生与植物卫生措施与有关的国际标准之间的关系，具体内容包括：

1. 各成员应尽可能将自己的卫生与植物卫生措施建立在现行的国际标准、指南或建议的基础上。

2. 如果成员所实施的卫生与植物卫生措施符合有关的国际标准、指南或建议，应当被认为是符合关贸总协定所要求的条件，即应认为它是为了保护人类、动植物的生命或健康所必需的。

3. 各成员可以实施和维持比现有国际标准、指南或建议更高水平的卫生与植物卫生措施，但其制定和实施必须基于科学的理由。

4. 各成员应尽最大努力参加有关国际组织制定、通过、实施和评审国际标准、指南或建议的活动，这里的国际组织特别包括食品法典委员会（CAC）、国际兽疫局（OIE）和《国际植物保护公约组织（IPPC）》。世贸组织通过 SPS

委员会与食品法典委员会（CAC）、国际兽疫局（OIE）和国际植物保护公约组织（IPPC）等国际组织保持密切联系。

5. 根据该协定设立的"卫生与植物卫生委员会"应当制定一个程序，以指导各成员方与有关国际组织进行国际协调。

6. 在实施没有国际标准、准则和建议的SPS措施时，或实施的SPS措施与国际标准、准则和建议的内容实质上不一致时，如限制或潜在地限制了出口国的产品进口，进口国则要向出口国做出有充分理由的解释，并及早发出通报。

## （三）等效

在协定第4条中予以阐述。等效是指如果出口成员对出口产品所采取的SPS措施，客观上达到了进口成员适当的动植物卫生检疫保护水平，进口成员就应当视之为与自己措施等效的措施而加以接受，即使这种措施不同于自己所采取的措施，或不同于从事同一产品贸易的其他成员所采用的措施。WTO各成员可根据等效性的原则进行成员间的磋商并达成双边和多边协定。

## （四）风险评估和保护水平的确定

《WTO/SPS协定》第5条是有关风险评估和确定卫生与植物卫生适当保护水平的规定。这两项内容实际上是对是否应当采取某项检疫措施的限制。

1. 风险评估。所谓风险评估，是指就某项产品是否会对人类、动植物生命或健康造成危险进行适当评估，以确定是否有必要采取相应的检疫措施。风险评估报告（亦称PRA分析）是进口成员的科学专家对进口产品可能带来有害生物的繁殖、传播、危害和经济影响做出的科学理论报告。PRA分析强调适当的动植物卫生检疫保护水平，并应考虑对贸易不利影响减少到最低程度这一目标。该报告将是一个成员决定是否进口该产品的决策依据。根据《WTO/SPS协定》第3条的规定，各成员方制定和实施卫生与植物卫生措施应建立在风险评估的基础上，在进行风险评估中应考虑有关国际组织的风险评估技术。具体讲，各成员方在进行风险评估时，应考虑以下因素：（1）可获得的科学依据；（2）有关加工工序和生产方法；（3）有关检验、抽样和检测方法；（4）特殊疾病或瘟疫的流行；（5）检疫性病虫害的流行；（6）病虫害非疫区的存在；（7）有关的生态环境条件；（8）检疫或其他检疫处理方法；（9）有害生物的传入途径、定居、传播、控制和根除有关有害生物的经济成本等。

2. 适当保护水平的确定。在进行风险评估的基础上，就可以进一步确定为防止对人类、动植物生命或健康造成危险而需采取的措施。该措施的确定和实施应限于适当的保护水平上：保护水平过高，会对产品的进口形成阻碍；保护水平过低，又达不到保护人类与动植物生命和健康的目的。根据《WTO/SPS 协定》第 5 条的规定，各成员方在确定适当保护水平时应做到：

（1）考虑以下经济因素：由于瘟疫或疾病的进入、产生和传播而给生产或销售带来的损害；在进口成员方境内控制或根除这类损害所需要的成本；通过其他途径限制风险的成本比较。

（2）各成员方在确定适当保护水平时，应考虑将对贸易的消极影响减少到最低程度。

（3）各成员方应当避免在不同情况下对保护水平认识的差异，应当在"卫生与植物卫生委员会"内进行合作。

（4）各成员方在制定和实施卫生与植物卫生措施时，应考虑以实现适当保护水平为限，不应因此对贸易产生变相限制。

（5）如果某一成员方有理由确信另一成员方实施的卫生与植物卫生措施正在限制其出口或有限制其出口的潜在可能性，并且该措施并非基于有关的国际标准、指南或建议，可以要求采取该措施的成员方对此予以解释，后者应当予以答复。

（五）非疫区概念

协定的第 6 条规定了适应地区条件，包括适应病虫害非疫区和低度流行区的条件。《WTO/SPS 协定》将非疫区定义为：经主管单位认定，某种有害生物没有发生的地区，这可以是一个国家的全部或部分，或几个国家的全部或部分。检疫性有害生物在一个地区没有发生，该地区就可认定为非疫区。例如，地中海实蝇或非洲猪瘟在北京地区没有发生，那么北京地区就是非疫区。确定一个非疫区大小，要考虑地理因素、生态系统、流行病监测，以及 SPS 措施的效果等。各成员应承认非疫区的概念。出口成员声明其境内某些地区是非疫区时，要提供必要的证据等。

（六）透明度

《WTO/SPS 协定》第 7 条规定，各成员制定、实施的卫生与植物卫生措施应具有透明度,应按协定的规定通报其卫生与植物卫生措施的变动情况及有关信息。

《WTO/SPS 协定》附件 2 具体规定了各成员为保证其措施的透明度应遵守的规则和程序:

1. 各成员应确保及时公布所有有关 SPS 措施的法律和法规,使其他成员能及时了解其内容。

2. 除紧急情况外,各成员应将拟议的 SPS 措施在其公布和生效之间留出一段合理的时间间隔,以便让出口成员,尤其是发展中国家成员的生产商有足够的时间调整其产品和生产方法,以适应进口成员的要求。

3. 为保证透明度原则的执行,各成员要在国家主管动植物卫生措施的政府部门设立通报咨询机构。《WTO/SPS 协定》规定,各成员 SPS 措施的通报应给予其他成员 60 天的时间,以征求他们的意见。通报是各成员的主动性义务,咨询是各成员的被动性义务。每个成员方应保证设立一个咨询点,负责答复其他成员方所提出的有关的合理问题,并提供以下有关文件:(1)在其领土内已通过和准备通过的任何卫生与植物卫生法规;(2)在其领土内实施的任何控制与检疫程序、生产与检疫处理、杀虫剂残留量与食物添加剂批准程序;(3)危险评估程序及适当保护水平的确定;(4)该成员方如是有关国际组织的成员或与任何国家签订了有关的双边或多边协定,应提供有关组织的规章及有关协定的内容。

4. 如果某一成员方制定和实施的卫生与植物卫生措施同有关的国际标准、指南或建议不相符时,或不存在有关的国际标准、指南或建议时,该成员方应做到:(1)尽早做出通报,使有利害关系的成员方能了解其拟议中的措施;(2)通过世界贸易组织秘书处通报其他成员方,该措施所涉及的产品范围及制定该法规的目的与理由的简要说明;(3)应其他成员方请求,提供法规草案文本;(4)无歧视地允许其他成员方对拟议中将采取的措施提出书面意见,并应对其意见予以考虑。

(七)控制、检验与批准程序

根据《WTO/SPS 协定》第 8 条及附件 3 的规定,各成员方在实施卫生与植物卫生协定的过程中,应遵循下列控制、检验与批准的规则:

1. 各成员方不得在有关的控制、检验与批准程序中有意延误时间,并且该程序应在进口产品与国内相同产品间平等地适用。

2. 应通报申请者每一程序的标准办理期和预计的办理期，负责审批的机构应及时对申请资料予以审查，并告知申请者其中的不足之处，以便其采取必要的改进措施。

3. 检验、审批的程序费用应公开，在收费上应贯彻国民待遇原则与最惠国待遇原则。

4. 对进口产品的抽样及厂家厂址的选择应限于合理、必需的要求，应将由于检验给进口厂商造成的不便利因素降到最低程度。

5. 应建立对此类审批程序予以监督的复审程序，以便对不适当的审批行为予以纠正。

### （八）对发展中国家成员方的特殊待遇

《WTO/SPS协定》第9条、第10条规定，各成员在制定和实施卫生与植物卫生措施时，应当考虑发展中国家成员方的特殊需要，特别是最不发达国家的需要，应当给予它们必要的技术援助和特殊待遇。具体规定包括：

1. 各成员同意以双边的形式或适当的国际组织向发展中国家提供技术援助，包括：(1) 援助的领域主要是加工技术、研究与基础设施及如何建立国内管理机构；(2) 援助的形式可以是提供咨询、信贷、捐款和赠与等，也可以提供培训、技术知识与设备等。

2. 当某一出口发展中国家成员方为了达到进口成员方的卫生与植物卫生要求而需要大量投资时，进口成员方应考虑提供此类技术援助，以使该发展中国家成员方维持并扩大有关产品的市场准入机会。

3. 在制定和实施SPS措施时，各成员应考虑发展中国家（特别是不发达成员方）的特殊需要，如果分阶段采用新的SPS措施时，应给予发展中国家成员有利害关系的出口产品更长的时间去适应进口成员的SPS措施要求，以便维持它们的出口。

4. 卫生与植物卫生措施委员会在考虑了发展中国家的财政、贸易发展具体情况后，经请求，可以有时间限制地免除它们履行《WTO/SPS协定》规定的全部或部分义务。

5. 各成员方应当鼓励发展中国家成员方参加有关国际组织的活动，并为之提供可能的便利条件。

6. 最不发达国家可以推迟 5 年实施影响其进出口的《WTO/SPS 协定》的各项规定；发展中国家在缺乏有关专门技术、资料的情况下，可以推迟 2 年实施协定的各项规定。

（九）管理机构与争端解决

1. 管理机构。根据《WTO/SPS 协定》第 12 条的规定，为了管理和监督该协定的执行并为各成员方就有关问题提供一个正式的磋商场所，建立"卫生与植物卫生措施委员会"。该委员会的职责主要有：

（1）监督 WTO 成员执行《WTO/SPS 协定》的各项规定，推动协调一致的目标实现。

（2）鼓励各成员方之间开展有关卫生与植物卫生问题的磋商或谈判，并为之提供便利条件，而 SPS 委员会正是为各成员就协定执行中的问题进行磋商提供了一个经常性的场所，同时也是各成员交流对协定条款的理解和提出修订意见的论坛。

（3）委员会应当鼓励所有成员方采用国际标准、指南或建议，并为卫生与植物卫生措施的国际协调和有关国际标准的利用制定程序。为此，应当建立一个对贸易有重大影响的有关卫生与植物卫生的国际标准的目录。成员方可以运用目录中的国际标准作为进口的条件。如果一个成员方不运用这些国际标准，应当能说明该标准的保护力度不足以达到适当保护水平。在成员方提出建议的基础上，委员会可以邀请有关的国际组织对有关具体标准、指南或建议进行审查。

（4）委员会应当同卫生与植物卫生领域的有关国际组织保持密切的联系，如食品法典委员会（CAC）、国际兽疫局（OIE）和国际植物保护公约（IPPC）秘书处等，以便为协定的实施获得科学技术咨询，并可避免不必要的重复。

（5）委员会应在世界贸易组织协定生效 3 年后对协定的执行情况进行评审。此后，将根据需要进行评审。委员会可根据执行协定的经验，向货物贸易理事会提出修改协定的意见。

2. 争端解决。根据《WTO/SPS 协定》第 11 条的规定，各成员方之间有关卫生与植物卫生措施的争端解决应适用于"关于争端解决规则与程序的谅解"的各项规定。但在下述几方面应适用本协定的特别规定：

（1）当争端涉及专门的科学技术问题时，专家组应向经与争端双方协商而挑选的专家进行咨询。在专家组认为需要时，可以经争端一方请求或自己主动成立一个技术专家小组，或者咨询有关的国际组织。

（2）该协定的执行不应妨碍各成员方根据其他国际协定而享有的各项权利；包括诉诸其他国际组织的争端解决机构的权利。

# 第四节 《实施卫生与植物卫生措施协定》应遵守的原则

WTO/SPS 协定旨在通过建立多边规则，指导各成员制定和实施统一的 SPS 措施，以便使其对贸易的影响降到最低，促进农产品及食品国际贸易的发展。SPS 措施是那些与人类、动物和植物卫生和健康有关的措施，包括鱼类、野生动物、森林和野生植物，但是环境和动物福利不包括在本协议中。SPS 协定进一步把这种广泛的定义缩小到一个有限的范围，主要包括保护人类或动物免受食品中的添加剂、污染物、毒素或病原体侵害的措施；保护人体免受动植物以及免受动植物疾病侵袭的措施；保护动植物免受病虫害侵袭的措施和防止或限制因病虫害传入和扩散而危害国家的措施。在实施 SPS 协定时，应遵守以下原则：

## （一）非歧视性原则

非歧视性原则不仅是 WTO 的一项基本原则，也是 SPS 协定的重要原则之一。SPS 协定要求"各成员在采取 SPS 措施时，不得在情形相同或相似的成员之间，包括在成员自己领土和其他成员的领土之间构成任意或不合理的歧视，卫生与植物卫生措施的实施方式不得构成对国际贸易的变相限制"。采取 SPS 措施的一方如果在相同或相似的情况下采取了不同的保护水平，或该保护水平的差异是任意或武断的，或保护水平的差异对国际贸易构成了歧视或变相限制，则认为该成员方违反了非歧视性原则。据资料统计，在因 SPS 措施而引起的争端中，援引非歧视性原则条款（第 2 条第 3 款、第 5 条第 5 款和第 5 条第 6 款）的比例也非常高。对一些 SPS 经典案例的审查都涉及了非歧视性条款的内容，这在很大程度上说明，非歧视性原则已经成为裁定 SPS 案件胜负的主要考虑因素之一。

## (二) 风险评估原则

风险评估是 SPS 协定的核心内容之一，判定各成员方采取的 SPS 措施是否合法的重要标准即各成员方的措施是否建立在风险分析的基础之上。在国际食品贸易中，规制 SPS 措施的方式主要有两种，一种是通过调整不同国家间 SPS 措施的适用规则、程序等方式，努力使区域差异贴近"一致化"；另一种则是对于 SPS 措施的制定进行各种条件限制，尽可能地减少 SPS 措施或不必要的 SPS 措施被制定实施。前者针对的是 SPS 措施实施程序，《SPS 协定》当中的协调一致与等效原则的相关条款对此进行了具体规制；而后者则针对 SPS 措施本身，也就是从制定措施的具体内容方面加以限制，《WTO/SPS 协定》当中对此也有着相关条款规定，即"风险评估"与"科学举证"。以保障食品安全为目的的 SPS 措施与国际食品贸易的自由化发展之间存在着矛盾关系，任何一项 SPS 措施的制定势必会对其具体适用对象的进出口贸易造成影响。如果不对 SPS 措施的制定与实施加以限制，会导致在 SPS 措施数量日益增长的过程中，贸易阻塞也随之与日俱增的后果，而且 SPS 措施本身也很容易成为一些贸易保护主义者的利用工具。那么，如何对 SPS 措施的制定条件加以限制呢？

《WTO/SPS 协定》对此进行了一系列条款规定，这些条款构成了风险评估原则。风险评估指的是各成员必须在对实际面临的或即将遇到的风险进行评估的基础上制定 SPS 措施。在 WTO 的框架下，一成员想要制定实施一项 SPS 措施并符合 WTO 的相关规定成为"合法"措施的途径有两条，一是参照相关国际标准制定的 SPS 措施，以此来证明其制定的措施是正确且必要的；二是对所面临的食品安全风险进行评估，以评估的结果证明措施的必要性与合理性。值得指出的是，这种风险评估需要一定的卫生基础设施以及相应的科学技术才能实现，基础要求较高，运行成本巨大，而国际标准作为国际上的公共资源在预算成本及合理性等方面胜过风险评估，因此 WTO 更推荐各成员方积极地采用参照国际标准的方式。《WTO/SPS 协定》相关条款所确立的风险评估制度使得评估的结果对于 SPS 措施的选择有着直接的影响，协定规定通过风险评估确定 SPS 措施的严格程度后，如果存在多种 SPS 措施均可实现食品安全保护目标的情况，则应当优先选用对贸易阻碍较小的措施，尤其是禁止性措施应当谨慎使用。例如，一国因他国输入农产品的化学检测数值不合格而面临食品安全风险，进行风险评估后可选择的措施有进行农药残留检测数值限制，也可以全面禁止该国农产品的输入，这种情况下，显然进行农药残留检测的 SPS 措施对贸易造成的伤害要远小于后者。但并非所有的 SPS 措施的制定都要受到风险评估制度的限制，在某些紧急的情况下，如动物疫情、传染病等风险来临时，各成员方可以在没有足够科学证据及完善的风险评估情况下采取必要的紧急预防性措施，如出台相关产品的禁令，禁止带有风险的产品进口。值得注意的是，这些紧急预防措施即使是作为风险评估制度中的例外，也同样要受到限制，一是这种措施只能是临时性的；二是要有明确的适用期限。

实践中，通过一些因 SPS 措施引起的纠纷案件中专家组的意见与观点，可以得知风险评估原则有着以下几个方面的具体要求：

第一，在风险评估原则所构建的"良性"SPS 措施审查机制中，评估风险应当视为各成员方的义务而非权利，其内涵在于通过赋予参照国际标准制定的 SPS 措施的方式从而提高国际标准的地位，鼓励各成员方采用此方式来制定 SPS 措施。

第二，风险评估的对象特定化。风险评估所针对的对象必须是具体明确的，该评估对象指的是 SPS 措施在适用过程中所具体限制的客体。在著名的欧盟荷尔蒙案中，上诉机构所提交的风险评估报告显示其评估的对象是所有荷尔蒙，而专家组的观点是应仅针对涉案的几种荷尔蒙进行评估。

第三，对风险评估过程中的风险"可能性"认定进行限制。要求风险的"可能性"要达到一定的或较高的程度，虽然这种可能性认定没有具体量化要求和标准，但实践中多以国际标准中的相关因素进行衡量。

第四，风险评估程序上有着递进化评估要求，即认定"发生可能性"后才能进行风险深入发展后的"可能性"评估。首先 SPS 措施制定成员方应先对本国领土内的疾病、有害物传入等造成危害后果的可能性进行评估；其次对未能控制风险可能会带来的各种具体危害进行评估；最后应衡量现有的 SPS 措施是否能有效抑制危害后果并进行评估。

第五，风险评估的范围受到限制，各成员进行风险评估时，只能局限于卫生、健康、食品安全等层面，应排除政治、社会等其他因素。

**（三）科学证据原则**

科学证据原则是指各成员在制定与实施各种 SPS 措施时均应建立在科学技术原理的基础上，并要求有充分的科学证据证明其 SPS 措施的合理性。该原则具体包含两个方面。一方面,在为制定相关 SPS 措施而进行的食品安全等风险评估时,应当根据科学原理进行评估并得出评估结论,这种科学原理指的是卫生、健康等方面的科学技术、生产方法、生物学理论等客观性理论;另一方面,SPS 措施制定方有义务对其风险评估结论及相应 SPS 措施的合理性用科学证据加以证明。在 WTO/SPS 协定所构建的 SPS 措施规制体系当中,风险评估是实现科学举证的路径与方式,而科学证据原则是贯穿整个体系的基础与核心。

科学证据原则之所以能在 WTO/SPS 协定中担任规制 SPS 措施的基石,主要有以下几点原因:第一,在 SPS 措施的实践发展过程中,各国进行食品安全等风险评估时逐渐偏向于以科学技术原理为根据进行评估,这是由于食品安全问题其自身的复杂性特征所造成的,因此各国更能对此达成共识。第二,因科学原理本身的特殊性,除少部分存在争议的科学原理外,大部分科学原理在整个国际社会间有着认可与共识,故基于这种共识性科学原理所制定的 SPS 措施更能走向一致。第三,在 WTO/SPS 协定产生的背景当中,各国更为关注的是担心其他成员使用 SPS 措施作为别有用心的贸易保护等手段,而科学原理作为衡量标准因其无法受到各国政府的控制而更具客观性。协定在相关条款中均表明科学举证制度与国际标准间存在着关联性。首先,对于食品安全国际标准自身而言,作为一种 SPS 措施,其制定与实施同样要严格地以科学原理为根据。食品法典管委会、世界动物卫生组织等主要食品安全方面的国际标准化机构在制定相关国际标准时均需要以科学技术原理为根据,并采用充足的科学证据证明其风险评估结论是否合理。这些国际组织在不断地以科学方法进行风险评估的过程中积累了大量经验,并将这些经验汇总成文向各成员推广,如"FAO/WHO 食品标准问题中风险分析的应用"等。其次,由于卫生安全问题面临的严峻形势,SPS 协定规定,即使是在有相应国际标准可以参照之时,各成员仍然有权以高于该国际标准的保护水平拟定 SPS 措施。这是由于各成员之间的发展水平不同,发达程度不一致,相应的食品安全保护需求也就存在差异,而食品安全问题关乎一国的民生与发展,因此对于有着更高层次保护需求的成员 WTO 必须给予其有效路径,而不是拒之门外。值得指出的是,协定仅规定了 SPS 措施的制定在高于相应国际标准对食品安全的保护水平且有着足够的科学证据佐证情况下的合法效力,但对于低于国际标准保护水平的情况却没有具体规定。那么,如果一项 SPS 措施的食品安全保护水平低于相应的国际标准时,其效力又当如何呢?协定虽未具体明示,但应当推定为有效。首先,存在相应的国际标准证明对于食品安全问题已有风险评估结论，即使该 SPS 措施制定主体无法履行科学举证义务也不应该否定措施效力；其次，WTO 作为一种贸易协调组织，其职能在于力保国际贸易能够不受限制地发展，各国的 SPS 措施只要不对国际贸易产生阻碍就不受其调整与制约。最后，协议在相关条款中规定了科学举证原则的例外情形。即各成员在面临一些突发性食品安全问题带来的风险时，在没有足够的科学证据情况下，仍可以制定并实施一些临时性的 SPS 措施，但这种临时性 SPS 措施必须明确适用期限。

（四）透明度原则

透明度原则不仅是 WTO/SPS 协议的要求之一，也是 WTO 的基本原则之一。为了保证贸易环境的可预见性，WTO 各成员公布其所制定和实施的与贸易有关的法律、法规、政策和程序以及相关的变化情况（如修订、增补或废除等），不公布的不得实施。同时，成员方还应将这些法律、法规、政策和做法以及相关的变化情况通知世界贸易组织，以保障国际贸易环境的可预见性和稳定性。《WTO/SPS 协议》附件 B 对 SPS 措施的透明度问题进行了专门规定，旨在确保每个成员所采取的保护人类和动植物健康的措施公之于众，让有关的大众和贸易伙伴知道和了解。每个 WTO 成员都必须指定一个中央政府部门来负责实施通知程序。颁布实施或修改影响贸易和不同于国际标准的 SPS 法律法规，必须通知 WTO 秘书处。所有 WTO 成员政府都必须设立专门办公室，称为"咨询点"，以便收集和回答涉及本国 SPS 措施的问题。咨询点的任务就是向其贸易伙伴提供所需的 SPS 措施法规方面的信息、两国间的有关协议、风险分析的程序和决定。咨询点应能回答有关 SPS 措施的任何问题，能够向 WTO 秘书处提供新的或修改的法规以及其他有关的文件。

（五）协调原则

为协调各国所采取的措施，《WTO/SPS 协议》要求各成员在制定 SPS 措施时应尽量采用国际标准、规范和建议，并应尽其可能参与相关国际组织及其附属机关，尤其是国际营养标准委员会（CAC）、世界动物卫生组织（OIE）以及在《国际植物保护公约》（IPPC）架构内运作的国际性与地区性组织，以促进有关检疫及检验措施的发展，并定期检讨各种标准、规范与建议。

## (六) 等效原则

所有的国际食品贸易壁垒和纠纷均是由于不同成员所制定并实施的食品安全 TBT 措施与 SPS 措施之间的差异所导致的，如果所有成员能够采用同样的措施就不会产生争端，但这对于身为 WTO 成员的独立主权国家来说是不现实的。因此，WTO 通过协调各成员一致采用国际标准作为所制定 SPS 措施的基础这一手段来尽可能地减少 SPS 措施间的差异，但国际标准并不能覆盖包含所有食品安全风险要素，并且国际标准的制定发布也需要一定的时间来完成，这就会间接导致一些成员在制定 SPS 措施时没有相应的国际标准可以参照。为了弥补这一情况，《WTO/SPS 协定》在相关条款中规定了"等效认可"，即 WTO 各成员应当相互认可并接受在保护人类、动植物卫生、健康方面的达到同等保护水平的 SPS 措施。如果出口成员对其出口食品所采取的 SPS 措施，在客观上达到了贸易进口国所追求的食品安全保护水平，则该贸易进口国应当视此为与本国所制定的 SPS 措施的等效措施而加以认可并接受，即便出口国的 SPS 措施不同于本国或其他国家所制定并实施的 SPS 措施。这种"等效认可"制度需要通过沟通和谈判的方式来实现，WTO 鼓励各成员之间进行谈判，形成双边或多边区域性协议相互认可 SPS 措施，在谈判中，出口方有责任举证证明其国内 SPS 措施确立的食品安全保护程度至少达到了与进口方同等的水平。各成员之间通过谈判形成的双边或区域性多边协议会受到 WTO 的认可并予以其合法效力。

为了具体明确细化等效认可制度的实施程序、权利与义务等方面，SPS 管理委员会于 2001 年 10 月通过并颁布了《关于实施 SPS 协定第 4 条的决定》。首先，在通用规则当中确立了等效认定适用范围的灵活性，既可以整体适用，又可以选择适用，一成员对于他国 SPS 措施的等效认定既可以选择认同其中针对某类特定食品的相关条款，也可以认同针对整体保护机制的全部措施。其次，对具体应用程序中进口方和出口方的义务予以明确。进口方应负担以下义务：

（1）如出口方进行了 SPS 措施解释申请，则进口方负有解释其制定并实施的 SPS 措施目的以及合理性的义务。并且要清晰地说明该 SPS 措施的制定是为预防具体哪些方面的风险，以及相应风险评估的依据。

（2）进口方负有及时向出口方提供相关信息的义务。在出口方进行解释说明申请时，应当及时提供相关材料和信息。

（3）进口方负有及时回应的义务。在出口方向进口方提出等效认定时，进口方应当及时予以决定性回应，回应的期限一般不得超过 6 个月。

（4）进口方负有提高认定效率的义务。当某一出口方长期向进口方出口某种特定的食品时，进口方应当就相应的 SPS 措施等效申请进行加速认定。

（4）进口方负有不得变相限制产品进口义务。进口方不得以出口方提出的等效认定申请为由，在认定期内禁止相应食品的准入。

出口方作为等效认定申请方负有举证义务。如果出口方主张其 SPS 措施符合进口方的食品安全保护标准并提出等效认定申请，则出口方应当向进口方出示相关科学技术证据加以佐证，如食品安全风险评估结论等。

# 本章小结

《实施卫生与植物卫生措施协定》是 WTO 框架下的一项重要协定，旨在确保各成员在制定、采用和实施卫生与植物卫生措施（SPS 措施）时，既能够保护人类、动植物的生命或健康免受食品、饮料或饲料添加剂、污染物、毒素、病原体等添加剂、污染物、毒素或病原体的威胁，又不会对国际贸易造成不必要的障碍。

本章介绍了《WTO/SPS 协定》产生的背景，阐释了《WTO/SPS 协定》定义、《WTO/SPS 协定》与 SPS 措施、《WTO/TBT 协议》《农业协议》区别与联系，以及《WTO/SPS 协定》目标和宗旨、适用范围，SPS 措施的形式、特点、WTO/SPS 协定框架和主要内容，阐述了实施 SPS 协定应遵守的原则，提供了全面理解《WTO/SPS 协定》的理论框架和内容。

**复习与思考题**

1. 什么是《WTO/SPS 协定》？它的宗旨和目的是什么？
2. SPS 措施适用于哪些情形？有哪几种表现形式？
3. 《WTO/SPS 协定》与《WTO/TBT 协定》的区别与联系？
4. 简述《WTO/SPS 协定》的框架和主要内容。
5. 实施《WTO/SPS 协定》时，应遵守哪些原则？

# 第四章　美国技术性贸易壁垒管理体系

【学习目标】

- 了解美国技术性贸易壁垒的法律法规体系、技术法规的制定与发布程序，以及相关机构的职能；
- 掌握美国技术性贸易壁垒相关的标准体系、标准制定机构及其职能，以及美国政府在标准制定中的作用；
- 熟悉美国合格评定体系，包括产品认可制度和实验室认可制度；
- 理解美国技术性贸易壁垒（TBT/SPS）措施的特点与新动向。

【引导案例】

### 美国发布防止塑料污染国家战略

2024年11月21日，美国环境保护署（EPA）正式发布《防止塑料污染国家战略》（National Strategy to Prevent Plastic Pollution），旨在通过全面的政策和行动框架，减少塑料污染对环境和人类健康的负面影响。

该战略提出了多方面的具体措施：首先，减少一次性塑料产品的生产和消费，同时提升美国在塑料回收和再利用方面的能力；其次，全面衡量一次性塑料产品在其整个生命周期内对环境和人类健康的影响；最后，加强公共政策和激励措施，推动减少塑料污染，包括与其他利益相关方合作建立全国性的生产者责任延伸框架。

塑料作为一种广泛应用的材料，虽然为现代生活带来了诸多便利，但其对环境的破坏性也日益凸显。《防止塑料污染国家战略》通过推动循环经济的发展，将废弃塑料重新纳入供应链，实现回收和再利用，从而减少污染。这一战略不仅符合美国国内的环保目标，也与美国在国际舞台上推动减少全球塑料污染的承诺相一致。作为美国环境保护署"为所有人构建循环经济"努力的第三个支柱，该战略与此前发布的回收和减少食物浪费的国家战略相互呼应。随着该战略的逐步实施，预计将对环境保护和公众健康产生深远的积极影响。

资料来源：王韬. 美国发布防止塑料污染国家战略［J］. 技术性贸易措施导刊，2024(6).

> 思考题

美国发布防止塑料污染国家战略对塑料制品出口企业可能面临哪些挑战？

2025 年，随着特朗普再次就任美国总统，美国贸易政策更加倾向于保护主义和单边主义，强调通过关税手段实现经济和非经济目标，同时也为美国技术性贸易壁垒的发展提供了更大的发展空间，这些政策的变化对美国国内经济、国际贸易关系以及全球供应链都产生了深远影响。作为全球最发达的经济体和头号科技大国，美国在各方面大力加强了本国的技术性贸易措施的建设。同时，美国在其原有的技术性贸易壁垒管理体系的基础上，有意识地对法律法规体系、标准体系及合格评定体系进行调整，以期强化美国在国际贸易中的主导地位，并破解欧盟、日本等国的技术性贸易壁垒限制以及加大对其他国家的技术性贸易壁垒，针对中国技术性壁垒措施也有了新变化。

# 第一节　美国技术性贸易壁垒相关的法律法规体系

## 一、与技术性贸易壁垒相关的法律法规

美国的技术法规在世界上也是比较健全和完美的，它是由联邦政府各部门颁布的综合性的长期使用的法典。美国的技术法规体系所涉及的法律法规分别为《美国法典》《联邦法规汇编》，以及各州和地方政府从本地管理需求角度出发制定的技术法规和规范。

《美国法典》是国会通过的成文法集合，按 50 个专题分类，为技术法规提供法律基础。例如，专题 35（专利）规定专利保护原则；专题 21（食品与药物）授权 FDA 监管医疗器械。《美国法典》每 6 年全面修订，并通过年度补充更新，例如，2024 年新增 AI 技术伦理条款。《联邦法规汇编》包括的部门法规和相关管理规定，是联邦机构制定的实施细则，涵盖技术法规的具体要求。各

州及地方政府从本地管理需求角度出发制定的技术法规和规范，这些技术法规与联邦法规同样重要，只是相对分散而且复杂。

## 二、技术法规制定与发布程序

美国从法律的高度对技术法规的发布提出了具体的程序性和透明度要求。这些法律为有关利益方参与技术法规的制定提供了一个信息沟通结构和框架，特别是为联邦纪事体系提供了法律基础。与技术法规制定和发布程序有关的法律主要包括：

### （一）《联邦纪事法》

《联邦纪事》是美国联邦政府日常发布官方信息的出版物。信息包括正式发布的法规和规章、法规草案、联邦政府部门和机构的公报，以及其他行政规章和总统行政命令等。随着美国国会授予联邦政府部门和机构越来越多的职责来发布法规，法规的数量越来越多，产生了严重的沟通和透明度问题，没有一个集中的公告体系使公众和商业机构有效地知晓影响他们的法规。国会注意到建立这样一个集中体系的需求，于1935年通过了《联邦纪事法》。根据法律建立了一个统一的处理各部门法规的体系，并提出如下要求：向联邦纪事办公室提交法规文档；法规提交，让公众评议，确定征集意见的截止日期和处理公众意见的部门；在《联邦纪事》上公布文件；在联邦法规（CFR）体系中给予永久编号。

### （二）《行政程序法》

联邦政府只有经过广泛的公众评议程序，才能制定法规。《行政程序法》规定了法规制定的一般程序，美国联邦政府机构必须遵守。《行政程序法》要求法规制定机构必须：（1）在《联邦纪事》上发表一个拟议法规的公告，公告必须表明拟议法规的内容、制定法规的负责机构和公众参与的时间及地点；（2）给有关利益方提供充足的时间提交对拟议法规的书面意见；（3）在法规生效前至少30日发布一个最终法规公告，包括法规的依据和目的的声明及对收到所有具体评议意见的答复。法规制定程序通常情况下由一个政府机构发起，但是，《行政程序法》规定美国政府机构应给予有关利益方提出发布、修订法规请求的权利，如果请求具有实际价值，则开始提出法规草案。

## (三)《阳光政府法案》

为了尊重公众尽可能获得关于联邦政府决策过程信息的权利,《阳光政府法案》要求政府部门和机构的会议应向公众开放,一些有特别规定的可以例外。该法案还要求在《联邦纪事》上公布会议的时间、地点、主题、部门机构的联系电话以及说明是否对公众开放等信息。

## 三、制定与实施技术法规相关机构

### (一)美国消费品安全委员会

美国消费品安全委员会(Consumer Product Safety Commission,CPSC)是美国国会根据1972年《消费品安全法》(Consumer Product Safety Act,CPSA)成立的一个联邦独立机构。其使命是通过教育、安全标准活动、监管和执法来保护公众免受消费品造成的不合理的伤害或死亡风险。

1. CPSC的管理职能。CPSC的管理职能包括制定安全标准、风险评估、产品召回和消费者教育。

(1) CPSC负责制定和执行消费品的安全标准,例如,CPSC发布纸板火柴安全标准、自行车头盔安全标准、香烟打火机安全标准、多用途打火机安全标准、割草机安全标准等,确保产品在使用过程中的安全性。(2) CPSC制定了一种风险评估方法,利用海关和边境保护局提供的入境申报数据,审核受监管产品。(3) CPSC有权要求制造商和销售商召回存在安全隐患的产品,例如,CPSC一旦发现产品违反了强制性安全标准和存在缺陷,并有造成伤害的危险,CPSC将与公司合作,使产品退出市场,以避免安全事故的发生。(4) CPSC还通过各种渠道为消费者提供产品安全信息,进行产品安全教育。

2. CPSC监管范围。CPSC监管的产品范围非常广泛,涵盖超过15000种用于家庭、体育、娱乐及学校的消费品。但车辆、轮胎、轮船、武器、酒精、烟草、食品、药品、化妆品、杀虫剂及医疗器械等产品不属于其管辖范围内。

3. 法律依据。CPSC的监管依据包括以下五部法律:一是《消费品安全法》(CPSA),该法确立了CPSC的地位和基本职权,授权该机构制定标准和禁令。CPSC通常与工业界合作,制定有效的自愿标准,如果它们发现自愿标准不能消除或有效地减少伤亡危险,或自愿标准不太可能被广泛地遵守,就会发布强制性法规。二是《2008 年消费品安全改进法》，该法进一步强化了 CPSC 的权力，特别是对儿童产品的严格管控，包括对铅含量和邻苯二甲酸盐的限制，以及强制性的产品测试。三是《联邦危险物质法》，该法涉及有害物质的监管。四是《易燃织物法》，该法涉及易燃织物的监管。五是《防毒包装法》，该法涉及防毒包装的监管。

## （二）联邦通信委员会（FCC）

美国联邦通信委员会（Federal Communications Commission，FCC）是美国政府的一个机构，于 1934 年根据《通信法》（Communications Act）成立，直接对国会负责。FCC 通过控制无线电广播、电视、电信、卫星和电缆来协调国内和国际的通信。

1. FCC 职责。FCC 主要职责有制定和执行法规、频谱管理、设备认证等。FCC 执行的主要法律是《电信法》。《电信法》规定了无线电、电信等设备电磁兼容、频率范围等方面的要求，还规定了对不符合法规的惩罚规定。FCC 负责制定和执行相关的电信法规，为了有效地实施有关法规，FCC 还发布了一系列公告、规则、备忘录等，对相关法规进行解释说明，并提供指南，以确保在美国市场通信设备和服务的合规性。FCC 还管理和分配无线电频谱，确保无线电通信的有效管理和频谱的合理分配。许多无线电应用产品、通信产品和数字产品要进入美国市场，都要求 FCC 的认可。

2. FCC 认证。FCC 建立的电信认证机构（TCB）体系，由私人电信认证机构代表 FCC 处理认证申请和注册申请。FCC 认证主要分为以下三种类型：

• Verification（自我验证或声明）：制造商或进口商确保其产品进行了必要的检测，以确认产品符合相关的技术标准并保留检测报告。

• DOC（符合性验证）：设备负责方（一般为制造商或进口商）在 FCC 指定的合格检测机构对产品进行测试，以确保设备符合相关的技术标准并保留检测报告。

• Certification（认证）：这是最严格的一种认证方式，通常适用于无线通信设备等高风险产品。

3. 产品范围。FCC 认证涉及的产品范围非常广泛，包括但不限于：

无线通信设备（如手机、对讲机、无线麦克风等）。

Wi-Fi 和蓝牙设备。

计算机及其外设。

射频遥控器、无线充电设备。

微波炉等家用电器。

安防设备（如摄像头、报警系统）。

### （三）美国农业部（USDA）

USDA 实施众多的与农业、农产品有关的法律，制定了许多农业政策、技术法规和标签要求，采取各种措施对农业和农产品进行干预和调节，使农业成为国民经济中受控制较严格的部门。食品安全检验局（FSIS）、联邦谷物检验局（FGIS）、动植物卫生检疫局（APHIS）、农产品市场服务局（AMS）等机构根据有关法律法规，对农产品进行管理。

1. 食品安全检验局（FSIS）。负责管理肉、禽、蛋产品，确保国内销售及出口的肉、禽、蛋产品安全、卫生、正确包装并加贴标签。

FSIS 保证肉制品（牛、羊、猪和马）的安全和准确标识。根据《联邦肉类检验法》和《禽肉产品检验法》，FSIS 负责检验所有国内和国外贸易中销售的肉类和家禽，检验员在屠宰前后检查动物，防止有病动物进入食品供应环节，并且检验畜体是否有影响安全和质量的可见缺陷。FSIS 还在处理、加工和包装过程中检验产品，以保证产品安全并正确标识，在特定情况下检验员还测试病原微生物、违禁药品和化学残留。FSIS 建立了对肉类和家禽加工厂的要求，所有屠宰场和加工厂都要求采用过程控制体系，即，危险分析和关键控制点（HACCP），以消除食品安全方面的危险。

2. 联邦谷物检验局（FCIS）。管理全国的谷物检验，进行官方检验称重。FGIS 的地方办公室对国内谷物市场提供服务和监督。根据美国谷物标准法的要求，按等级出口的谷物须经官方检验并有称重的证明。《美国谷物检验法》规定了美国谷物检验的政策、术语、标准、官方检验和称重要求，FGIS 根据《美国谷物检验法》制定其他法规。包括行政管理、检验方法和标准等各个方面。FGLS 在每个州都有技术中心，并设有仲裁委员会，技术中心负责校准设备、对设备进行周期性检查。

3. 动植物卫生检疫局（ADPHIS）。负责实施进出口动植物和特定产品的有关法规，包括动植物卫生和检疫、检验的控制和预防，以保护和改善动植物卫生，最终保护公众利益和环境。它保护美国避免受国外害虫和疾病的入侵，保护濒危物种，确保兽用生物制剂安全有效并确保农业生物产品安全。

ADPHI1S 实施的主要法律法规包括《植物检疫法》《植物保护法》《蜂法》《联邦种子法》《濒危物种法（植物）》《病毒血浆毒素法》以及其他动物进出口法规。如果可行并且数量多，外国政府和出口商可以要求 APHIS 官员进行入关前产地检验或处理，这样可以减少国外害虫传入美国的危险性。

ADPHIS 建立了植物保护和检疫体系（PPQ），控制国外害虫的进入和传播。对于特定产品和特定产地，植物和植物产品必须附带出口国官方检疫证书，家畜和家禽也必须附带出口国官方健康证书，以证明出口国已经进行了相应的病虫害和疾病的检查。对于某些产品，没有检疫处理方法证明能有效地消除害虫和疾病，这些产品禁止进口。APHIS 的兽医服务（VS）负责保护家畜家禽和其他动物的卫生健康，为动物和动物产品的进口颁发许可。

ADPHIS 制定法律文件可直接引用食品法典委员会（CAC）标准、协议，也可引用其他标准及参考文件，保证制定的法律有科学依据。

4. 农产品市场服务局（AMS）。依据《易腐烂农产品法》《联邦种子法》《植物多样性保护法》《蛋产品检验法》等和有关联邦法规对市场进行管理，建立了一系列体系制度以便利农产品贸易，保护消费者获得合格食品，并保证公平交易。AMS 提供以下服务：

（1）质量标准：AMS 与工业界合作制定和维护数百种产品的质量标准，这些产品包括新鲜水果，蔬菜，特种农作物加工的水果和蔬菜，牛奶及其他日用品，牛、猪、羊、家禽及蛋类，棉花、烟草、有机产品。

（2）分级和认证：根据相应标准对产品进行质量分级，通常与州政府农业部门合作进行。特定的农产品（包括新鲜番茄、苹果、葡萄、核桃等水果、蔬菜和坚果）必须满足美国有关分级、大小、质量和成熟度的要求。这些产品由 AMS 进行检验并颁发检验证书以表明符合进口要求。

**（四）食品和药物管理局（FDA）**

FDA 是美国食品和药品的联邦政府管理机构，下设食品安全和应用营养司、生物制品评估司、药物评估司、毒理学研究司、兽药司及医疗器械和放射司 6 个司。管制的产品包括食品、药品、医疗器械、生物制剂、动物饲料和药品、化妆品、发射放射线的产品等。FDA 主要通过市场进入前管理、市场管理和处罚三个环节实施管理。

FDA实施的法律主要是《联邦食品、药品和化妆品法》，其他如《公共卫生服务法》《婴儿食品法》《茶叶进口法》《处方药品法》《受控物质法》《食品质量保护法》《卫生食品运输法》《联邦进口牛奶法》《脱脂牛奶法》《蛋产品检验法》《公平包装和标签法》等与公众健康相关的众多法律与FDA的执法活动密切相关。技术法规方面，2LCFR都是食品与药品方面的法规。其中包括：(1) 颜色添加剂：在2LCFR第73~74部分和第82部分对可安全使用于食品、药物、化妆品和装置中的颜色添加剂规定了识别、技术要求和其他条件；(2) 食品添加剂：在2LCFR第172~179部分对可安全使用的食品添加剂规定了识别、技术要求和其他条件；(3) 食品标准：在21CFR第131~169部分对21种不同等级食品容器的识别、质量和装填作了规定，这些规定中大部分是规定食品基本成分的标准；(4) 化妆品：21CFR第70L和740部分规定了化妆品标签标准；(5) 传染性疾病控制：21CFR第1240部分涉及传染性疾病的控制的强制性规定；(6) 生物制品：21CFR第600部分涉及可安全使用的病毒疫苗、类毒素、解毒剂、血液、血液衍生物、产生过敏反应制品及其他生物制品的标签、标准、试验和其他条件。FDA发布的其他特别重要的法规包括《良好制造行为规范》（GMP）等，这些食品和药品法规既帮助了消费者，也帮助了工业界，告诉他们如何才能确保产品可以接受。

FDA的主要职责是：

(1) 确保食品安全和卫生；

(2) 药物（人用和兽用）、生物制品（如注射的疫苗和输入的血液）和医疗设备的安全有效；

(3) 化妆品安全；

(4) 辐射制品不会造成不必要的放射效果；

(5) 所有产品加贴标签的内容真实，可指导消费者正确使用。

## （五）美国环境保护署（EPA）

通过组织研究、监测、制定标准以及强制性执法行为，EPA负责联邦政府保护环境方面的活动及有关协调工作。EPA确定新的杀虫剂是安全的，制定食品中杀虫剂残留的允许值（FDA负责具体实施），并发布杀虫剂安全使用方面的指南。EPA还制定水质量标准，包括饮用水的化学成分。这些标准也被FDA采用作为瓶装饮用水方面管理的依据。

EPA 负责实施的法律包括《联邦杀虫剂、杀虫剂和鼠药法》，其中规定了杀虫剂的种类、性质、特点和使用方法。对农药杀虫剂各种数据有严格要求，包括农药、杀虫剂的成分、生产过程、杂质含量。对其成分要求有：化学成分、残留物、农药与人们健康相关的环境允许值。环保署依据《联邦农药、杀虫剂和鼠药法》制定工人安全标准，发放使用农药执照，并进行关于农药知识的培训和教育。法律规定没有 EPA 登记号的任何农药不得在美国销售使用，不按农药标签的办法使用农药被视为犯法。美国每年约登记 10~15 个新药配方，若发现已登记的农药有问题，EPA 将进行专门检查。危害程度超标的农药必须设法降低农药的危害程度，否则将宣布取消登记，停止使用。EPA 确定农药残留最大允许量，FDA 检测美国消费者每天从食物中摄取的农药残留量。美国农业部食物安全和检验局对肉类、家禽产品进行农药残留监测。各州也进行食物安全监测，有的州制定了本州的农药残留规则，对本州生产和销售的食物进行监测。

EPA 实施的另一部法律是《清洁空气法》，美国的车辆排放法规就是根据《清洁空气法》制定的。清洁空气法适用于移动和固定排放源，于 1963 年生效，并多次修订，允许 EPA 设定污染物排放标准。各州对《清洁空气法》的实施负有主要责任，各州必须制订州实施计划（SIP），EPA 必须审批每个实施计划。

（六）其他相关机构

1. 劳动部职业安全健康管理局（OSHA）：负责工作场所安全和保护方面的法律法规的制定和实施，涉及的产品包括装卸搬运设备、通风、消防、劳动保护材料、生产设备等。

2. 国家海洋大气管理局（NOAA）：负责制定和实施与海洋渔业资源管理、保护和可持续发展相关的法律法规。

3. 国家公路交通安全管理局（NHTSA）：负责制定和实施机动车辆安全性能方面的法律法规。

4. 联邦航空管理局（FAA）：负责管制民用飞机、引擎、螺旋桨、部件及其他民用航空器材。

许多联邦和州的法律法规禁止美国国内销售的产品或服务的标签和广告的误用、误导，有时美国法律法规不仅禁止标签或广告的误用、误导，而且规定产品或服务的特定信息要让消费者知晓，其中最重要的联邦法规是《公正标签和包装法》，由联邦贸易署（FTC）实施。该法要求消费品标签要充分表明产品的名称和净含量。《纺织品、羊毛和毛皮法》也是由FTC实施的，保护消费者免受相关产品信息的误导。另外，FTC和能源部（DOE）联合实施的电器标签法规要求向消费者提供大多数家用电器的能耗和效率的相关信息，而EPA利用其能源之星标志推动制造和使用更加节能的产品。

## 第二节　美国技术性贸易壁垒相关的标准体系

美国是一个标准大国，制定了包括技术法规和政府采购细则等在内的标准有5万多个，私营标准机构、专业协会、行业协会等制定的标准也在4万个以上，其中还不包括一些约定俗成的事实上的行业标准。

### 一、自愿性和分散性的标准体系

美国标准体系与其他国家的一个重要区别在于其结构的分散化。联邦政府负责制定一些强制性的标准，主要涉及制造业、交通、环保、食品和药品等。此外，相当多的标准，特别是行业标准，是由工业界等自愿参加编定和采用的，美国私营标准机构就有400多个。美国国家标准协会是所谓"自愿标准体制"的协调者，但协会本身并不制定标准。也就是说，实际上美国并没有一个公共或私营机构主导标准的制定和推广。

美国的标准体系是自愿标准体系，即各有关部门和机构自愿编写、自愿采用。在自愿性国家标准体系中，美国国家标准学会（ANSI）充当协调者，但ANSI本身并不制定标准，专业和非专业标准制定组织、各行业协会和专业学会在标准化活动中发挥主导作用。各级政府部门也可能制定其各自领域的标准，如国防部、农业部、环保局、食品与药物管理局、消费品安全委员会等，但是这些标准属于强制性标准。美国相关法律通常要求制定技术法规时，鼓励引用自愿标准。一旦被技术法引用，自愿标准就会成为事实上的强制标准。另外，制造商面临的市场的激烈竞争及消费者或用户的选择也使自愿标准远非自愿采用，从而带有"准强制"色彩。

美国标准体系的优势在于它是基于动态结构的以机构为中心的分散体系，

这些机构包括政府机构、公众利益机构、私人机构和公司。它们最清楚本部门需要何种标准。这种以机构为中心的体系使有关利益方关注它们自己的问题，并根据问题制订可行性计划。由于没有一个标准化体系可以满足所有的需要，不同机构的同时参与使标准制定更有效并进一步鼓励创新和竞争。如果机构之间出现交叉，或发生变化，或全国需要统一和一致，美国国家标准学会（ANSI）可以提供帮助和协调。这种基于机构的分散方式让有关部门制订自己的工作计划，由国家标准战略提供指南和引导，而不会约束其创造力和有效性。美国国家标准战略包括一系列战略目标，可以广泛应用于各机构，根据对不同机构的关系和重要性被各机构采用，同时鼓励有关利益方制订适合自己的目标。

## 二、标准协调机构

如上所述，美国标准体系与其他国家和地区的标准体系的区别主要表现在自愿性和分散性，政府的作用比较小，而标准制定机构很多。任何团体和个人认为有必要制定某个标准时都可以提出建议或草案，各利益相关方，包括各标准化团体对于这些跨行业的标准总是进行讨论和磋商，加以协调。美国国家标准学会（ANSI）是这一体系的协调者。这一体系既调动了各行业协会、学会的积极性，又保证了国家标准的协调一致性。美国标准技术研究院（NIST）是美国标准化领域唯一的官方机构，在各类组织的标准化工作协调管理上发挥着重要的作用，同时也为美国的标准化工作提供了坚实的技术基础。

### （一）美国国家标准学会

1918年，美国测试和材料协会（ASTM）等5个创始机构创立了美国工程标准委员会，该委员会后来被称为美国标准协会，接着成为美国国家标准学会（American National Standards Institute，ANSI）。ANSI目前是美国自愿性标准化活动的协调机构，并且是美国国家标准的认可机构。它不是政府部门，是一个非营利的公益性机构，致力于满足各方对标准和合格评定的要求。

ANSI的主要职能有：（1）协调全国各种机构和团体的标准化活动；（2）认可美国国家标准（代号为ANSI）；（3）代表美国参加国际标准化活动；（4）标准信息服务与交流。ANSI召集利益相关的各方包括消费者、政府和各种组织，推进他们的合作，提高美国的全球商业竞争力和美国的生活质量，建立自愿性的协商一致的标准和合格评定体系，并保证它们的统一和一致。ANSI 以美国国家委员会（USNC）的形式作为 ISO 和 IEC 的美国唯一官方代表。ANSI 同时还是国际认可论坛（IAF）的美国官方代表。

ANSI 工作的主要特点就是开放。任何受到影响的和利益相关的各方都可以参加到 ANSI 的工作中去。其成员包括公司，组织，专业和工程学会，标准制定者，贸易协会，联邦、州和地方政府，消费者和消费者代表，劳工，学术机构，实验室和测试机构。ANSI 自己不制定标准，而是授权有资格的组织在它们的专业范围内制定标准。ANSI 的角色是管理自愿标准体系，提供标准问题发展政策的中立论坛，作为标准制定和合格评定的协调监督组织。

## （二）美国标准技术研究院

国家标准技术研究院（National Institute of Standards and Technology，NIST）作为美国商务部下属的联邦机构，是一个官方标准化机构，在各类组织的标准化工作的协调管理上发挥着重要的作用，但不具有执法职能。

1901 年美国国会决定成立隶属于商业部的国家标准局（NBS），主要任务是研究与制定测量、试验和测定材料性质的方法，研究与改善用于物理测量的标准物质，以保证能准确地测定材料与物质的各项常数与性质。根据 1988 年生效的《贸易与竞争综合法》，NBS 正式更名为美国国家标准技术研究院。新机构除仍保留 NBS 的原有职能以外，还致力于新技术的开发与服务；促进新技术和发明的商品化，以及技术信息的传递；建立技术转让机构。帮助中小企业发展新技术产品。

NIST 的标准化工作包括：（1）与联邦政府和地方政府合作建立统一的法制计量规范、标准、准则、规程；（2）编制和散发标准参考资料；（3）提供标准数据；（4）提供校准和实验室认可服务；（5）推动理解和接受法制计量单位；（6）提供 NIST 支持的技术信息，并与实验室合作提供技术服务。

1996 年《国家技术转让和发展法》授权 NIST 作为负责开展技术标准和合格评定活动的政府协调机构，从而有利于消除不必要的重复性合格评定活动。该法要求 NIST 与联邦其他政府机构协调，让更多的政府机构参与自愿性标准和合格评定活动，更多地采用非政府机构制定的标准。该法还要求 NIST 就标准事宜对各州及地方机构进行协调。NIST 与 ANSI 签署了合作备忘录，规定了 NIST 和 ANSI 在制定、实施和支持国家标准战略中的作用。

NIST 内设立了标准政策协调委员会（ICSP），它的任务是向商务部部长和其他机构针对标准政策事务提出建议。ICSP 的目标是通过鼓励联邦政府、工业界和其他非政府组织在标准活动，包括相关的产品测试、质量体系注册、认证和认可等方面的合作参与，促进标准政策的有效和一致，从而促进美国在国内外的发展。ICSP 的成员由每个联邦行政机构的代表组成。

NIST 的国家标准和合格评定信息中心（NCSCI），提供除农产品以外的美国及国外标准、技术法规、合格评定方面的信息服务。NCSCI 作为美国的咨询点，履行 WTO《技术性贸易壁垒协定》（TBT 协定）、《北美自由贸易协定》（NAFTA）和国际标准化组织信息透明度的义务。

### 三、标准制定机构

1. 美国材料试验协会（ASTM）。美国试验与材料协会（ASTM International）是美国最老、最大和影响深远的专业团体之一。美国试验与材料协会（ASTM）道路桥梁等安全和经济的建筑结构需求导致了 1896 年建立国际测试和材料联合会，其使命是制定标准化的测试方法。两年以后，成立了该机构的美国分部（ASTM International 前身）。1902 年，美国分会成为一个独立机构，将自己的组织正式命名为美国材料试验协会（American Society for Testing Materials）。1961 年，它更名为美国材料与试验协会（ASTM）。2001 年，该协会再度更名为"ASTM 国际"（ASTM International），并增加了品牌口号"全球标准"（Standards Worldwide）。2014 年，它将其品牌口号修改为"帮助我们的世界更好地运转"（helping our world work better）。

ASTM International 是目前在美国制定非政府、自愿标准最多的机构，主要致力于制定各种材料的性能和试验方法标准，以及有关产品、系统和服务等领域的试验方法标准。很多 ASTM International 标准被采用为美国国家标准，并在世界很多国家被广泛采用。

2. 美国机械工程师协会。美国机械工程师协会（ASME）是美国另一个重要的标准机构，主要任务是制定机械方面的标准和规范，对产品实行认证，授予 ASME 标志。

ASME 成立于 1880 年，于 1914 年第一个发布了 ASME 锅炉规范。目前这个规范不仅在美国采用，在世界许多国家都被采用。

3. 美国汽车工程师协会。美国汽车工程师协会（SAE International）创立于 1905 年，最初专注于汽车行业，如今该协会制定的标准包括公路与非公路行驶的机动车辆，以及航空、航天等方面。2006 年，该组织正式更名为国际汽车工程师学会，以反映其更广泛的范围和国际成员资格。目前，SAE International 已是一个全球性协会，在航空航天、汽车和商用车行业拥有超过 128000 名工程师和相关技术专家。

4. 其他标准制定机构。在美国，还有一些著名机构制定本领域的标准。例如国家火灾保护协会（NFPA），半个多世纪以来一直致力于制定国家电气规范及其他防止火灾等危险的安全标准。美国航空工业协会（AIA）制定了航空器安全标准。美国铁路协会（AAR）和纸及纸浆工业技术协会（TAPPI）等机构都制定了相应的行业标准。美国电气工业协会（EIA）自 1926 年以来一直是电气和电子产品及元器件领域的标准制定者。美国电气和电子工程师研究院（IEEE）负责国家电气安全规范，被政府和法规机构广泛应用于电力供给和通信设备安装。

还有一些研究和测试机构也制定标准，如国家卫生联合会（NSF）制定关于健康和卫生方面的标准。成立于 1894 年的美国保险商实验室（UL）不仅是一个非营利的测试机构，而且是一个主要标准制定者。另外，BOCA、ICBO 和 SACCI 等建筑规范机构也制定标准。

## 四、政府在标准制定中的作用

美国政府广泛地依赖和使用非政府机构制定的自愿标准，而且自愿标准一旦为政府部门的法律、法规采用，就具有强制性，必须严格遵守。联邦政府机构在自愿标准无法满足管理和采购要求时会自己制定标准。州和地方政府及机构在认为有必要时也会制定自己的标准。美国国防部是政府标准制定活动中的主角，已经制定并实施了一整套标准化方针和政策，以及规章制度和管理办法。美国军用标准曾经达到近 5 万件，在历史上发挥过重要作用。因其内容丰富、结构合理、技术先进并部分采用国际计量单位，在世界上影响很大。政府标准制定活动中，其他主要部门有农业部、食品与药物管理局、环保署、消费品安全委员会等联邦政府部门。它们制定了众多的涉及保护人身生命财产安全及保护动植物、保护环境的标准。

# 第三节 美国技术性贸易壁垒相关的合格评定体系

1870年，美国船舶局建立了美国最早的合格评定制度，开始对商船的设计、结构和定期检查进行认证。1925年，美国燃气协会（AGA）建立了一个非常完善的认证体系，对燃气具、电热器具、燃油器具和部件进行测试和认证。1926年，第一个经认证的燃气加热器终于出现在市场上。1937年，美国俄克拉荷马州的外科医生向美国医疗协会报告有6个患者死于一种磺胺类药物，最终该种药物使107人致死，其中大多数是儿童，这场悲剧导致了1938年《食品、药品和化妆品法》的实施，该法要求药品在上市前必须经食品和药物管理局（FDA）测试和批准。从那时起，政府和私人机构的认证制度在数量和复杂程度上不断壮大。

## 一、美国认证制度

### （一）联邦政府认证制度

联邦政府认证制度可以分为几种类型：（1）对直接影响用户和公众健康或安全的产品进行认证；（2）为了避免地方机构或采购前重复测试，而对产品进行测试的制度；（3）通过评估产品的质量和状态为贸易提供统一依据的制度。

第一种认证制度包括FDA和卫生部对新的药品和兽药、医疗器械、生物制品和其他产品进行评估和批准的制度。联邦航空管理局（FAA）和美国运输部（DOT）对主要的飞机零部件的认证，矿山安全和卫生管理局（MSHA）和劳动部（DOL）对矿山电气设备的认证。第二种认证的类型包括国防部（DOD）为军用的零部件材料建立的合格产品列名（OPI）制度，通过测试产品并将批准的产品列名，减少了每次政府采购前的重复测试。国防部还有一个合格供应商列名制度，制造商的程序控制和制造能力经过评估并批准后适用于所有系列的产品。第三种类型的认证制度包括美国农业部（USDA）对肉类和肉类制品分级和认证的自愿认证制度，使用统一的质量分级标准在自愿的基础上进行认证，USDA还对日用食品、新鲜和处理过的水果、蔬菜、坚果及有关产品进行认证。

## （二）各州的认证制度

各州以各种理由管理的许多认证制度覆盖着众多产品，有些是通过联邦政府的授权由各州对产品进行检验和测试，如许多州对肉类和肉制品进行检验，对符合 USDA 标准的产品进行认证。出于健康和安全的原因，各州还在自己的权力范围内制定法规，这取决于各州认为产品对健康和安全的影响程度。产品由各州自己检验测试，或由一个被认可的机构进行检验测试并认证，如国家认可实验室。例如，对建筑用电气产品，有的州要求进行检验测试并使用"国家认可实验室"标志，而"国家认可实验室"这个术语目前是由各州或市政当局定义的。各州通常对直接或间接地对当地经济有重要影响的产品制定法规，例如，佛罗里达州和加利福尼亚州，对影响其水果产业的产品进行检验；内布拉斯加州农业占主要地位，于是该州建立了测试体系对拖拉机进行测试并颁发合格证书；加利福尼亚州空气污染比较严重，因而有关汽车排放的法规极其严格。

各州还检验测试和认证其采购的材料、产品和系统，增加修路建桥所用的材料。另外，各州还制定标准让地方机构实施检验测试，通常用于建筑和结构材料。

## （三）私人机构认证制度

美国私人机构第三方认证制度是由不同类型的机构运作的，包括专业或技术协会、贸易协会、独立的测试检验机构、面向产品消费者和工业用户的机构、由参与制定某一工业领域法规的政府官员组成的机构和其他机构。例如，上文提到的美国燃气协会（AGA）建立的对燃气具、电热器具、燃油器具和部件进行测试和认证的完善体系。家用电器制造商协会（AHAM）建立的对空调器、电冰箱、除湿机和加湿器等家用器具认证的体系。空调和冰箱研究院（ARI）对空调设备、冷水机和太阳能设备等进行认证。美国牙医协会（ADA）对牙医、材料、设备、器具、牙膏、牙刷等进行认证的制度。ADA 的认证制度使用 ADA 标准，要求提交详细的申请材料描述产品的规格，ADA 还要求制造商自我认证产品符合标准，ADA 在市场上抽样进行测试，一旦获得批准，ADA 授权使用 ADA 认证标识并公布获准的产品名录。在电气安全领域，美国保险商实验室 UL 认证是广为人知的。许多消费者都认为从电气设备到灭火器等一系列产品都应有 UL 标志。UL 公司是一个独立的测试实验室，它不仅是一个主要的标准制定机构，而且针对产品及部件对生命和财产潜在的危险进行测试，将不存在危险的产品"列名"。FM 公司（FM Approvals）是 FM 全球保险公司旗下的认证机构，针对与财产安全紧密相关的建筑材料、消防产品、电器产品进行认证，最大限度地减少工业财产损失。ASME 对锅炉、水加热设备、压力容器和核电部件进行认证。一些建筑规范管理机构，例如 BOCA、ICBO 和 SB-CCI，都参与有关认证活动。这些机构制定的建筑规范由各州和地方政府采用，这些机构对产品和材料进行评估，对符合建筑规范要求的批准使用。在美国有 170 余个私人机构对各种产品进行认证和批准。

## 二、产品认证

作为世界最大的发达国家，美国是一个相对成熟的国际市场，其认证项目较多。据统计，美国的认证项目有 55 项之多，如产品的 UL 安全认证、军用产品的 MIL 认证、电磁兼容认证、FCC 认证、HACCP 认证等。美国质量认证管理体制自由分散，没有统一的国家质量认证管理机构，政府部门、地方政府机构以及民间组织都可开展质量认证工作。美国常见的产品认证有如下几种：

### （一）FCC 标准/UL 标准认证

大多数电子、电器产品进入美国市场，必须符合美国联邦通讯委员会（Federal Communications Commission，FCC）和保险商实验室（UL）的一系列标准，并通过检测认证。需检测的产品包括：计算机、玩具、无线电设备、电视和传输设备等。在进口上述产品时，美国海关要求进口商提供上述产品的 FCC 许可证，否则不许通关放行。

### （二）FDA 认证

FDA（Food & Drug Administration）是美国食品与药品管理局的缩写。
FDA 对进入美国市场的食品、药品、添加剂、化妆品、洗涤用品和医疗设备等进行管理，其职责是保证食品健康、卫生、安全，要求商品的生产商、进口商、经销商等从原料的购入到生产、包装、销售、运输等各个环节保证不被污染，确保不会对公共健康造成潜在危害。FDA 对进口商品进行抽样检测，如果检测结果不符合其标准,该产品不准入境;而对于预先获得 FDA 认证的产品,进口商一般在出具认证证书后即予以放行。

### (三) CPSC 规则

美国消费者安全委员会(CPSC)现有的目录上管理着 15000 多种不同的产品,CPSC 的职责是收集产品的安全数据并提示客户,产品具有哪些危险性以及如何采取降低危害的措施。CPSC 规则主要用于处理电子振荡、火灾和其他危害安全的因素,同时也适用于那些陷于诉讼案件、未能执行安全准则而造成伤害或死亡的产品,制造商、进口商、分销商和零售商必须对被检测不安全的产品作书面报告,只有获得安全标志的产品才准许进入市场。

### (四) FTC 规则

FTC(Federal Trade Committee)是美国联邦贸易委员会的缩写。FTC 要求出口到美国的纺织品必须标有成分和保护标签,并且对那些含有未经 FTC 认可成分的纺织品限制其进入美国市场。FTC 还将对纺织品的成分进行分析,以判断其提供的成分报告与实际结果是否一致。

### (五) HACCP 认证

HACCP 是 Hazard Analysis Critical Control Point 的缩写,即危害分析关键控制点。FDA 在经过两年论证后,于 1995 年 12 月 18 日公布了《加工和进口水产品安全卫生程序》,要求从 1997 年 12 月 18 日起在美国市场上销售水产品的加工商发布实施 HACCP 计划,并取得 HACCP 认证。随后,HACCP 认证又向肉类加工企业和果汁、蔬菜汁加工企业延伸开来。

### (六) 汽车安全认证

随着机动车辆的增多,汽车的安全问题提上了各国政府的议事日程。美国政府不仅制定了严格的车辆安全法规,而且对汽车实行安全认证制度。有通过安全认证、符合汽车安全法规的汽车,美国才允许生产、销售、进口、使用。

美国汽车法规制定的依据主要有"车辆安全法"和"环境保护法"。依据"车辆安全法",美国联邦运输部国家公路交通安全局组织制定了机动车安全法规;依据"环境保护法",美国环境保护署组织制定了机动车环境保护法规。

从目前看，美国机动车安全和环保法规是世界上最完善的法规体系之一，它从各个方面规定了对乘员、行人的保护及车辆应有的避免事故的性能，法规的内容齐全，指标较先进。美国对汽车实施的安全标准项目有54项，其中涉及主动安全的标准29项；涉及被动安全的标准25项。除此之外，美国涉及噪声和排放的法规有5个。美国法规规定的指标及方法对其他国家的标准具有较大的影响和导向性。例如，它规定了汽车的碰撞保护后，欧洲和日本也随之将该项目列入法规标准。从发展趋势看，美国汽车法规的重点是侧面碰撞保护、行人保护和车辆稳定性等，并且还将制（修）订更多、要求更严的标准。美国国家公路交通安全局为了提高乘员安全性，提出各种客车法规标准和轿车法规看齐，逐步将轿车法规标准的适用范围扩大到轻型货车和客车等车型上。

美国对汽车认证实行的是政府监督的"自我认证"方式，各汽车厂根据美国机动车安全法规，对汽车进行检验和验证，并向政府主管部门提交认证申请、技术资料和检验结果报告，主管部门在审查合格的基础上予以注册公布。对于环保项目，美国的认证要求较严，各汽车厂除根据环保法规对汽车进行检验，向主管部门提交认证申请、技术资料和检验结果报告，主管部门在审查合格后，还要派员到工厂对生产活动和试验设备进行检查和监督，甚至对部分项目重新进行试验，确认工厂能批量生产一致性良好的产品后，才在联邦注册公布。

在美国，通过认证的车型才可以销售和使用，但通过认证并不意味着消除和减轻制造商对汽车质量所负责任，如果发现某种汽车存在缺陷，主管部门会及时通告制造厂，制造厂在45天内应提出召回方案。如果制造厂不同意主管部门的意见，可以申请举行公开听证会，以辨明是否存在缺陷。除非由于听证会的结果使主管部门撤回决定，否则制造商应在听证会结束后30天内提交召回方案。

美国对进口汽车并不提出额外的技术要求，只要通过认证就能进口、销售和使用。进口汽车的质量保证由进口商负责，一旦发生质量缺陷将由进口商负责召回进行维修或更换。

### 三、认可制度

美国具有对认证机构认可的机构有OSHA、ANSI和NIST。

1. OSHA负责对工作场所使用的电气设备和材料的认证机构的认可。即，所有在工作场所使用的电气设备和材料必须由OSHA认可的机构测试、列名或加贴标志。

2. ANSI负责包括建筑材料、饮用水添加剂、燃气和电器用品及其部件等领域认证机构的认可。ANSI于1970年建立了认证机构认可制度。

3. NIST是美国商务部用来评价认可有能力的机构进行相关合格评定活动机构。NIST的评价结果为美国政府提供了一个依据，向外国政府保证美国合格评定机构有足够的能力满足外国法规要求。NIST主要是利用公共制定的标准和要求，并最大限度地采用国际指南和标准进行认可活动。

## 四、实验室认可

美国的实验室认可体系与大多数国家的不同。其他国家的认可机构通常是公共机构或直接参与政府管理的机构，另一种方式是以一种协调的方式建立国家实验室认可体系。而美国实验室认可体系是由各级政府和私人机构运作，虽然在特定的体系间或与其他有关利益方之间，例如，政府机构、贸易协会或专业协会，存在一定的协调，但是并没有集中统一的协调机构。

美国国家实验室自愿认可程序（National Voluntary Laboratory Accreditation Program，NVLAP）和美国实验室认可协会（American Association for Laboratory Accreditation，AALA）是两个最大的联邦实验室认可体系，另外还有许多联邦、州和地方政府以及私人机构的实验室认可体系。

### （一）联邦政府的实验室认可制度

联邦政府各种实验室认可制度的要求有很大不同。一些制度是综合性和全面性的，如NVLAP，而其他只是包括对实验室资格的简单审查。通常各种制度的特定要求和范围都是为了满足不同机构的特定需要。

一些制度只是将认可申请限制在政府实验室，例如，NIST重量和计量实验室认可制度；而退伍军人服务部的认可制度仅限于其医疗中心实验室；国防部的后勤机构则指定或认可实验室来进行采购产品的测试工作。这些制度仅限于向潜在的政府供应商开放。

### （二）州和地方政府实验室认可制度

州政府可能出于多种原因建立实验室认可制度。大多数情况下，州和地方政府机构认可实验室测试其管制的产品，并要求这些产品由经批准的实验室检验并测试，如州和地方政府关于建筑和电气产品的法规，要求产品由认可或批准的实验室测试并加贴标志。另外，州或地方政府的认可制度认可或指定实验室为其提供产品符合性的监督测试工作。州政府出于其他的目的也会评估实验室，如帮助实施联邦法规。对于国家保证公共用水系统质量，州政府负有主要责任。为了履行这一义务，州政府认可地方实验室测试饮用水。州和地方政府还认可或指定实验室对政府采购的产品进行测试。同样，州政府的实验室认可要求也有很大不同，所使用的术语也千差万别。

### （三）私人机构实验室认可制度

私人认可机构出于很多原因也建立了实验室认可制度。其原因包括证明实验室进行专业测试的能力，通过自我政策约束的努力以避免政府制定相关法规。许多私人机构的实验室认可制度是其认证制度不可分割的一部分。另外，为了帮助政府机构实施法规也会建立私人机构认可制度，如建筑产品的测试。

私人机构的认可制度在规模和范围上有很大差异。美国血库协会（AABB）建立了一个血库和输送服务的认可制度，被许多州政府认可。美国病理学院的认可制度认可医院和独立的医疗实验室，其认可制度被退伍军人事务部用来确保其医疗设施的能力。A2LA 的认可制度涉及很多测试领域的实验室认可。

正是由于政府部门和私人机构所涉及的广泛领域，美国的技术法规、标准和合格评定体系是世界上最复杂的体系之一。大量的联邦、州和地方政府的标准化和合格评定及专业和非专业组织、各行业协会和专业学会自我约束活动，产生了数目庞大的技术法规、标准、合格评定和采购要求，构成一个紧密联系的复杂的技术性贸易措施体系。

# 第四节 美国技术性贸易措施实施

## 一、美国技术性贸易措施实施新特点

近几年，美国在技术性贸易措施方面表现出一些新的特点。体现在保护主义色彩增强、更加注重数据隐私和网络安全、持续强化出口管制措施、更加细化的行业标准和合规要求和更加强调环保和绿色技术要求。

（一）保护主义色彩增强

近年来，美国政府在多个领域强化了对本国市场的保护主义措施，尤其是在涉及高新技术产品、先进制造业和战略性产业（如半导体、人工智能、5G通信等）时，技术性贸易壁垒的保护主义色彩愈发明显。例如，美国通过一系列技术法规和标准，设立高门槛的安全和环保要求，限制外国企业进入美国市场。与此同时，美国也加大了对外资企业收购美国技术企业的审查力度，特别是在与国家安全相关的高技术领域。这些措施既包括强制性的技术安全认证，也涉及严格的进口管制和审批程序。

（二）更加注重数据隐私和网络安全

随着互联网技术的发展和大数据的广泛应用，美国越来越注重数据隐私保护和网络安全问题。这些关注点被体现在技术性贸易壁垒中，特别是在涉及信息技术、云计算、大数据和人工智能等领域时，美国针对数据安全、隐私保护和信息流通的要求越来越严格。例如，美国的《网络安全信息共享法案》（CISA）以及《数据隐私保护法》都要求外国公司遵循与美国类似的数据保护要求。此外，美国还通过对涉及关键基础设施的企业进行网络安全审查，增加了技术性贸易壁垒的门槛。对于外国公司而言，想要进入美国市场，必须确保符合美国的网络安全和数据隐私标准，否则将面临无法进入市场或面临高额罚款的风险。

（三）持续强化出口管制措施

美国近几年加强了对技术出口的管控，尤其是在高技术领域。美国政府通过不断更新《出口管理条例》（EAR）和《国际贸易管理条例》（ITAR），加强了对高端技术和关键技术的出口限制，尤其是在涉及国家安全和战略利益的领域。例如，在半导体、人工智能、5G通信等领域，美国实施了对关键技术的出口管制，限制外国企业获取美国先进技术。这些管制措施不仅影响到技术的直接出口，还涉及相关配件、设备以及软件的出口，进一步加大了高技术产品进入美国市场的难度。

（四）更加细化的行业标准和合规要求

在某些行业领域，美国逐步推行了更加细化和严格的行业标准和合规要求，尤其是在医疗器械、汽车、化学品、农业产品等领域。这些标准通常涉及产品的功能、安全性、性能、环境影响等方面，甚至可能根据不同类别的产品设定不同的标准和测试要求。例如，美国的食品药品管理局（FDA）对进口医疗器械和药品的质量和安全性有严格的标准，要求外国企业必须进行复杂的审批程序才能进入美国市场。此外，美国环保署（EPA）和交通部（DOT）对汽车排放标准的规定，也加大了外国产品的合规难度。

### （五）更加强调环保和绿色技术要求

随着全球气候变化和可持续发展问题日益突出，美国在技术性贸易壁垒方面逐渐加大了环保和绿色技术的要求。这一趋势在近年来变得愈加明显，尤其是在汽车、能源、制造业等领域。例如，美国环保署（EPA）在2019年加强了对进口车辆的排放标准，要求汽车厂商必须符合美国的环保标准，否则不能进入美国市场。此外，美国还通过制定绿色技术标准，要求进口产品符合一定的能源效率和环境保护标准。这些环保要求不仅在产品设计和生产过程中施加压力，也迫使出口企业在技术创新和合规方面加大投入。

## 二、美国技术性贸易措施实施新态势[①]

近年来，美国在技术性贸易措施实施方面的新态势体现在：通报数量显著上升，涉及范围持续扩大；技术、资源密集型产品成为关注重点；强制性认证增多，贸易壁垒标准升级；与环保、人权等问题进行融合；与知识产权尤其是专利技术紧密结合等方面。

### （一）通报数量显著上升，涉及范围持续扩大

2017~2022年，美国技术性贸易措施通报总量呈急剧上升趋势。除通报数量快速上升外，美国技术性贸易壁垒涉及范围也逐渐扩大，已深入到产品的开发、生产、包装和分销等全产业链各个环节。例如，美国针对产品中的有毒物质实行重要新用途规则（Significant New Use Rule，SNUR），该规则要求产品从生产、加工到分销等各个环节都需要进行有毒物质检测，以确保产品在各环节

---

[①] 纪建悦，许瑶，刘路平. 美国技术性贸易壁垒的新态势与中国的应对策略[J]. 国际贸易，2022（4）.

的安全。近些年，美国对产业链各环节的 要求更加严苛、细致，美国更新SNUR的频率也明显加快。据美国环保署（U. S. Environmental Protection Agency, USEPA）官方网站公布，仅2019年美国环保署就计划将192种有毒物质的检测范围从生产环节扩大至加工和分销环节。面对美国对产业链各环节规定的不断升级，其技术性贸易壁垒的涉及范围将持续扩大。

## （二）技术、资源密集型产品成为关注重点

美国技术性贸易壁垒涉及七大类别的产品，分别为食品类、矿产资源类、橡胶皮革类、非金属制品类、纺织品及饰品类、玩具家具类和电器设备类。其中，电器设备类产品（技术密集型产品）、矿产资源类产品（资源密集型产品）的占比连续多年保持在七大类产品中的前两位，是美国技术性贸易壁垒的重点关注对象。电器设备类、矿产资源类以及食品类产品依次是外国产品出口美国遭受技术性贸易壁垒最多的前三类产品，美国国会就此提出的技术性贸易壁垒的相关法案数量超过立法总数的80%。在拜登任期内，美国技术性贸易壁垒的重点是电器设备类以及食品类产品两类上，其中电器设备类产品依旧是外国产品出口美国遭受壁垒最多的产品。

## （三）强制性认证增多，贸易壁垒标准升级

美国的认证标准分为自愿性标准和强制性标准，随着加大对进口产品的管控，美国增加强制性认证标准使用，这既包括电器设备类产品的UL认证、药品领域的FDA认证，也包括一些新的安全认证要求。例如美国消费品安全委员会（CPSC）于2024年12月18日批准了一项最终规则，要求所有进入美国市场的受监管消费品的认证信息必须以电子方式提交，这种电子申报计划适用于所有受强制性安全标准约束的进口产品。

美国技术性贸易壁垒的标准也逐渐升级，主要表现在两个方面：一是技术标准的细化程度和难度提高。随着数字经济的快速发展，美国在技术性贸易壁垒方面逐步引入更为细化的数字化标准。尤其是在人工智能、云计算、大数据、物联网等领域，美国对进口产品和技术的数字化标准要求越来越高。这些标准涉及数据的存储、处理、传输、隐私保护等方面，要求外国企业的产品和服务必须符合美国的数字化合规要求。例如，美国联邦贸易委员会（FTC）和国家标准技术局（NIST）在人工智能伦理、安全性、数据保护等方面提出了新

的标准和框架。这些标准对外国企业进入美国市场构成了更高的技术壁垒,特别是在涉及大数据处理和跨境数据流动的行业中。二是美国的合格评定程序更加严苛。美国拥有世界领先的先进技术,这既能够提高美国的产品质量,也能够帮助美国实现更高的检测精度,使美国在评定程序的制定上拥有更大的优势。美国政府要求产品通过严格的认证,确保其符合国内的技术、安全和质量标准。同时,随着全球化供应链的扩展,美国在审查跨国供应链时逐渐变得更加严格,尤其是在涉及敏感技术领域时。美国政府通过增强对供应链的审查,限制外国公司获取敏感技术或关键部件,并确保供应链中的每一个环节都符合国家安全要求。例如,美国商务部近年来通过实体清单加强对涉及高科技产业的外国企业的管控,特别是在半导体、通信设备等领域,这些公司在向美国出口产品时,必须通过美国政府的严格审查,确保其产品不涉及国家安全风险。

(四) 与人权、环保等问题进行融合

近些年,"人权"不仅成为美国推行霸权主义的外交手段,在贸易中的使用也逐渐频繁,美国多以人权问题中的"强制劳动"为借口设置技术性贸易壁垒。2018年,美国借口"强制劳动"先后对包括泰国、中国和马来西亚等在内的多个国家进口的产品发布入境禁令,尤其是所谓中国的"人权"问题更是成为美国技术性贸易壁垒攻击的焦点。美国借口新疆存在"强制劳动"问题,先后宣布禁止新疆生产的服装以及含新疆棉的所有中国产品进入美国市场。截至2021年3月,时任拜登政府提出了2项相关法案,限制入境的产品范围也从新疆生产、加工的产品进一步升级到采用新疆原料的任何涉疆产品。

在环保问题方面,世界环保组织、世界自然基金会等各国际性环保组织提倡各国政府及相关的政策制定者设置严苛的进出口绿色技术标准,以保障生态环境安全及民众的生命健康,这一倡议在一定程度上促进了自然环境的恢复,但也为美国技术性贸易壁垒的增多提供了新的借口。在实际操作中,美国以环保为由实行隐蔽的贸易保护,设置严苛的环保标准,以此达到限制国外产品进口的真实目的。尤其是近几年,美国环保标准改革的力度显著加大,据彭博新闻社2021年3月5日报道,美国环保署将禁止在制冷和空调中使用强效温室气体,新规则将在未来15年内将美国氢氟碳化合物的生产和进口减少85%。

(五) 与知识产权尤其是专利技术紧密结合

美国始终积极地推动多边和双边贸易协定中关于知识产权标准的制定。

2020年美、墨、加三国签订《美国－墨西哥－加拿大协定》，制定了更加符合美国期望的知识产权保护政策，其中包括商业秘密保护、专利和版权条款的扩展、数字经济中的知识产权保护、强有力的监管执法和国际协调等广泛规定。由于知识产权能够提高技术性贸易壁垒的影响力，目前美国已经将知识产权看作是其技术性贸易壁垒未来发展的重要方向之一。

### 三、美国技术性贸易措施新态势对中国的冲击[①]

美国技术性贸易措施新态势表明，新时期的美国技术性贸易壁垒仍将会越发严苛、复杂。美国是世界上第一强国，同时也是中国的第三大贸易伙伴国，其技术性贸易措施出现的新态势必定会对中国经济带来冲击。

#### （一）限制了中国出口贸易的发展

降低了中国产品的出口竞争力。一方面，美国技术性贸易壁垒通报数量增多，标准逐渐升级，部分出口企业为了满足美国的技术标准和认证程序要求，增设相关的设备或加大生产技术研发以提高产品的技术含量，增加了企业的生产成本。另一方面，为了应对美国技术性贸易壁垒，企业需要承担产品的原材料采购、生产、物流和通关等各环节新增的费用，导致产品的生产成本增加、出口竞争力下降。尤其是当前美国技术性贸易壁垒涉及范围越发广泛，对产业链各环节的要求愈加严苛，企业控制成本的难度进一步加大。据《中国技术性贸易措施年度报告（2020）》报告，2019年中国企业出口美国的新增成本达81.8亿元，占当年中国企业新增成本的50.76%，美国已经成为导致中国出口企业新增成本最高的市场。

#### （二）增加了产品的出口难度

由于美国技术性贸易壁垒中强制性认证标准增多，其标准升级迅速，致使产品申请、检测等认证程序变得更为复杂、烦琐，延长了中国产品出口的时间。例如，美国政府要求中国玩具产品必须出具由美国消费品安全委员会（CPSC）认证的第三方检测机构提供的检测结果，导致中国玩具产品的入境时

---

[①] 杜欢等. 美国技术性贸易措施影响效应及中国应对研究［J］. 中国标准化, 2023（12）：208-213.

间延长。美国借环保、人权等社会问题设置贸易壁垒，由于没有明确的硬性标准，话语权完全掌握在美国手中，因此增大了产品出口的难度。此外，作为发展中国家，我国的环保水平与发达国家仍有较大差距，面对美国设置的绿色技术标准，企业需要建立绿色低碳的生产模式，承担环境监测、技术咨询、认证费用、污染物检测费用等一系列的新增费用，进一步增加了部分企业，尤其是中小企业的经营成本，导致产品的出口规模萎缩、难度增大。

### （三）影响了中国产业向全球价值链中高端迈进

近几年，美国技术性贸易壁垒重点关注技术密集型产品，在 2014~2020 年中国技术密集型产品的出口受限明显增多，出口损失增加。《中国技术性贸易措施年度报告（2020）》数据显示，2019 年，中国电器设备类产品出口美国的直接损失达 55.71 亿美元，这些损失导致出口企业对出口产品的研发投入减少，企业研发能力下降，不利于中国技术型产业向全球价值链中高端迈进。另外，由于美国技术性贸易壁垒与具有较高附加值的知识产权紧密结合，具有较强不确定性，部分对美出口企业选择转移出口市场以规避美国的技术性贸易壁垒。同时，美国技术性贸易壁垒导致中国产品的生产成本上升，出口损失加重，企业为降低成本，选择退出美国市场，转向国内市场。然而，众多企业从国外市场撤回国内市场，不仅增加了国内的市场竞争，而且与国际市场脱离，影响中国产业在全球价值链中的地位。

### （四）影响了中国外资的引进

在中国实行的改革开放政策中，吸引外资是重要一环，但面对美国越发严苛、复杂的技术性贸易壁垒，中国产品出口受阻，在华企业对美出口风险上升，动摇了国外投资者的投资信心，从而影响了中国外资的引进。同时，美国所释放出的消极对华投资态度，也影响了其他国家对中国的直接投资规模。自 2017 年以来，国外对华直接投资增速逐渐放缓。其中，美国对华直接投资增速的下降尤为明显，2015 年、2019 年和 2020 年出现了负增长。国外投资规模萎缩不仅减少了国内技术研发的资金支持，其对企业的示范效应和关联效应也将减弱，导致企业的科技创新效率下降。无论是传统产业，还是新兴产业发展，都建立在技术进步的基础上。而技术研发要求足够的资金支持，除政府注入资金外，外资引进也尤为重要，资金支持难以到位会减弱部分企业提高技术进步和创新的能力。

(五) 招致其他国家效仿从而加大对中国的影响

为扩大技术性贸易壁垒的影响力，美国通常选择与其他国家建立同盟。美国试图借此在排除中国的情况下重新制定国际贸易技术新标准，建立对中国的标准优势。在美国的推动下，中国发展所面临的阻碍已经从美国扩大至整个欧美地区。美国拥有世界上最先进的技术，相较于其他国家，美国的产品标准更具有影响力，引发了其他国家对美国标准的效仿。同时，美国在关键技术领域的敏锐性也在引导着后续国家的标准制定。英国效仿美国，提议排除中国建立十国联盟，制定5G技术的新标准，以掌握5G领域的话语权。中国正逐渐被更多的国家排除在5G标准制定的范围外，缺乏区域性的标准认定，将导致中国技术出口难度加大。

# 本章小结

作为全球领先的发达国家，美国在经济和科技领域处于全球领先地位，其技术性贸易壁垒管理体系具有独特性。本章介绍了美国技术性贸易壁垒相关的法律法规体系、标准体系及合格评定体系，分析了新时期美国技术性贸易措施的实施新特点、发展态势及其对中国的影响，为读者提供了一个较为全面的知识体系，以理解美国的技术性贸易壁垒制度。

**复习与思考题**

1. 美国技术性贸易壁垒相关的法律法规体系包括哪些内容？
2. 美国消费品安全委员会（CPSC）如何确保在美产品安全？
3. 美国食品和药物管理局（FDA）的主要职责是什么？
4. 美国标准体制有哪些特点？
5. 美国认证制度包含哪些内容？

# 第五章　欧盟技术性贸易壁垒管理体系

【学习目标】

● 了解欧盟技术性贸易壁垒的法规体系、相关机构及其职能，以及欧盟技术性贸易措施的实施特点和变化趋势；

● 理解欧盟《技术协调与标准化新方法》指令的基本思想；

● 掌握欧盟标准体系、相关标准化机构的职能、合格评定模式、EC合格声明和CE标志等内容；

● 熟悉欧盟REACH法规、耗能产品指令、WEEE指令和ROHS指令，以及非食品类消费品快速预警系统（RAPEX）和食品及饲料快速预警系统（RASFF）的运作程序。

【引导案例】

### 欧盟发布碳边境调节机制法案

气候变化是当今全球面临的重大挑战。自1992年《联合国气候变化框架公约》、1997年《京都议定书》和2016年《巴黎协定》相继签署以来，国际社会在应对气候变化方面不断努力。欧盟作为全球气候行动的积极推动者，于2005年建立了碳排放权交易机制（EU ETS），并逐步发展成为全球最大的碳交易市场。

2007年，欧盟首次提出"碳关税"概念。经过多轮磋商和调整，2021年3月，《关于建立碳边境调节机制的立法提案》（CBAM草案）正式形成。2022年12月13日，欧盟理事会和欧洲议会就碳边境调节机制达成临时协议（CBAM临时协议），并于2023年5月16日正式生效，自10月1日起开始实施。这标志着全球首个"碳关税"正式落地。

欧盟CBAM法案的实施引发了国际社会的广泛关注。一方面，美国等发达国家虽态度谨慎，但支持声音逐渐增多，甚至考虑出台类似法案；另一方面，发展中国家则批评欧盟此举是以环保为名的贸易保护主义，违反WTO规则，阻碍全球经济复苏。欧盟"碳关税"的实施，预示着全球正逐步形成以气候变化为核心的新型贸易格局，对全球贸易和经济格局产生深远影响。

中国自2001年加入世贸组织后，经济快速发展，成为全球最大贸易国。然而，碳排放量也急剧上升，2006年超越美国成为全球最大碳排放国。中国碳核算数据库（CEADs）数据显示，2001~2022年，中国碳排放量从34.05亿吨增至110亿吨，占全球总量的28.87%。中欧贸易虽蓬勃发展，但随着欧盟碳边境调节机制的实施，中国出口企业面临贸易成本上升的挑战，尤其是高碳产业的出口受到显著影响。

资料来源：节选自丁纯，曹雪琳.欧盟碳边境调节机制对中国贸易的影响：基于动态递归GTAP-E模型的模拟分析［J］.世界经济研究，2024（2）：18-19.

### 📖 思考题

中国作为全球最大碳排放国和贸易国，应如何应对欧盟碳边境调节机制带来的挑战？

早在20世纪60年代，欧洲一些国家就开始协调技术法规、技术标准及合格评定程序的制定工作。最初的意图是想通过统一欧洲各国的标准，排除标准化障碍，消除欧洲内部市场的技术壁垒。1993年11月1日，《欧洲联盟条约》正式生效，标志着欧洲共同体演化为欧洲联盟。加入欧盟的欧洲国家采用欧盟的协调法律、标准和合格评定程序。欧盟的成立及协调技术法规、标准和合格评定程序的实施使进入欧洲市场的技术性要求大大简化。

# 第一节　欧盟技术性贸易壁垒相关的法律法规体系

## 一、欧盟法律法规的形式

欧盟条约是欧盟法律的基础，被欧盟称为基本法（primary law）。根据欧盟条约原则和目标制定的法律体系称为从属法（secondary law），包括条例（regulation)、指令（directive）、决定（decision）、意见和建议（opinion and recommendation）。

（1）条约：具体指的是《欧洲煤钢共同体条约》《欧洲经济共同体条约》《欧洲原子能共同体条约》《单一欧洲法案》《欧洲联盟条约》，以及其他特殊条约，如关于接收新成员的条约、关于预算的条约等。欧盟条约的地位相当于宪法，是有最高法律效力的欧盟法律。

（2）条例：对所有成员国直接适用，不需要再由国内立法制定具体的执行措施。自动在各成员国生效，并且成为成员国法律体系的一个组成部分。

（3）指令：对所有成员国有约束力，但实施指令的方式和手段可以由成员国机构做出选择。

（4）决议：是具有特定接收对象的单独法令，对其所通知的对象具有全面的约束力。可以对个人发出，也可以对成员国发出。

（5）建议和意见：都没有法律约束力，它们不是严格意义上的法律，建议和意见可由包括欧洲委员会在内的许多机构通过。

欧盟技术法规的主要形式是指令，也有以条例或决议形式发布的。指令规定的是应当取得的目标，指令对每个成员国都具有约束力。各成员国有义务使该项指令的规定成为国内法规并且实施，但是，指令在实现该结果的方法上给有关成员国留有一定程度的自主权（在实践中，这种自主权是十分有限的）。一个成员国通常需要采取特定的法律措施来实施指令。国内法律措施必须非常清楚明确地表述出指令的条文内容，以保证有关各方清楚地了解各自的权利范围。

## 二、欧盟相关机构及职能

《欧洲联盟条约》规定，欧盟承担的任务应当由欧洲议会、欧盟理事会、欧盟委员会、欧洲法院和欧洲审计院5个机构来完成。此外，还有经济与社会委员会和区域委员会为欧盟理事会和欧洲委员会提供咨询性意见。

### （一）欧洲议会

欧洲议会（European Parliament）是欧盟三大核心机构之一，承担立法、监督和预算审批职能。其720名议员由成员国选民直接选举产生，任期5年。第十届议会于2024年6月组成，主要党团包括中右翼的欧洲人民党、中左翼的社民党党团及极右翼的身份与民主党团等。在职能上，议会通过投票批准欧盟委员会主席及全体委员人选，并设立欧洲申诉专员处理公民对欧盟机构的投诉。立法方面，遵循普通立法程序：欧盟委员会提案后，议会与欧盟理事会共同审议；若两机构分歧，则通过三方会谈协商，最终需双方共同通过法案。

### （二）欧盟理事会

欧盟理事会（Council of the European Union）是欧盟的主要决策机构之一，由每个成员国各1名部长级代表组成，在理事会会议上代表其成员国政府进行投票表决。欧盟理事会的主要任务是协调欧盟各国之间的事务，制定欧盟法律和法规。在预算方面，它和欧洲议会共同拥有决策权。

### （三）欧盟委员会

欧盟委员会（European Commission）是欧盟的主要执行机构，负责提出立法建议、监督欧盟条约的执行，以确保成员国遵守欧盟法律和政策。欧盟委员会管理欧盟的预算，并代表欧盟进行国际谈判。欧盟委员会由27名委员组成，包括主席和副主席。每五年任命一届新的委员团，成员由各成员国提名，欧洲议会批准。欧盟委员会是欧洲议会在立法和预算事务中的主要对话伙伴。欧洲议会监督委员会的工作计划和执行情况，对委员会的年度预算草案进行审批。

### （四）欧洲法院

欧洲法院（European Court of Justice）是欧盟的最高司法机构，位于卢森堡，其核心职能在于维护和执行欧盟的法律体系，确保成员国遵守欧盟法律。欧洲法院通过审理违反条约义务的诉讼、提供预先裁决、审查欧盟机构行为的合法性以及进行司法解释，确保了欧盟法律在所有成员国的统一适用。其判决具有法律效力，成员国必须执行，从而保障了欧盟法律体系的完整性和权威性。

### （五）欧洲审计院

欧洲审计院（European Court of Auditors）是欧盟的独立外部审计机构，负责审计欧盟及其各机构的账目，审查欧盟的收支状况，以确保对欧盟财政进行有效的管理。欧洲审计院通过独立、专业和有影响力的审计工作，评估欧盟行动的经济性、有效性、效率性、合法性和规则性，以改善问责制、透明度和财务管理。

### 三、欧盟的立法程序

欧盟有立法的权力，但是这种立法权与国家立法权不同，仅仅是一种派生性的权力，立法权的范围仅限于各成员国建立共同体及欧洲联盟签订的条约中所规定的领域。具体的立法过程中，什么样的法应当通过什么样的程序来制定，是由条约规定的。欧盟法律主要是由四种程序产生的：咨询程序、合作程序、共同决策程序和同意程序。

总的来说，欧盟委员会是处在负责提出议案的地位；欧洲议会是处在被咨询的地位；欧盟理事会处在最后做出决定的位置。欧盟委员会、欧盟理事会和欧洲议会这三个机构在欧盟法律的立法过程中的相互关系，基本上是通过欧盟委员会修改或撤回议案，欧盟理事会修改欧盟委员会的议案，以及欧洲议会参与立法过程这三个方面来体现。相对而言，咨询程序在欧洲议会中是一种"一读程序"；合作程序是一种"二读程序"；而共同决策程序是一种"三读程序"。其法律基础是《欧盟条约》第95条，具体的程序在《欧洲共同体条约》第251条。共同决策程序的主要步骤如下：

（1）欧盟委员会把议案送交欧洲议会和欧盟理事会征求意见，这就是欧洲议会一读。欧盟理事会在得到欧洲议会的意见后，经多数同意，通过一项对议案的"共同立场"。

（2）欧洲议会在得到欧盟委员会和欧盟理事会的意见后，有3个月的时间做出决定，即二读程序。根据欧洲议会的不同态度，议案可能朝不同的方向发展。

（3）必要时，欧洲议会在调解委员会的工作之后进行三读。

我们最常见的新方法指令是通过共同决策程序制定的。例如，2024年10月10日，欧盟理事会正式通过了备受关注的《网络弹性法案》（Cyber Resilience Act，CRA），就是通过共同决策程序制定的。首先，欧盟委员会提出立法提案，提案详细说明了拟议的法律内容、目标和实施方式。例如，CRA提案旨在提高联网产品的网络安全，确保产品在交付时无已知漏洞。然后，提案提交给欧洲议会和欧盟理事会进行一读。如果双方在一读中达成一致，法案即可通过。如果存在分歧，提案进入二读阶段，双方继续协商。如果二读仍无法达成一致，提案进入调解程序，由欧洲议会和欧盟理事会的代表组成调解委员会，协商解决分歧。最后，针对《网络弹性法案》，欧洲议会和欧盟理事会达成一致，法案正式通过。

## 第二节 欧盟技术性贸易壁垒相关的标准体系

欧盟理事会于1985年5月批准了关于《技术协调与标准化新方法》（以下简称《新方法》指令）的决议，《新方法》指令是欧盟统一大市场的重要措施，也是使用最多的法律形式。《新方法》指令是由欧盟委员会提出，欧盟理事会经过与欧洲议会协商后批准发布的一种用于协调各成员国国内的法律形式，旨在使各成员国的技术法规趋于一致。《新方法》指令规定了产品在健康、安全、环保等方面必须满足的基本要求，但不涉及具体的技术细节，而是通过协调标准为产品提供符合性的"推定"。制造商可以选择使用这些标准来证明其产品符合基本要求，符合指令要求的产品需加贴CE标志，表明其符合欧盟的相关指令。《新方法》指令明确了制定欧洲协调标准制的标准制定机构，即，欧洲标准化委员会（CEN）、欧洲电工技术委员会（CENELEC）和欧洲电信标准学会（ETSI）。通过与国际标准组织ISO和IEC的两个关于技术合作的协议，即ISO与CEN的1991年维也纳协议及IEC与CENELEC的1996年德累斯顿协议，CEN和CENELEC将尽可能采用和执行国际标准。只有在国际标准不存在或不适用于欧盟时，才制定自己的标准，从而在满足欧盟标准制定工作需要的同时避免不必要的重复劳动。

### 一、欧洲标准化委员会（CEN）

CEN成立于1961年，是一个非营利性的区域性标准组织，负责除电工和电信领域的其他欧洲标准制定。CEN的目标是消除由于国家标准差异而导致的贸易壁垒，推动欧洲标准化工作，促进工业和贸易发展。

CEN在下述领域制定自愿性的欧洲标准（EN）：机械工程、建筑和市政工程、健康技术、信息技术、生物技术、质量认证和测试、环境、工作场所健康和安全、燃气及其他能源、运输和包装、消费产品、运动、休闲、食品、材料和化学。

CEN 根据 1991 年与 ISO 在维也纳签署的维也纳协议，与其国际伙伴协作，在其负责的领域内协调欧洲和国际标准，ISO 也可以指定代表参加 CEN 的技术委员会。CEN 的成员由欧盟成员国和欧洲自由贸易区成员及捷克和马耳他的国家标准机构组成。这些成员有义务采用欧洲标准作为国家标准，不做任何修改并废除任何有与欧洲标准冲突的国家标准。CEN 的协会成员包括了欧洲标准化消费者代表合作协会（ANEC）、欧洲化学工业理事会（CEFIC）、欧洲医疗器械协会联合会（EUCOMED）、欧洲建筑工业联合会（FIEC）等。

## 二、欧洲电工委员会（CENELEC）

CENELEC 成立于 1972 年，目的是制定一系列的电工技术协调标准，包括支持欧盟指令的标准。CENELEC 制定所有电工和电子工程领域的标准，只要不存在相应的 IEC 标准。

CENELEC 与 IEC 有非常紧密的合作关系，可完全转化 IEC 的标准或稍做修改。1991 年，CENELEC 与 IEC 签署了合作协议；1996 年修订后称为德累斯顿协议。协议的目标是加快国际标准的发布及共同采用，保证资源的合理利用，根据市场需求加快标准制定程序。

## 三、欧洲电信标准协会（ETSI）

欧洲电信标准协会（European Telecommunications Standards Institute，ETSI）是由欧共体委员会于 1988 年批准建立的一个非营利性的电信标准化组织。ETSI 承担制定和发布电信、广播和其他电子通信网络和服务的欧洲标准（EN）和其他技术规范。这些标准不仅在欧洲范围内使用，还被广泛应用于全球。ETSI 的标准的立项由 ETSI 的成员通过技术委员会提出，经技术大会批准后列入 ETSI 的工作计划，由各技术委员会承担标准的研究工作。ETSI 是一个开放的论坛，有正式成员、候补成员、观察成员和顾问，目前有来自 47 个国家的 457 名成员，涉及电信行政管理机构、国家标准化组织、网络运营商、设备制造商、专用网业务提供者、用户研究机构等。

ETSI 与世界各地的论坛、联盟、国际和地区标准制定组织合作，成为国际合作项目 3GPP 和 oneM2M 的创始合作伙伴。通过这些合作，ETSI 在推动全球关键技术如 5G、网络安全、物联网、机器对机器通信等领域的标准化工作方面发挥了重要作用。

# 第三节　欧盟技术性贸易壁垒相关的合格评定体系

1989年，欧洲理事会关于认证和测试的总体方案决议陈述了欧共体合格评定政策的指导原则，即通过把合格评定程序的不同阶段设计成不同的模式、制定采用这些评定程序的准则、指定实施程序的机构及规定 CE 标志的使用，从而以法规的形式制定协调一致的合格评定方法，推广使用有关质量保证体系的合格评定程序。推动非强制领域测试和认证的相互认可协议，减少成员国因工业部门合格评定体系结构的差异（如校准和计量、测试和认证以及认可机构），通过相互认可、技术合作，助推成员国之间及与第三国的贸易。

## 一、合格评定机构

合格评定机构是指那些有能力进行符合性评估的机构，它们通常需要满足特定的技术和管理要求，以确保能够独立、公正地评估产品是否符合欧盟法规和指令的要求。指定机构是经过欧盟成员国指定的第三方机构，负责对某些产品进行符合性评估。这些机构被授权执行特定的合格评定任务，以确保产品在进入欧盟市场前符合相关法规和指令的要求。指定机构在欧盟法规中具有更高的权威性，因为它们被授权执行符合性评估并颁发 CE 认证等证书。这些证书是产品进入欧盟市场的必要条件。指定机构由欧盟成员国根据相关法规和指令的要求进行指定，并需满足组织、质量管理和资源等方面的具体要求。指定机构需定期接受主管当局的评估和监督，以确保其持续符合要求。欧盟委员会在 NANDO 信息系统中公布所有指定机构的名单，供公众查询。

指定机构的主要职责：对产品进行评估，确保其符合欧盟法规和指令的基本要求；评估合格后，颁发 CE 认证证书，允许制造商在产品上加贴 CE 标志；对制造商的质量管理体系进行定期审核，确保持续符合法规要求；参与产品上市后的市场监督活动，确保产品在市场上的安全性和合规性。

指定机构可以在成员国之外甚至欧盟之外从事工作，以指定机构名义发放证书。制造商可以自由选择被指派按照相关指令要求执行合格评定程序的任何指定机构。

## 二、合格评定模式

欧盟在《新方法》指令中规定了八种合格评定的基本模式，这些模式根据产品的风险程度和复杂性，为制造商提供了不同的符合性评估路径。八种基本模式的详细内容如表 5-1 所示。

表 5-1　　　　　　　　　合格评定所采取的八种基本模式

| 模式 |  | 描述 |
| --- | --- | --- |
| 模式 A | 内部生产控制 | 制造商自行进行合格评审并签署合格声明，适用于低风险产品 |
| 模式 B | EC 型式检验 | 制造商提供样品和技术文件，由指定机构进行检测并出具型式试验证书 |
| 模式 C | 符合型式声明 | 制造商声明产品与型式试验结果一致，并签署合格声明 |
| 模式 D | 生产质量保证 | 制造商的质量体系需通过指定机构认证，确保生产过程符合要求 |
| 模式 E | 产品质量保证 | 关注最终产品控制，制造商的质量体系需通过指定机构认证 |
| 模式 F | 产品验证 | 制造商保证生产过程符合要求，指定机构通过全检或抽样检查验证产品符合性 |
| 模式 G | 单件验证 | 每件产品都需经过指定机构的单独检查，适用于极高风险产品 |
| 模式 H | 全面质量保证 | 制造商的质量体系需涵盖设计、生产、最终产品控制等环节，通过指定机构认证 |

八种基础模式及其可能的变型模式之间可以各种方式相互组合。不同模式为立法者针对产品类别和所涉及的危害确立合格评定程序提供了工具。制造商可以根据产品的风险水平和指令要求选择合适的合格评定模式。对于低风险产品，模式 A（内部生产控制）可能是最合适的选择；而对于高风险产品，可能需要选择模式 F（产品验证）或模式 G（单件验证）。

## 三、管理体系标准的采用

在模式 D、模式 E、模式 H 及其变型中描述了质量保证体系在指令规定的合格评定程序中的应用。如果制造商的质量体系表明产品满足指令规定的基本要求，那么符合以标准 ENISO9000 为基础的质量体系，就可以做出符合相关质量保证模式的合格推断。

符合上述模式不一定要求质量保证体系获得认证，制造商可以采用其他不是基于 ENISO9000 的质量体系模式以符合合格评定模式的要求。制造商有责任建立并保持质量体系，以满足相应的法规要求。指定机构必须在其评定和后续监督中确保制造商能切实履行其责任。

## 四、技术文件

制造商必须起草技术文件，包括表明产品符合相应要求的信息。《新方法》指令规定，从完成产品制造之日起，技术文件的保存期至少是 10 年，除非指令中对保存期另有明确规定，这是制造商或授权代理的职责。一般技术文件应包括设计、制造和产品的储存，其目的是声明产品与相关指令基本要求的符合性。

## 五、EC 合格声明

制造商或制造商在欧盟内授权的代理必须起草 EC 合格声明，EC 合格声明是《新方法》指令所规定的合格评定程序的一个组成部分。从完成产品制造最后之日起，合格声明至少应保存 10 年，除非指令中对保存期另有明确规定。

EC 合格声明必须包含以下信息：

1. 制造商或授权代表的名称和完整地址。
2. 产品的型号、序列号或其他可追溯性标识。
3. 声明制造商对产品符合性承担全部责任。
4. 产品符合欧盟指令和协调标准。
5. 如果适用，指定机构（notified body）的详细信息。
6. 声明的签发日期、制造商或授权代表的签名。
7. 其他补充信息（如适用）。

## 六、CE 标志

CE 标志（Conformité Européenne）是欧盟市场对产品合规性的一种强制性认证标志，表明产品符合欧盟相关指令和法规的安全、健康及环保要求。CE 标志并不是质量认证，而是一种符合性标志，证明产品在设计和生产过程中符合欧盟的基本要求。

CE 标志适用于多种产品类别，包括玩具、电气设备、机械、医疗设备、通信终端设备、压力设备和建筑产品等。CE 标志是产品进入欧盟市场的"护照"，表明产品符合欧盟的安全和健康标准。CE 标志增加了消费者对产品的信任，有助于提升品牌形象。在产品上加贴 CE 标志的制造商需确保产品在整个生命周期内保持合规性，否则可能面临法律风险。

CE 标志与 EC 合格声明的区别在于 CE 标志是产品符合性的外在标识，制造商通过在产品上加贴 CE 标志，表明产品符合欧盟的相关指令和标准。EC 合格声明是 CE 标志的内在证明，制造商通过签署 EC 合格声明，证明产品符合欧盟指令和标准的要求，从而获得加贴 CE 标志的资格。CE 标志是产品进入欧盟市场的"通行证"；而 EC 合格声明是获得该通行证的"证明文件"。

### 七、市场监督

市场监督是实施《新方法》指令的基本手段。《新方法》指令规定了成员国允许符合指令要求的产品在其领域内自由流通义务的同时，明确了成员国制止不合格产品自由流通的权力。虽然，成员国之间在市场监督的法律、法规和行政管理结构方面不尽相同，但欧盟法律的有效实施依赖成员国良好的行政合作，确保法律法规能在所有成员国中统一有效地实施。成员国市场监督主管当局限制或禁止产品投放市场或交付使用，或使产品撤离市场时，应将有关情况通告相关方。

如果第三国制造商欲将其产品投放到欧盟市场或在欧盟市场交付使用，则该制造商应与进口成员国制造商的责任相同，按照《新方法》指令设计和制造产品，并履行所要求的合格评定程序。

制造商可在欧盟内指定一家授权代理，代表其履行欧盟法规。如果制造商不在欧盟内，而且也没有在欧盟内指定代理，那么向欧盟市场投放产品的进口商或责任人在一定程度上要承担欧盟法律、法规责任。如果发现产品某些特性显示这些产品极有可能存在随时引发对健康和安全产品严重危害的风险；如果发现产品未按相关产品的安全规定携带文件或加贴标志，海关当局应中止商品放行。对于《新方法》指令所覆盖的产品，海关当局会注意其 CE 标志。海关当局和市场监督主管当局必须互通信息，并根据所接收的信息采取适当措施。

## 第四节　欧盟技术性贸易措施实施

作为最先认识到国际贸易中技术性贸易壁垒的区域性组织，欧盟自 20 世纪 60 年代起，就开始协调技术法规、技术标准及合格评定程序的制定工作，将其作为欧盟技术性贸易壁垒的具体措施。进入 21 世纪，在区域一体化过程和对外贸易交往中，欧盟清楚地意识到技术性贸易措施的意义与作用，利用不断颁布/修订技术法规、标准及合格评定等技术性贸易措施，限制或禁止第三国的进口。设置能效标签、生态标签等绿色壁垒，加强化学品监控，对来自发展中国家的产品进行严格检测，以达到延缓或阻碍进口的目的，确保在欧盟境内的产品安全或欧盟贸易的收支平衡。

## 一、欧盟技术性贸易壁垒中使用较多的法规指令

对于欧盟以外的国家，欧盟明令要求进入欧盟市场的产品，凡涉及欧盟指令的，必须符合指令的要求，并需要通过指定机构的认证，才允许在欧盟市场销售。相关的法规指令有：

1. REACH 法规。欧盟 REACH 法规的全称是"Registration, Evaluation, Authorisation and Restriction of Chemicals"，即化学品的注册、评估、授权和限制。这是欧盟对进入其市场的所有化学品进行预防性管理的法规。REACH 法规已于 2007 年 6 月 1 日正式生效，并于 2008 年 6 月 1 日开始实施，REACH 法规的主要内容包括注册、评估、授权和限制四个方面。

（1）注册（Registration）。所有在欧盟境内年产量或进口量超过 1 吨的化学物质（物质本身，混合物中的物质或物品中有意释放的物质）需要向欧盟化学品管理局（European Chemicals Agency，ECHA）提交注册。注册主体是物质，物品本身不需要注册，只有其中需要符合要求的物质才需要注册。

（2）评估（Evaluation）。评估包括档案评估和物质评估。档案评估是为了核查企业提交注册卷宗的完整性和一致性；物质评估是为了确认化学物质危害人体健康与环境的风险性。评估过程由成员国及欧洲化学品管理局完成。

（3）授权（Authorisation）。根据 REACH 法规要求，使用及投放市场供使用被列入附录 14 的物质，不管是物质本身，作为混合物组分还是用于物品，都是被禁止的，除非该用途已获得授权或属于豁免应用。

（4）限制（Restriction）。REACH 附件XVII包含某些危险物质、混合物和物品在欧洲市场上的营销和使用限制清单。限制可适用于任何物质本身、混合物或物品，包括不需要注册的物质。

REACH 法规的管控范围相当广泛，覆盖了几乎所有行业中化学物质的生

产和使用，不仅包括工业中的化学物质，也包括我们日常生活中使用化学物质生产得到的产品，如电子电气产品、清洁剂、油漆、服装、家具等。

2. 耗能产品指令。2009年11月20日，欧盟颁布了《确立能源相关产品生态设计要求的框架》（2009/125/EC，简称ErP指令），ErP指令将环保因素融入产品设计之中。企业在设计新产品的时候，不仅要考虑功能、性能、材料、外观、结构等因素，还要考虑整个产品生命周期对能源、环境、自然资源的影响程度。2023年4月18日，欧盟发布了新的ErP能效指令（EU）2023/826，该指令将从2025年5月9日起取代现行的ErP指令（EC）No 1275/2008和（EC）No 107/2009。新法规的主要变化包括涵盖各种电器和电子设备在关闭模式、待机模式和联网待机时的最大能耗要求等内容。

3. 玩具安全新规。2023年7月28日，欧盟委员会提出了一项新的玩具安全法规提案，旨在修订现有的欧盟玩具安全立法，通过引入新的法规来取代2009/48/EC指令。该提案的主要目标是提高儿童保护水平，包括防止有害物质对儿童的影响，以及减少欧盟市场上不符合标准和不安全的玩具。2024年2月，欧洲议会的内部市场和消费者保护委员会（IMCO）一致批准了其对玩具安全法规更新的立场。2024年3月13日，欧洲议会以603票赞成、5票反对和15票弃权通过了其对玩具安全法规的立场。

4. WEEE指令。2005年8月13日，《欧盟关于报废电子电气设备指令》（以下简称WEEE指令）正式实施。2012年修订案（2012/19/EU）将适用范围扩展至光伏板等产品，并设定分阶段收集目标（2016年为45%、2019年为65%）。2024年3月，欧盟通过修正案，明确生产者对历史废弃物的追溯责任。欧盟委员会2023年评估指出，成员国需加强WEEE的单独收集与跨境执法协调，未来可能进一步简化注册流程并推动数字化管理。

5. ROHS指令。2006年7月1日，《欧盟关于在电子电气设备中限制使用某些有害物质指令》（以下简称ROHS指令）正式实施。2011年7月1日，欧盟委员会发布修订后的新版ROHS指令（201/5/EU）。修订后的新版ROHS指令扩大了产品范围，不仅涵盖了所有的电子电气产品，而且新加入第8类医疗器械和第9类监视和控制仪器（包括工业监控仪器），并针对上述两类产品列出了20项豁免。2023年7月11日，欧盟对RoHS指令进行了最新修订，在监测和控制仪器（包括工业监测和控制仪器）的电子电气设备类别下增加了汞的豁免。

## 二、欧盟非食品类消费品快速预警系统（RAPEX/Safety Gate）

RAPEX（Rapid Alert System for dangerous non-food products）是欧盟建立的快速预警系统，旨在快速交换有关可能对消费者健康和安全构成风险的非食品类消费品的信息。自2024年12月13日起，RAPEX更名为"Safety Gate"，并作为欧盟通用产品安全法规（GPSR）的一部分正式实施。

RAPEX系统的主要功能有三个。第一个功能是信息共享，Safety Gate允许欧盟成员国、挪威、冰岛和列支敦士登以及欧盟委员会之间快速交换有关危险产品的信息。第二个功能是公众通知，通过Safety Gate Portal，公众可以获取有关危险产品的信息，并提交投诉。第三个功能是规范企业合规。企业需通过Safety Business Gateway向监管机构报告危险产品信息。Safety Gate覆盖所有非食品类消费品，包括玩具、化妆品、服装、珠宝、电子产品等。这些产品如果存在健康风险，如化学风险、窒息风险、电击风险等，都可能触发预警。

RAPEX系统操作流程包括三个方面：一是发现危险产品。当监管机构发现某产品存在健康风险时，会通过Safety Gate系统提交预警信息。二是信息验证与分发。提交的信息由欧盟委员会验证后，迅速分发给所有参与国，以便采取相应措施。三是后续措施。各国监管机构根据预警信息采取措施，如禁止销售、召回产品或拒绝进口。

## 三、欧盟食品和饲料快速预警系统

欧盟食品和饲料快速预警系统（Rapid Alert System for Food and Feed，RASFF）是一个关键工具，用于在食品链中检测到可能对公共健康构成风险时，确保信息的快速交换和集体应对。该系统创建于1979年，旨在通过成员国之间的信息共享，迅速采取行动以防止食品或饲料对健康造成威胁。

RASFF系统主要功能包括信息共享和消费者保护。在信息共享方面，成员国一旦发现食品或饲料可能对健康构成风险，需立即通过RASFF通知欧盟委员会。委员会核实后，立即将信息传递给所有成员国。成员国根据RASFF的通知，采取紧急措施，如扣留、召回、没收或拒绝产品入境。在消费者保护方面，通过RASFF，许多食品安全风险在产品到达商店货架之前就被避免了。即使产品已经被消费者购买，当局也会利用RASFF中的信息召回受影响的产品。

RASFF 通报分为两类，分别为预警通报和信息通报。前者针对已上市的构成危险的食品和饲料，由首先监测到危险情况并已采取处理措施（召回、销毁等）的成员国发出预警通报，以将相关信息及时告知其他成员国。信息通报是指虽然被鉴定有风险，但还没有进入成员国的市场，因此不需要立即采取措施。这类通报主要关注食品或饲料在欧盟口岸被检出和拒绝的信息。由于没有进入市场流通，消费者无须担心相应的危险。RASFF 系统可以反映食品及相关产品在输欧过程中遭遇 TBT 及 SPS 的情况。

## 四、其他预警系统

除 RASFF 和 RAPEX 两大预警系统外，欧盟还针对药品和医疗器械建立了专门的预警系统。这些预警系统能够直观地展示输欧产品因不符合欧盟相关法规而受阻的情况，可以看作了解欧盟 TBT、SPS 等非关税措施直接影响的重要渠道。

## 五、欧盟技术性贸易措施的实施特点

### （一）着力建立欧洲标准体系，并推向全球

1999 年 10 月 28 日，欧盟通过了欧洲理事会的"欧洲标准化的作用"战略决议，核心是建立强大的欧洲标准化体系，对国际标准化产生更大的影响，努力将欧洲标准推荐为国际标准，力争国际贸易的主动权。2004 年 10 月 21 日，欧盟委员会在提交给欧洲议会和理事会的《欧洲标准化在欧洲政策和立法框架下的角色》通告中，再次肯定了欧洲标准化在提高企业竞争力和消除技术性贸易壁垒方面的作用，明确了其在全球化经济中的重要性。2022 年 2 月 2 日，欧盟委员会发布了《欧盟标准化战略》，旨在确保欧洲在全球标准制定中的领导地位。除制定相关战略外，欧盟还积极实践将欧盟标准向全球推行。其中包括：（1）加强与国际或区域标准组织的合作，以扩大欧盟标准化组织在国际上的影响；（2）加强在互认领域的合作，以便允许依据相同目标但不同法规生产的产品可以自由流动，扩大国际市场份额；（3）加强在标准化领域的技术援助。

### （二）不断更新和整合技术标准和法规，推动绿色和数字转型

近年来，欧盟通过不断更新和整合技术标准和法规，以及一系列政策和立法措施，积极推动绿色贸易和数字转型，确保在全球贸易中的竞争力。这些措

施包括开放和可持续的贸易政策、数字贸易政策、绿色转型、标准化和数据保护，以及贸易和技术理事会等。例如，2023年10月1日进入过渡阶段碳边境调整机制是欧盟为应对碳泄漏问题而推出的一项重要措施。该机制旨在确保进口商品的碳排放成本与欧盟内部生产的商品一致，促使全球企业采用更环保的生产方式。这些措施不仅有助于实现可持续发展目标，还增强了欧盟在全球标准制定中的领导地位。

### （三）技术性贸易措施越发复杂且与时俱进

近年来，欧盟不但广泛采用技术性贸易措施，而且制定比国际标准更为苛刻的技术标准、技术法规和认证制度。同时，技术性贸易措施的表现形式多样化，涉及的领域不再局限于传统的有形物质产品，而是扩大至金融、服务、劳工标准等各个领域。目前，欧盟在数字安全领域采取了一系列技术性贸易措施，目的是保护关键基础设施、增强网络安全、规范人工智能应用，并促进数字贸易的健康发展。这些措施不仅有助于提升欧盟的数字安全水平，也为全球数字贸易规则的制定提供了参考。

# 本章小结

欧盟是最早关注技术性贸易壁垒并力图消除欧盟内部市场的技术性贸易障碍的地区。本章介绍了欧盟技术性贸易壁垒相关的技术法规体系、标准体系、合格评定体系，分析了欧盟技术性贸易措施实施特点、常用的技术法规、指令以及快速预警系统，为读者提供了一个较为全面的知识体系，以理解欧盟的技术性贸易壁垒制度。

### 复习与思考题

1. 欧盟指定的三个区域性标准化组织是哪三个？各自职能是什么？
2. 欧盟合格评定采用哪八种基本模式？
3. EC合格声明至少应提供哪些信息？
4. 什么是CE认证？
5. 简述REACH法规的内容。

# 第六章　日本技术性贸易壁垒管理体系

**【学习目标】**

- 了解日本技术性贸易壁垒相关的技术法规体系及有关政府部门的职能；
- 掌握日本标准体系的构成及标准制定机构的职能；
- 理解日本的合格评定制度；
- 熟悉日本技术性贸易措施的实施及其特点。

**【引导案例】**

**日本修订《消费品安全法实施令》以加强儿童产品安全监管**

2024年9月27日，日本经济产业省（METI）通过WTO发布了G/TBT/N/JPN/834号通报，计划修订《消费品安全法实施令》及相关技术要求法令。此次修订旨在加强对特定儿童产品的安全监管，确保婴儿和幼儿的健康与安全。

根据修订内容，新法令将"婴儿床（仅限设计用于睡觉或照顾婴儿至出生后24个月的床，不包括摇篮床）"和"36个月以下婴儿使用的玩具"正式指定为"特定儿童产品"。同时，通过修订《经济产业省关于特定产品技术要求的部级法令》，明确了这些产品的技术标准和安全要求。

新法令于2025年12月正式实施。修订后，相关制造商和进出口商必须严格遵守经济产业省制定的技术标准，并在产品上加贴"PSC"标志，同时注明目标年龄组和使用注意事项的警告信息，以确保产品在日本市场的合规性。

此次修订体现了日本政府对儿童产品安全的高度重视，通过完善法律法规和技术标准，为儿童提供更安全的消费环境。这也提醒相关企业必须及时了解和适应新的法规要求，以避免因不符合标准而导致的市场准入问题。

资料来源：改编自田明超. 日本通报修订《消费品安全法实施令》[J]. 技术性贸易措施导刊，2024（6）：61.

📖 **思考题**

在全球化背景下，企业如何应对不同国家的消费品安全法规变化，以确保产品的市场准入和消费者安全？

日本作为全球第三大经济体，仅次于美国和中国，拥有庞大的经济规模和强大的经济实力，在全球经济和市场中占据着重要地位。中、日两国作为全球重要的经济体，贸易关系一直保持着紧密的联系。中国对日出口主要集中在机电产品、纺织品、粮食类消费品、家用电器等领域。日本的技术性贸易措施在一定程度上增加了外国企业产品出口到日本的成本和市场准入难度，也增加了我国企业的出口风险。因此，了解日本技术性贸易壁垒管理体制，有利于我国企业提前做好应对准备，降低出口风险，优化产品结构，提升市场竞争力，从而更好地开拓日本市场，促进中日贸易的稳定与可持续发展。

# 第一节 日本技术性贸易壁垒相关的法律法规体系

## 一、技术法律法规体系

日本的技术法规构成体系如下：

《工业标准化法》：通过制定和采用日本工业标准（JIS），实施JIS标志制度和实验室认可制度，推动日本的工业标准化，从而提高工业产品的质量，促进生产合理化，推动公平商业行为和产品的合理使用与消费。

《计量法》：规定了量值的基础，保证有效的计量，推动经济和文化的发展。

《家用产品质量标签法》：通过要求供应商提供适当的标识，以方便消费者正确地了解商品，从而保护消费者免于遭受因信息不对称而导致的损失。

《消费品安全法》：限制销售特定的产品以防止对消费者的生命或人身造成危害，还规定了私人机构采取自发的行动来确保消费者安全的有关措施，最根本的目标是保护消费者的利益。

《食品卫生法》规定了食品和食品添加剂等产品的规范和标准，还规定了食品和相关产品进口到日本的程序。具体内容包括：食品和添加剂的销售及规格标准；处理设备和包装容器要求；标签和广告要求，包括标准、检验；食品卫生监督等规定。

《道路车辆法》《道路车辆安全法规》《空气污染控制法》《噪声控制法》等，是日本主要的有关车辆安全和环境保护的法律法规。

《植物保护法》规定了植物检疫要求及程序。

《国内动物传染病控制法》《狂犬病预防法》《预防传染和传染病人医护法》是日本动物检疫主要涉及的几项法律。

针对特定的产品，如化学产品、塑料橡胶、木材、纺织品、机械、电气设备、医疗设备、车辆、飞行器和船舶等、房屋产品、流量计等，也有相关法律法规，规定了程序性和标准及合格评定方面的要求。

## 二、相关政府部门

上述法律法规涉及的主要政府部门包括经济产业省、厚生劳动省、农林水产省等。

### （一）日本经济产业省

日本经济产业省隶属于日本中央省厅，前身是通商产业省。主要职能：制定和实施经济政策，提高民间经济活力，促进对外经济关系的顺利发展；推动产业结构优化，支持新兴产业的发展，如新能源、信息技术和生物技术；负责国际贸易政策的制定和实施，促进日本产品和服务的出口；确保矿物资源和能源的稳定供应，推动能源效率和可再生能源的发展；通过政策和资金支持，帮助中小企业提升竞争力；制定和推广产业技术标准，推动技术创新和知识产权保护。

经济产业省下设多个局和部门，涵盖了经济产业政策、通商政策、产业技术、商务流通政策等多个业务领域。其内部还设有专门的审议会等机构，负责对相关政策进行审议和评估。

### （二）日本厚生劳动省

日本厚生劳动省是统筹国民健康、社会保障与劳动就业的核心行政部门，

2024年机构改革后下设11个局，包括新设的数字医疗推进局。其职能覆盖多个领域。在医疗卫生领域，制定《医疗法》实施细则，监管医疗机构运营（如2023年修订远程诊疗规则）；审批新药与医疗器械；管理传染病防控体系。在社会保障领域，运营国民健康保险与后期高龄者医疗制度；管理基础年金与厚生年金；实施《生活保护法》保障低收入群体基本生存权。在劳动就业领域，监督《劳动基准法》执行；管理外国人技能实习制度；制定职场性骚扰防治标准；在公共安全与新兴领域，负责食品中农药残留限量标准制定；核事故医疗应对体系建设；人工智能诊疗设备伦理审查等。

### （三）日本农林水产省

日本农林水产省，简称农水省，隶属于日本中央省厅。

农林水产省主要管辖：农业畜产业、林业、水产业、食物安全、食物稳定供应、振兴农村等。主要职能：通过制定农业政策，保障粮食生产和供应，监督粮食市场，确保市民能够获得新鲜、安全的粮食。推动农业、林业和水产业的可持续发展，提高生产效率和质量。通过技术支持、资金扶持等方式帮助农民、渔民等从业者提升生产能力，提高生活质量。管理森林资源的开发和利用，确保森林资源的可持续利用。监管渔业资源，制定渔业政策，保障渔民的权益，推动渔业现代化。

## 第二节　日本技术性贸易壁垒相关的标准体系

日本标准体系按标准层级划分，分为国家级标准、专业团体标准和企业标准三类（见图6-1）。其中，国家级标准包括日本工业标准（JIS）和农林标准（JAS）；专业团体标准是由各协会、学会及联盟制定，在协会、学会内部使用；企业标准由企业制定，在企业内部使用。

### 一、日本工业标准

日本工业标准（Japanese Industrial Standards，JIS）是日本国家级标准中最重要、最权威的标准，由日本工业标准调查会（JISC）制定。

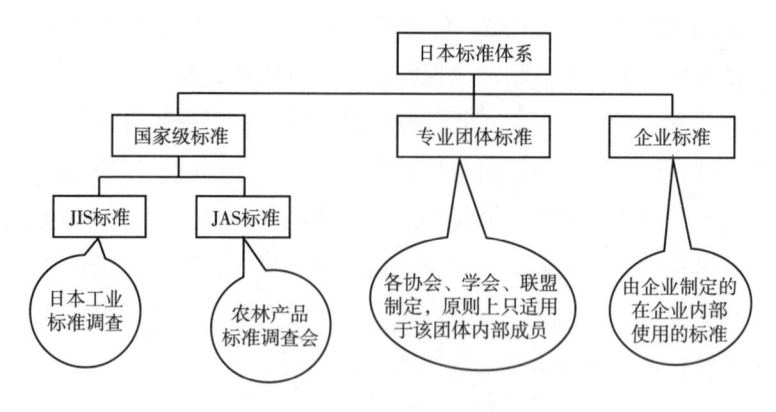

图 6-1　日本标准体系构成

资料来源：刘春青，等. 美国、英国、德国、日本和俄罗斯标准化概念 [M]. 北京：中国标准出版社，2012：132.

## （一）JIS 概况

JIS 涉及各种工业及矿产品，但是药品、农用化学品、化学肥料、丝织品和食品及农林产品除外。具体产品领域分别以一个英文字母代表，包括：A 土木及建筑；B 一般机械；C 电气电子；D 汽车；E 铁道；F 船舶；G 钢铁；H 非铁金属；K 化学；L 纤维；M 矿山；P 纸浆，纸；Q 管理系统；R 炉业；S 日用品；T 医疗安全用具；W 航空；X 信息处理；Z 其他。

## （二）JIS 制定程序

1. 提出草案：有关工业协会或研究机构等利益方在相关部门的要求下或自己主动提出并向 JISC 提交一个标准草案，通常设立一个包括制造商、消费者、用户等代表的委员会完成标准的草案。

2. JISC 研究草案：JISC 对标准草案进行评价，如果 JISC 认为草案合理即向主管部门提交相应的报告。

3. 标准的发布：如果主管部门认为标准草案未对任何利益方造成歧视，就会决定正式采用此标准作为日本工业标准并在官方公报上公布。

## （三）JIS 与自愿性工业标准

在日本，工业标准化在国家、工业行业部门和公司三个层次上进行推动，

JIS 是自愿采用的国家标准,就像美国的 ANSI 和英国的 B1S 一样。简单地说,同一个行业的公司的共同需求会导致建立工业协会标准,而更广泛的需求会推动 JIS 的制定。许多基于保护人身健康和环境的技术法规都采用 JIS 标准,被技术法规采用的 JIS 标准达数千项。

## 二、日本农林标准

日本农林标准(Japanese Agriculture Standard,JAS)通称为 JAS 标准,被用于表示整个农林标准制度。

### (一) JAS 制度

JAS 制度由两个制度组成,一个制度是 JAS 标准制度。该制度是根据"农林物资的标准化以及质量表示的适当化有关法律(JAS 法,1950 年第 175 号法)",以进行农林物资的质量改善、生产的合理化,交易的简单化、公正化,使用或消费的合理化为目的,对通过农林水产大臣制定的日本农林标准(JAS 标准)、检查合格的制品贴附 JAS 标志的制度。另一个制度是质量表示标准制度,规定所有的制造业、后销售业者须按照农林水产大臣制定的质量表示标准进行表示,以帮助消费者进行选择。

### (二) JAS 标准制定

由农林水产大臣指定农林物资的种类(品种)来制定 JAS 标准。此外,利害关系人也可向农林水产大臣申请制定 JAS 标准。制定标准时,须通过由消费、生产、流通方面的代表,有学识、有经验的人员等组成的"农林产品标准调查会(JAS 调查会)"做出决定。JAS 法规定每 5 年应重新研究现有的 JAS 规格是否适当,进行确认或废除。此外,还规定了在重新研究时,除考虑生产、交易、使用或消费的现状和将来的可能性以外,还须考虑国际标准(FAO/WHO 食品法典委员会标准等)的动向。

### (三) 标准的对象品种

在 JAS 法上,农林物资范围包括除酒类、医药品等以外的:(1)饮食品以及油脂;(2)农林作物、畜产品、水产品以及以其为原料或材料来制造或加工的物资〔(1)除外〕,并在政令上所规定的物资。只要属于该范围的物资,无论在国内还是国外生产和制造都是 JAS 标准制定的对象。

（四）标准的内容

JAS 标准的内容包括品质、成分、性能等与质量有关的标准或与生产方法有关的标准。此外，对质量表示标准所规定以外的事项也规定了追加的有关质量的表示标准。在 JAS 标准中，与生产方法有关的标准被称为"特定 JAS 标准"。

## 三、标准制定机构

日本主要的标准制定机构有：

（一）日本工业标准协会（JISC）

JISC 隶属于经济产业省，所制定的日本工业标准是日本国家标准的主体。JISC 在日本的标准化活动中处于中心地位。JISC 的任务是建立和维护 JIS 标准体系，管理认证认可工作，参加国际标准化活动，建立计量标准和标准化的技术体系结构。

（二）日本规格协会（JSA）

JSA 是公益性民间组织，于 1945 年成立。主要任务是推行工业标准化和质量管理，出版发行标准及有关资料，组织培训和进行标准化理论研究。1985 年建立了 JSA 信息标准化研究中心，从事信息技术领域标准化调研工作，并加强与欧美等有关团体的联系。JAS 的活动有效地推动了日本的标准化与质量管理工作。

（三）消费品安全协会（CPSA）

根据消费品安全法于 1973 年建立的消费品安全协会（CPSA）是一个特殊授权的非政府机构。CPSA 主要负责消费品安全标准的起草、发布和实施工作。例如，家具、运动产品、儿童用品等。CPSA 还进行消费品合格评定活动。

## （四）日本建筑机械化协会（JCMA）

日本建筑机械协会的标准化活动与建筑机械化有关，如机械测试方法、设计、性能准则和规范；机械操作和维护准则；机械安全、人身安全、可靠性、耐久性；采用国际标准等。

## （五）日本环境协会（JEA）和日本海洋标准协会（JMSA）

日本环境协会制定生态、环境方面的标准，并有生态标签制度。日本海洋标准协会起草和发布日本海洋标准（JMS）。

## （六）其他标准制定机构

包括日本轴承工业协会（JBIA）、日本钢铁联合会（JISF）、日本汽车工程师协会、日本机械工程师协会（JSME）等。

# 第三节　日本技术性贸易壁垒相关的合格评定体系

## 一、JIS 认证

JIS 认证的目的是通过制定和实施统一的工业标准，提高产品质量和生产效率，实现交易的简单化及使用或消费的合理化。

### （一）JIS 认证的适用范围

JIS 认证对象除药品、农药、化学肥料、蚕丝、食品以及其他农林产品另有专门的标准或技术规格外，涉及各个工业领域。其内容包括：

产品标准（产品形状、尺寸、质量、性能等）。

方法标准（试验、分析、检测与测量方法和操作标准等）。

基础标准（术语、符号、单位、优先数等）。

### （二）JIS 认证的流程

JIS 认证流程包括以下五个步骤：

1. 认证申请：申请人需提供详细信息，包括制作人名、制造工厂名、地址、联系人名、职位、相关的 JIS 标准名称和号码、希望认证的产品名称、希望认证的区分、质量体系的文件以及产品说明文件。

2. 产品测试：产品必须在认可认证机构（RCB）的测试实验室进行测试。如果制造商有自己的内部测试实验室，可以在工厂审核期间进行见证测试。

3. 工厂审查（视情况）：认证机构会委派审核人员到工厂审查其质量体系。

4. 证书签发：产品通过测试和工厂审核后，认证机构会签发 JIS 认证证书。

5. 在产品上贴上 JIS 标志：获得认证后，产品可以在包装或产品本身上贴上 JIS 标志。

（三）认证维持和监督

为了维持 JIS 标识证书的有效性，后续须每三年进行一次审核，审核内容包括新的产品测试以及变更审核。

（四）认证机构

根据新的 JIS 标志计划，产品的认证机构需要由经济产业省认可，称为认可认证机构。这些机构一般为私营认证机构，其名单在日本工业标准调查会（JISC）网站列出，包括名称、地址、认证范围和领域、对应的 JIS 标准号等。

（五）认证标准

JIS 标志计划要求产品满足 JIS 标准的全部要求，例如产品质量准则、产品质量认证的检测方法以及 JIS 标志的其他条件。如果对于任何产品，只存在这些全部要求的一部分标准（例如仅有尺寸标准），即 JIS 标准只对产品的一部分提出了要求，这些产品是不能获得 JIS 标志认证的。

## 二、JAS 认证

JAS 认证是日本农林水产省制定的日本农业标准认证，旨在确保食品、农产品、林业和渔业产品的质量和安全。JAS 认证是进入日本市场的必要步骤，特别是对于有机产品。

### (一) JAS 认证的适用范围

JAS 认证适用于以下产品：食品、饮料和油脂；农产品、林产品、畜产品、水产品及其加工品；胶合板、地板、非结构用单板层积材、结构用单板层积材、集成材、结构用板材等。

### (二) JAS 认证的标准和要求

JAS 认证的核心标准包括：

不使用化学合成农药和肥料：在播种或种植前至少两年（多年生植物为三年）不使用禁用的农药和肥料。

生产期间不使用禁用物质：生产过程中不得使用化学合成的农药和肥料。

不使用重组 DNA 技术：禁止使用转基因技术。

加工产品不得使用化学合成食品添加剂和化学品：如非必需，加工产品不得使用化学合成食品添加剂和化学品。

最终产品含有不少于 95% 的有机成分（水和盐除外）。

为畜禽提供有机生产的饲料：畜禽饲养管理应避免给牲畜带来压力，不以预防疾病为目的对畜禽使用抗生素。

### (三) 认证流程

JAS 认证流程包括以下几个步骤：

1. 提交申请：企业需要提供详细信息及认证产品明细。
2. 企业审核：由日本检查员对企业生产条件进行审查。
3. 产品抽样测试：对产品进行抽样测试，确保符合 JAS 标准。
4. 发证：审核通过后，颁发 JAS 认证证书。
5. 发证后的监督管理：日本审查员将对企业进行至少一年一次的跟踪审核。

### (四) 认证机构

JAS 认证由以下两类机构提供：

日本认证机构（RCO）：在日本境内注册的认证机构，可以认证本地和国际运营商。

国际认证机构（RFCO）：在日本境外注册的认证机构，需与日本农林水产省（MAFF）建立正式合作关系。

### 三、PSE 认证

PSE 认证（Product Safety of Electrical Appliance & Materials）是日本电气用品的强制性市场准入制度，旨在确保电气用品的安全性，保护消费者免受电气火灾、电击等事故的伤害。PSE 认证由日本经济产业省（METI）监管，所有电气和电子产品必须符合日本《电气用品安全法》中的相关要求。

#### （一）PSE 认证的两种类型

PSE 认证分为两种类型，取决于电气产品的风险等级：

菱形 PSE 标志：适用于"特定电气用品"（Specified Electrical Appliances and Materials），如电源适配器、电冰箱、洗衣机等，这类产品风险较高，认证要求较为严格。

圆形 PSE 标志：适用于"非特定电气用品"（Non-specified Electrical Appliances and Materials），如音响设备、电风扇、台灯等，这类产品风险相对较低。

#### （二）PSE 认证适用产品范围

菱形 PSE：包括电线、配线器具、电流限制器、变压器、安定器、电热器具、电动力应用机械器具、交流用电气机械器具、携带发电机、其他交流用机械器具、电线管、小型交流电动机、光源及光源应用机械器具、蓄电池等 116 种产品。

圆形 PSE：包括电热毯、电蒸锅、电烫发器、电烤炉、微波炉、头发加湿器、电冰箱、电搅拌器、电煮蛋器、电保温盆、电吹风、电加湿器、投影仪、洗衣机、白热灯泡、荧光灯、台灯、装饰灯、广告灯、锂电池以及所有的 LED 灯泡和 LED 灯具等 341 种产品。

#### （三）PSE 认证流程

1. 了解适用的 PSE 认证类别：根据日本法律，电气产品分为"特定电气用品"和"非特定电气用品"。

2. 选择认证机构：PSE 认证需要通过授权的第三方认证机构进行测试和验证。认证机构包括日本的各大检测机构，如日本电气安全环境研究所（JET）、日本检测协会（NITE）、TÜV Rheinland、日本 SGS 等。

3. 产品符合性测试：

特定电气用品：必须通过第三方认证机构的严格测试，确保符合日本《电气用品安全法》规定的安全标准。

非特定电气用品：可以由制造商自行声明符合性，但需要经过 METI 授权的检测实验室进行测试。

4. 申请认证：测试通过后，制造商可以向日本经济产业省（METI）申请 PSE 认证。

5. 获得认证并贴标：通过认证后，产品可以加贴相应的 PSE 标志，并合法进入日本市场。

PSE 认证的测试和申请过程可能需要较长时间，并且涉及一定的费用，尤其是对于特定电气用品。另外，日本的电气安全标准会定期更新，因此，外国制造商需要时刻关注变化，确保产品始终符合最新标准。

## 四、机动车辆安全和环保要求与认证

日本的汽车技术法规体系与欧盟和美国的汽车技术法规体系不同，其体系构成比较复杂。

### （一）日本汽车技术法规

为了确保机动车交通安全、防止环境污染、合理有效地利用能源，日本制定了《道路车辆法》《大气污染防治法》《噪声控制法》《能源合理消耗法》等法律要求。以这些法律为依据，日本政府有关部门制定、颁布了一系列的政令、省令、公告、通知，其中包括道路车辆安全、环保、节能方面的法规及相应的汽车产品试验和认证规程、汽车技术标准和结构标准。例如，日本国土交通省根据《道路车辆法》的授权，以省令形式发布日本汽车安全和环保方面的基本技术法规，内容涉及对机动车辆、摩托车、轻型车辆的安全、排放法规要求。

## （二）认证制度

日本的认证制度是指在汽车销售前，由政府部门就汽车是否符合安全、环保等方面技术标准而进行确认的制度。机动车所涉及的认证制度主要有三种：型式指定制度、共通构造部型式指定制度及进口车特别对应制度。

型式指定制度（TDS）：这是日本认证制度中最复杂的一项制度，适用于批量生产的国产车和进口车。车企向国土交通省提交认证申请并准备受检车辆；国土交通省接到申请后进行资料审核并确定试验项目，然后委托汽车认证审查部进行合规性检查，同时对车企产品一致性保证体系进行审核，通过后给出型式指定。

共通构造部型式指定制度：主要适用于规格型式多样的卡车和大巴车。认证流程与（TDS）基本一致，获得型式指定后，车企有义务在车辆出厂前进行相应内容检查，检查通过后给出出厂检查证。

进口车特别对应制度（PHP）：这是日本政府为了促进汽车进口而设立的特别优待制度，仅适用于在日本少量销售的进口汽车。相对（TDS），PHP 在认证资料审查和项目检查上均有所简化，无须进行品质管理体系检查，在很大程度上节省了认证时间和认证成本。

## （三）技术标准和型式认证试验规程

日本的汽车技术法规，即汽车安全基准（日本车辆保安基准）中只有基本的法规要求，技术法规进一步细化的技术内容则由技术标准进行规范，如何判定汽车产品是否符合法规要求由型式认证试验规程进行规范。与技术法规的实施相配套的管理性规定则是规定了执行技术法规需要遵守的管理内容。技术标准、型式认证试验规程和管理规定等均由主管部门中的有关机构以公告的形式发布，或以各种通知的形式下达全国各地方的下属机构。

# 五、食品卫生注册及检验

日本是一个重要的食品进口国，日本进口食品主要由日本厚生省与农林水产省根据本国《食品卫生法》与《家畜传染病防治法》进行检验检疫。

## （一）食品卫生注册

日本的食品卫生注册主要涉及食品生产、加工、销售等环节的监管。根据

《食品卫生法》，厚生劳动省负责国内及进出口食品的安全监管及检验，每年制定进口食品监控指导计划。食品生产者和进口商需要向厚生劳动省注册，确保其产品符合日本的食品安全标准。

2024年日本食品安全监管职责变革，从2024年4月1日起，厚生劳动省的一部分食品卫生职责将移交给消费者厅，同时，自来水相关职责将划归国土交通省和环境省。此次变革旨在减轻厚生劳动省的负担，同时强化其在传染病应对方面的能力。

（二）食品卫生检验

食品卫生检验包括对食品、食品添加剂、器具及容器和包装的检验。检验内容涵盖基本营养成分、维生素类、矿物质类、油脂类、氨基酸类、反式脂肪酸、重金属类、微生物试验、食品添加剂、饲料添加剂、有害物质、残留农药、残留动物药等。

（三）食品接触材料的测试

日本食品接触材料测试法规由日本厚生省管制，相关法规为日本食品卫生条例370（Japan Food Sanitation Law 370），简称JFSL370。测试范围包括金属、玻璃、橡胶、陶瓷、塑料、纸张、硅胶、有机涂层、木材等。不同材质的测试项目也不同，例如塑料制品包括PVC、PE、PP、PS、PVDC、PET、PMMA、PC、PVOH等13种。

（四）检验机构

日本食品分析中心是食品分析试验的专业机构，作为中立、公正的第三方分析试验机构，提供高质量的数据资料。该中心符合ISO9001和ISO/IEC17025等国际标准，能够进行食品成分、保质期正确表示的有关试验，以及对功能性成分进行定量或评价的有关试验。

## 六、进口检疫

日本制定了一系列法律法规，对自海外进入其境内的动植物及食品实行严格的检疫和卫生防疫制度。相关法律有《食品卫生法》《植物防疫法》《家畜传染病预防法》等。

### (一) 动物检疫

日本从国外进口动物以牛、马、猪、兔等家畜及各种家禽为主。日本动物检疫的指导法规是《家畜传染病预防法》，以及依据国际动物卫生组织（OIE）等有关国际机构发布的世界动物疫情通报制定该法的实施细则（即禁止进口的动物及其产地名录）。凡属该细则规定的动物及其制品，即使有出口国检疫证明也一概禁止入境。如牛、羊、猪等偶蹄动物，因易感染口蹄疫，日本对其进口十分警惕。

日本进口商自海外进口动物及其产品，须提前向动物检疫所申报。一般牛、马、猪等需提前 90~120 天申报；鸡、鸭、狗等需提前 40~70 天申报。动物进口时，由检疫人员登船检查确认，检查无问题后，检疫所发给进口商《进口检疫证明书》，作为进口申报书的附件办理进口申报手续。

### (二) 植物防疫

日本进口植物防疫的指导法规是《植物防疫法》。与动物检疫类似，日本依据有关国际机构或学术界相关报告了解世界植物病虫害分布情况，制定《植物防疫法实施细则》（即禁止进口的植物及其产地名录）。凡属日本国内没有的病虫害，来自或经过其发生国家的有关植物和土壤均严禁进口。

货物经植物防疫所检查确认无病虫害后，颁发《植物检查合格证明书》。进口商进行进口申报时将此证明作为进口申报书的附件。

禁止进口植物获得农林水产大臣特别许可也可以进口。获准进口时，日本进口商须将进口许可书寄送给出口商，令其粘贴在该商品上。入境时，与一般植物同样办理检疫。

对于某些仅凭进口时的检疫无法判断病虫害的植物，日本要求置于专门场所隔离栽培一定时间接受检查。

### (三) 食品卫生防疫

日本的进口食品卫生检疫主要有命令检查、监测检查和免检。

命令检查即强制性检查，是对于某些易于残留有害物质或易于沾染有害生物的食品要逐批进行 100% 的检验。

监测检查是指由卫生检疫部门根据自行制订的计划，按照一定的时间和范围对不属于命令检查的进口食品进行的一种日常抽检，由卫生防疫部门自负费用、自行实施。若在监测检验中发现来自某国的某种食品含有违禁物质，以后来自该国的同类食品有可能必须接受命令检查。

进口食品添加剂、食品器具、容器、包装等也须同样接受卫生防疫检查。

# 第四节　日本技术性贸易措施实施

日本通过分级、严格的技术标准、标签标志要求、《肯定列表制度》、日本版"REACH"和绿色壁垒等措施，为日本树立起技术性贸易壁垒，有效地保护了国内市场，同时对国际贸易格局产生了深远影响。

## 一、分级的、严格的技术标准

日本标准体系分为国家级标准、专业团体标准及企业标准3个类别。日本工业规格（JIS）是日本国家级标准中最重要、最权威的标准，几乎涉及各个工业领域。日本的农业标准化管理制度（JAS）是对日本农林产品及其加工产品进行标准化管理的制度，任何在日本市场上销售的农林产品及其加工品（包括食品）都必须接受JAS制度的监管。除JIS和JAS这两类由政府主导的最基本的标准外，日本的民间标准几乎遍布各个行业甚至精确到产品，例如，日本钢铁协会（ISU）的标准和日本汽车工业协会（1ASO）的标准等。日本的技术标准方案越来越多地由民间主导制定，政府则在其中发挥监督和协调作用。这种模式提高了标准的灵活性和适应性，成为日本重要技术性贸易措施。

## 二、苛刻繁杂的标签标志要求

日本对于消费品的标签标志要求颇为复杂，有的一种产品需要具备数个标志，有的一种标志覆盖近百种商品。JAS修正案规定，在日本市场上出售的所有进口农产品、水产品和畜产品必须清楚地标明原产地；在日本市场上出售的各类进口新鲜水产品、肉类和新鲜蔬菜类产品必须实施明确的标识制度。2009

年，日本开始在国内试行碳足迹标签制度，碳足迹标签涉及食品、饮料、电器、日用品等十几种产品，并不断扩大产品范围。碳足迹标签制度导致消费者优先选择日本本土农产品，对外国输日农产品的销售构成影响。最近，日本政府计划以"综合生态叶生态标签计划"取代碳足迹标签制度，这一新计划整合了现有的碳足迹标签和其他环境标签，是一个更全面的生态标签体系，也是一个在生态领域更严格的技术性贸易措施。

### 三、严苛的《肯定列表制度》

日本"肯定列表制度"（Positive List System）是为了加强食品中农业化学品（包括农药、兽药和饲料添加剂）残留管理而制定的一项制度。该制度于2006年5月29日起正式实施。日本"肯定列表制度"涉及302种食品、799种农业化学品、54782个限量标准，涉及全部农产品、全部农兽药和饲料添加剂，涵盖了肉类、水产品、蔬菜、水果等进口的农产品。该制度也被视为日本最为典型的技术性贸易措施。在这个制度实施之前，日本若限制某国农产品的进口，必须先制定相关的检测标准，之后向各WTO成员提出申请，征得所有成员相关机构审议通过后方可实施，前后需要约两年时间，但根据《肯定列表制度》，日本避开了复杂的WTO申请程序，对没有参照标准的农药残留均可执行"统一标准"，从而最终达到非关税贸易繁务的目的。

### 四、日本版的"REACH"

日本版的"REACH"是对《化学物质审查规制法》（化审法）的修订，旨在强化化学品全生命周期管理。2009年，经济产业省、环境省、厚生劳动省联合起草修订案并提交国会；2010年4月，修订后的化审法正式生效。日本版"REACH"对两万多种化学品规定报告义务。政府通过对企业报告资料的汇总分析来把握化学物质总量，并监督其不会对环境和国民健康造成损害。同时，政府还将公布危险性较高的"优先评价物质"，并把有害化学品由354种增至462种，对危险化学品将实行从供货商到生产的全过程管理。该项制度的实施涉及日本包括化学品生产、汽车、电器等数千家企业，产生广泛影响。该制度不仅对危险化学品进行全过程管理，还侧重于评价危险化学品对健康和生态环境的影响。

### 五、针对性强的绿色贸易壁垒[①]

绿色贸易壁垒是日本以保护有限资源、环境和人民健康为由,通过技术标准、绿色环境标志、绿色包装制度、卫生检疫制度四个方面制定标准和法律,直接或者间接地对国外进口的产品或服务进行限制或者禁止。

绿色技术标准都是根据日本的生产和技术水平制定的,由于日本的科学技术在世界上都属于领先地位,外国产品如果达不到日本绿色标准水平,则会被限制进口。绿色环境标志表明获准使用该标志的产品不但质量符合标准,而且在生产、使用、消费及处理过程中符合环保要求。绿色包装制度要求产品的包装及包装材料不可以对自然造成污染,且易于回收再用和再生利用。绿色卫生检疫制度则是规定凡入境日本的农产品及食品要进行严苛的动植物卫生检验检疫,不仅要通过农林水产省的动植物检疫,而且还要由厚生省进行卫生防疫检查。

日本的绿色贸易壁垒主要针对农产品,特别是蔬菜、水果、水产品等,这些产品在日本市场上具有较强的竞争力。日本的绿色贸易壁垒在一定程度上针对中国等农产品出口大国,以保护本国农业产业。

### 六、日本技术性贸易措施实施特点

#### (一)技术法规和标准的严格性

日本的技术法规和标准在全球范围内被认为是最高标准之一。例如,《食品卫生法》要求进口食品必须符合严格的卫生和安全标准,包括对农药残留、重金属含量等的严格检测。此外,日本的工业标准(JIS)和农林标准(JAS)也比国际标准更为严格。

#### (二)复杂的合格评定程序

日本对进口产品设置了复杂的合格评定程序,包括质量认证、生产工艺和生产方法的评估等。这些程序不仅增加了进口产品的成本,还延长了产品进入市场的时间。例如,日本对机电产品的噪声污染控制制定了大量强制标准,未

---

[①] 魏玉娟,张金科,日本技术性贸易壁垒对我国出口贸易的影响及对策研究[J]. 赤峰学院学报(汉文哲学社会科学版),2021(3):30-35.

达标的产品无法进入市场。PSE 认证是日本的一项强制性认证,如同我国的 CCC 认证。日本的《电气产品安全法》规定,498 种产品进入日本市场前必须通过安全认证。2023 年 5 月 1 日,日本经济产业省(METI)修改了《电气产品安全法》附录 12,发布了最新版本标准 J62368-1(2023)。该标准基于 IEC 62368-1:2018 第三版,加入了日本本土差异。

### (三) 严格的检验检疫制度

日本对进口农产品、畜产品和食品进行严格的检验检疫。所有进口食品都必须通过日本厚生劳动省管辖的食品检疫所的检查和海关手续之后才能够进入日本国内市场流通。日本检验检疫程序严格,如果企业被发现一次违反农残标准,厚生劳动省就会将对该产品的检验频度提高到 30%;12 个月内如果再次违反,厚生劳动省将对整个国家同一产品的检验频度提高到 100%。这些要求表面上对本国产品、进口产品一视同仁,但由于执行过程中手续繁杂,并在做法上具有歧视性,因而对进口商品形成了贸易障碍。近年来,日本不断加大对于进口食品的监视检查力度、设立更多的检验项目及更高的检验标准。

### (四) 绿色壁垒的强化

日本对绿色产品格外重视,通过立法手段制定了严格的强制性技术标准,包括绿色环境标志、绿色包装制度和绿色卫生检疫制度等。这些措施不仅要求产品质量符合标准,还要求生产、运输、消费及废弃物处理过程符合环保要求。直接或者间接地对国外进口的产品或服务进行限制或者禁止。

# 本章小结

日本作为全球第三大经济体,在全球经济和市场中占据着重要地位。中日两国的贸易关系一直保持着紧密的联系。本章介绍了日本的技术法规体系及相关政府部门的职能,阐述了日本的标准体系和合格评定制度,分析了日本技术性贸易措施的实施及其特点,为读者提供了一个较为全面的知识框架,以理解日本的技术性贸易壁垒体系。

**复习与思考题**

1. 日本标准体系包括哪几个部分？
2. 日本进口检疫的内容？
3. 日本 PSE 认证的类型与流程？
4. 日本的《肯定列表制度》及其影响？
5. 日本技术性贸易措施主要有哪些？

# 第七章　技术性贸易壁垒对我国机电产品出口的影响

【学习目标】

• 了解我国机电产品出口情况,以及主要出口国对我国机电产品的通报和召回情况;

• 熟悉我国主要出口国对机电产品设置的技术性贸易壁垒;

• 理解我国机电产品出口受阻的原因及其影响;

• 掌握机电产品出口受阻案例的分析思路。

【引导案例】

### 绿色壁垒重构机电出口新范式

作为中国出口占比超58%的支柱产业,机电产品正面临全球碳中和目标下的"绿色合规革命"。2024年,多国密集出台技术性贸易措施,形成"安全+能效"双重监管矩阵。具体体现在北美市场的能效标准跃迁。例如,美国《EPCA法案》将家用洗衣机能效标准提升23%,预计年节电量相当于150万户家庭用电量(DOE测算)。风冷商用空调新规要求制冷效率提升19%,2027年实施后非达标产品将退出北美市场。加拿大便携电热器新规引入燃烧模拟测试,检测周期延长至90个工作日。另外,新兴市场安全防线增强。例如,印度《电器安全质量控制令》将小家电纳入强制认证,新增12类产品BIS认证要求。还有,准入规则细化。目前,各国机电产品TBT措施呈现三大特征:

覆盖全生命周期(研发-生产-回收)。

捆绑碳足迹数据(欧盟CBAM延伸适用)。

实施动态更新机制(美国DOE标准每3年迭代)。

在这类绿色壁垒冲击下,我国广东某空调企业为满足美印双重标准,研发投入增加40%,认证成本占出口价格比重从5%升至18%。

资料来源：改编自江苏省质量与标准化研究院. 机电产品相关重点通报［J］. 技术性贸易措施导刊，2025（1）：18.

> 📖 **思考题**

面对技术性贸易措施从"单一产品认证"向"产业链碳约束"的演进，中国机电企业应如何应对？

机电产品是机械工业产品和电子工业产品的结合体，它融合了机械工程、电子工程、自动化控制、计算机技术等多学科领域的技术成果，具有机械结构和电子功能，能够实现特定的工业生产任务或满足特定的使用需求。机电产品的范围非常广泛，涵盖了众多领域和类别，包括工业生产设备、电子设备、自动化控制设备、电力设备、交通运输设备等。

2024 年，我国机电产品出口额突破了 21000 亿美元，再创新高。前 11 个月，机电产品进出口总额已达 2.82 万亿美元，同比增长 6.8%，其中出口额为 1.93 万亿美元，同比增长 7.0%，按人民币计算增幅为 8.4%，高出全商品出口增幅 1.7 个百分点。在行业方面，集成电路行业在行业周期上升和较低基数的双重作用下，出口量值和出口额连续多个月份实现了同比增长。家用电器行业新兴市场需求释放和竞争力提升，出口保持较高景气度，但 11 月出口额同比减少 7.7%，自 2020 年 10 月以来月度首降。船舶行业更新换代需求及订单集中交付，带动出口额增长 63.6%。汽车整车及零配件行业新兴市场需求旺盛，出口保持较高景气度，但 11 月汽车出口额出现了自 2020 年 10 月以来的首次下降，同比下降了 7.7%。同时，我国机电产品出口面临部分行业需求不振和贸易保护主义的挑战。例如，手机行业，由于市场需求低迷、订单与产能转移以及高价产品占比下降等因素，导致出口情况并不乐观。外部贸易环境更趋复杂严峻，机电新兴领域的贸易保护措施持续加强，给我国机电产品出口带来一定压力。

# 第一节　我国机电产品出口概况

## 一、我国机电产品进出口额

近五年来，我国对外贸易总体发展趋于平稳，进口、出口协调发展，外贸顺差逐年收窄。而机电产品作为我国对外贸易的重要组成部分，自 2002 年开始就始终保持着贸易顺差地位。出口额出现波动，从 2020 年的 15411 亿美元至 2024 年前三季度达到 15512 亿美元。其中，2022 年，我国机电产品出口额达到了 20527 亿美元，是五年中的最高值，同比增长 3.6%。2023 年，我国机电产品出口额出现略微下降，出口额为 19786 亿美元，同比减少 2.4%。截至 2024 年前三季度，与 2023 年前三季度同期相比增长 6.1%；此外，2021 年，进口额达到五年中的最高值，为 11399 亿美元，同比增长 20.1%，自 2022 年起，逐渐呈下降趋势（见图 7-1）。

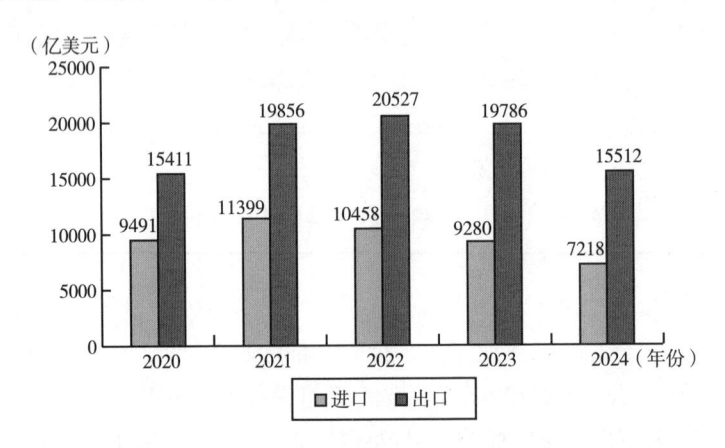

图 7-1　2020~2024 年我国机电产品进/出口额

资料来源：根据中国海关数据库整理.

## 二、我国机电产品出口结构

在我国机电产品出口贸易额稳定增长的同时，机电出口产品结构也在不断地优化，高技术含量和高附加值机电产品出口比重明显增加。按照海关统计，机电产品分为金属制品、机械及设备、电器及电子产品、运输工具、仪器仪表和其他等六个大类，而自 1995 年机电产品超越纺织品成为我国第一大出口产品以来，各大类机电产品均实现普遍增长。其中，电器及电子产品始终居于机电产品结构比重首位，其出口额由 2020 年的 7101.24 亿美元上涨至 2023 年的 18815.1 亿美元，占机电产品总出口比重约 73%，这类产品主要包括通信设备、自动数据处理设备等。居于第二位的是运输工具，约占机电产品出口总额的 17%，主要涵盖以摩托车、汽车为主的运输工具；第三位是机械器具及设备；后两位是仪表仪器类产品和金属制品，两类产品加总仅占据总出口比重的2%[①]。

自2020~2023年，运输工具的出口额逐渐赶超机械设备出口额，并且在2023年出口额位居第二。在2023年，受益于集成电路、自动数据处理设备及零部件、新能源等行业出口拉动，中国机电产品出口实现增长，特别是在运输工具方面，增长效果显著。2023年我国机电产品出口结构如图7-2所示。

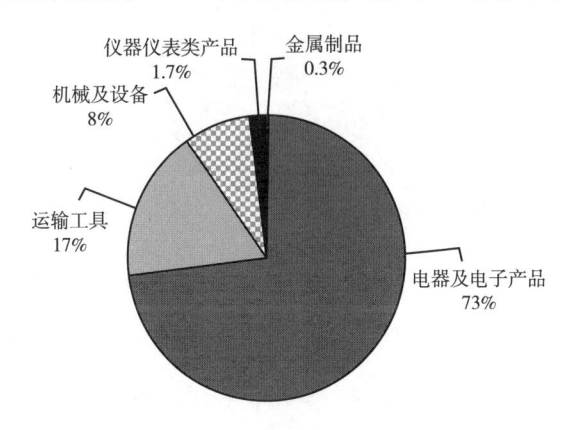

图7-2　2023年我国机电产品出口结构

资料来源：根据中国海关总署数据库整理.

### 三、我国机电产品出口市场

就对外贸易整体来看，欧盟、美国、日本、东盟、韩国、中国香港地区等一直都是我国内地主要的贸易伙伴，这六个地区占据了我国内地机电产品总出口80%以上的份额。1995年以前我国内地机电产品主要的出口市场是香港地区；而1995年后，我国内地对美国、欧盟的机电产品出口迅速增加。虽然自2017年以来中美发生贸易摩擦对机电产品的进出口造成一定影响，并且美国以国家安全为由对中国实行"脱钩断链"，大大阻碍了中国对美出口，但就2023年的出口数据来看，美国仍是我国机电产品的主要出口国。从图7-3可以看出，欧盟是我国机电产品的第一大出口国，占据我国机电产品54%的市场份额。美国、东盟各占8%、9%；日本及中国香港各占3%和5%；韩国、印度、俄罗斯均占2%。

---

[①] 苗璐.全球价值链重构对中国机电产品出口的影响与对策建议［J］.对外经贸实务，2021（9）.

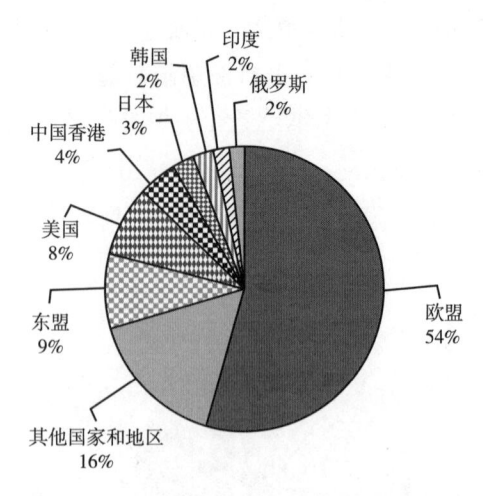

图 7-3　2023 年我国机电产品出口市场及地区占比情况

资料来源：根据中国海关总署数据库整理.

另外，随着"一带一路"倡议的提出，我国机电产品向其他国家或地区的出口也在迅速增长。最近几年，我国机电产品已成为对俄外贸的第一大类产品，对印度、越南、波兰、沙特阿拉伯等"一带一路"共建国家和墨西哥等新兴市场及出口增幅高于总体水平，出口市场持续多元化趋势。

# 第二节　美国、欧盟和日本对机电产品设置的技术性贸易壁垒

## 一、美国对机电产品设置的技术性贸易壁垒

美国对机电产品的技术性贸易壁垒，是通过颁布技术法规、标准及合格评定，规定机电产品的安全性而实现的。美国规定机电产品需要符合多种技术法规，这些法规涉及消费者权益保护（包括健康和安全）以及环境保护。例如，车间里使用的设备需要获得美国劳工部的认证，符合主管部门制定的电气设备标准，以及大城市市政当局实行的特殊管理规定。进入美国市场的机器设备及电气设备，需要符合 NFPA70 美国电工法规（National Electric Code，NFPA70）要求和符合 NFPA79（Electrical Standard for Industrial Machinery）规范。NFPA70 和 NFPA79 提供了具体的电气安全要求。在美国，产品标准、消防规范、电气规范（NEC）和国家法律共同视为法律基础。当地政府部门有权监管这些规范的执行和实施。职业安全健康管理局（OSHA）、美国国家标准协会（ANSI）、美国保险商实验室（UL）、美国国家消防协会（NFPA）是美国制定机电产品的标准化组织，这些组织制定的标准被美国公民认可。例如，UL 发布安全标准，包含了电气设备和组件要求。OSHA 要求工作场所中几乎所有电气设备和电缆都要满足相关 UL 标准。美国有 2700 多个州和市政当局要求出具在其辖区内销售或安装产品的特殊安全认证。这些规定和标准共同构成了美国对机电产品的安全要求框架，确保了产品的安全性和合规性。

## 二、欧盟对机电产品设置的技术性贸易壁垒

欧盟对机电产品的技术性贸易壁垒，主要体现在对出口到欧盟市场上机电产品须符合欧盟的技术法规、标准和认证通用安全要求。另外，对一些机电产品，如家电产品、能耗以及汽车提出专门要求。

1. 欧盟对机电产品的安全要求主要通过技术法规、标准和认证等体现。欧盟指令是其主要技术法规，目前关于工业品的协调指令有 17 个。

欧盟各国还各有其严格标准，对进口商品可以选择对自己有利的标准。从总体来看，要进入欧盟市场的产品必须至少达到以下三个条件之一，即：

（1）符合欧洲标准 EN，取得欧洲标准化委员会 CEN 认证标志。

（2）17 个指令覆盖的产品、与人身安全有关的产品，必须要取得欧盟安全认证标志 CE。CE 标志是欧盟自 1985 年开始制定的系列安全合格指令，世界任何国家的产品要想进入欧洲市场就必须加贴 CE 标签。加贴 CE 标签是用以证明产品已通过相应的安全合格评定程序。它与美国的 UL-Mark、加拿大的 CSA-Mark，德国的 VDE-Mark 一样都是产品的检验认证标志，目前对欧盟出口的产品需加贴 CE 标签的产品有：简单压力容器、安全玩具、建筑产品、电磁相容性产品、机械类产品、个人保护装置、非自动衡器产品、主动式植入医疗器具、医疗设备、电信终端设备、锅炉、民用爆炸物、气体燃料设备、低压电器产品、用于电信的地面卫星接收站、升降机、使用于易爆炸环境下的设备、休闲用设备、非简单压力容器等。

（3）进入欧盟市场的产品厂商，要取得 ISO 9000 合格证书。同时，欧盟还

明确要求进入照明市场的产品必须符合指令的要求并通过一定的认证，才允许在欧洲统一市场流通。欧盟指令规定了哪些产品要经过第三方认证，哪些可以自我认证，对不同产品有不同要求，实行自我认证的要保存一套完整资料并且要先寄样品到该国进行试验。在国家之间互相承认检验（认证）结果之前，外国产品要进入欧洲市场，就必须取得一个欧洲国家的认证。

2. 欧盟在对家电产品进行安全检验时，要求引用欧洲：EN60335系列标准。该标准分为两大部分：一是家用电器的基本要求；二是针对各类不同家用电器的特殊附加要求。对一些组合式的电器设备，则需综合采用几个标准进行认证。对一些具体的家用电器，欧盟规定了具体检测项目、指标和检测方式。例如，对台扇、落地扇的安全检测包括温升测试、电机堵转测试和潮性试验。（1）温升测试是在额定电压基础上，按标准规定的比例增加输入电压，让电机持续工作直至稳定，然后测量风扇、电源线、内部连线、电机绕组等处温升情况，各部分不可超过标准规定的限值；（2）电机堵转测试是堵住电机，在额定电压下让电机持续通电，考核温度保险装置是否起作用，在保护装置不发生作用的情况下，电机绕组温升情况是否符合标准要求；（3）潮性试验是通过模拟极端潮湿环境，评估家电产品在高湿度环境下的性能和可靠性。再如，对咖啡壶的安全检测包括溢水测试、温升测试和非正常测试。溢水测试是检查咖啡壶在设计溢出情况下是否安全；温升测试是确保加热时温度控制在安全范围；非正常测试则是对咖啡壶在不同模式下的表现进行评估，以确保在发生故障或错误操作时不会造成安全隐患。另外，欧盟低压电器指令73/23/EEC及92/63/EEC对家电产品安全提出基本要求，包括电击或触电、温度过高或火灾、机械方面存在的危险、放射性危险、化学性危害等，主要是防止家电产品在使用过程中可能产生的各种危险，避免造成人身伤害和财产损失。

3. 欧盟规定自2003年起须对空调等加贴能源消耗数量标签，并规定自2003年起在欧洲市场销售的电工和空调设备须在产品上加贴标示能源消耗数量的标签。消耗能量最少的将被归为A类；最多的将被归为F类或C类。目前，其他一些家电设备如冰箱、洗衣机、洗碗机已被纳入所谓欧洲标签计划（European Labelling Programe）之中。欧盟还发布了洗衣机加贴生态标签的节水标准，标准规定清洗1千克衣物用水不得超过7.5升。欧盟认为，这样的规定旨在帮助消费者节约能源、确保欧洲能源供应安全和应对全球气候变暖。

4. 近几年，欧盟对汽车安全标准进行更新。从2022年7月6日起，欧盟实施了新的车辆安全规定，要求所有新车必须具备一系列新的安全特性，以帮助驾驶员并更好地保护乘客、行人和骑自行车的人。从2024年7月~2029年7月，欧盟将逐步引入进一步的安全措施。根据欧盟的通用安全法规，所有在欧盟销售的新车都必须具备以下安全性能：

智能速度辅助。
- 倒车检测（使用摄像头或传感器）。
- 驾驶员疲劳或分心时的注意力警告。
- 紧急停车信号。
- 网络安全措施。
- 高级驾驶员分心警告。
- 安全且持久的轮胎性能。
- 车道保持辅助。
- 高级紧急制动。
- 事件数据记录器。
- 安全玻璃。
- 检测和警告以防止与行人或骑自行车的人发生碰撞。
- 轮胎压力监测系统。

欧盟委员会还将陆续颁布和更新一系列技术规则，以确保这些车辆在上市前是安全的，并且技术足够成熟。这些新法规将有助于提高道路安全，减少交通事故，并为自动化和无人驾驶车辆的发展提供法律支持。

### 三、日本对机电产品设置的技术性贸易壁垒

日本对机电产品设置了一系列技术性贸易壁垒，旨在确保产品的安全性和可靠性，保护消费者健康和环境。这些壁垒包括严格的安全标准、认证要求、电磁兼容性（EMC）标准、能效标准等。以下是一些主要的技术性贸易壁垒：

1. 安全标准。日本对机电产品的电气安全有严格的要求，包括绝缘性能、接地要求、过载保护等。产品必须符合日本工业标准（JIS）和电气设备及材料安全法（DENAN Law）的规定。对于机械部件，日本要求产品具备必要的安全防护装置，如防护罩、紧急停止按钮等，以防止机械伤害。

2. 认证要求。PSE（Product Safety Electrical Appliance & Materials）认证是

日本电气设备及材料的安全认证标志。所有在日本销售的电气设备必须获得PSE认证，以证明其符合日本的安全标准。TELEC（Telecom Engineering Center）认证是针对无线电设备的认证，确保设备在使用过程中不会对其他设备产生电磁干扰，也不会受到其他设备的干扰。

在日本是由政府部门管理质量认证工作的，各部门分别对其管辖的某些产品实行质量认证制度，并使用各自设计和发布的认证标志。日本通产省管理认证产品占全国认证产品总数的90%左右，实行强制性和自愿性两类产品认证制度。强制性认证制度是以法律的形式颁布执行，其认证产品主要有消费品、电器产品、液化石油器具和煤气用具等。自愿性认证制度使用JIS标志，有两种标志图案。一种是用于产品的JIS标志，表示该产品符合日本有关的产品标准。另一种是用于加工技术的JIS标志，表示该产品所用的加工方法符合日本工业标准的要求。

3. 电磁兼容性（EMC）标准。日本对机电产品的电磁兼容性有严格的要求，包括辐射发射和抗扰度测试。产品必须在规定的频率范围内，辐射和接收的电磁能量不得超过标准限值。产品需要通过专业的EMC测试实验室的测试，并获得相应的认证证书，以证明其符合EMC标准。

4. 能效标准。日本对机电产品的能效有严格的标准，特别是对于家电产品，如空调、冰箱、洗衣机等。产品必须符合日本的能效标签要求，以确保其在使用过程中的能源效率。产品需要进行能效测试，以确保其符合规定的能效等级。测试结果将用于产品标签，帮助消费者选择节能产品。

5. 环保标准。日本对机电产品中的有害物质有严格限制，如铅、汞、镉等。产品必须符合限制有害物质使用（RoHS）标准，以减少对环境和人体健康的影响。日本要求制造商承担产品的回收和处理责任，确保产品在生命周期结束后的妥善处理。

6. 标签和说明书要求。机电产品必须有清晰的标签，包括产品名称、型号、制造商信息、安全警告等。标签必须使用日语，以确保消费者能够理解产品信息。产品说明书必须详细说明产品的使用方法、维护保养、安全注意事项等，也必须使用日语。

## 第三节　美国、欧盟扣留/召回我国机电产品及影响

通报是指 WTO 成员提出的技术法规/合格评定程序与国际标准不一致，且对其他成员的贸易有重大影响时，该成员必须在早期适当阶段，在出版物上刊登准备采用此技术法规/合格评定程序的通告，并通过 WTO/TBT 秘书处，将此技术法规涉及的产品清单通报给其他成员，向其他成员提供拟定中的技术法规文本，给各成员留出合理时间，以便它们提出书面意见，并在技术法规出版与生效之前留出合理时间，以便生产者按要求调整产品和生产方法。

### 一、美国、欧盟和日本对机电产品的通报数

近五年来，欧盟、美国和日本对机电产品通报数量达 5041 起，其中，美国通报 2766 起、欧盟 1053 起、日本 1222 起。近年来亚非发展中国家的通报数量不断攀升，各国对机电产品，特别是安全、节能方面的性能提出了更高的要求。2020~2024 年机电产品通报情况如表 7-1 所示。

表 7-1　　　　　美国、欧盟和日本 TBT/SPS 通报数　　　　单位：起

| 年份 | 美国 | 欧盟 | 日本 | 总计 |
| --- | --- | --- | --- | --- |
| 2020 | 533 | 224 | 238 | 995 |
| 2021 | 561 | 219 | 215 | 995 |
| 2022 | 637 | 188 | 420 | 1245 |
| 2023 | 644 | 227 | 221 | 1092 |
| 2024 | 391 | 195 | 128 | 714 |
| 总计 | 2766 | 1053 | 1222 | 5041 |

注：编写教材时，2024 年第四季度数据官方还未统计出，因此 2024 年统计数据只显示前三季度数据。

资料来源：根据中国技术性贸易措施网、WTO 网整理.

## 二、美国、欧盟扣留/召回我国机电产品情况

### (一) 美国、欧盟扣留/召回我国机电产品的数量

目前,我国机电产品主要的贸易伙伴有美国、欧盟、日本、韩国、加拿大。自 2020 年以来,美国、欧盟是中国机电产品主要出口国,共扣留/召回 1685 例。其中,美国扣留/召回 267 例;欧盟扣留/召回 1418 例(如表 7-2 所示)。

表 7-2　　2020~2024 年美国、欧盟对我国机电产品扣留/召回数量　　单位:例

| 年份 | 美国 | 欧盟 | 合计 |
| --- | --- | --- | --- |
| 2020 | 66 | 89 | 155 |
| 2021 | 42 | 270 | 312 |
| 2022 | 56 | 276 | 332 |
| 2023 | 55 | 399 | 454 |
| 2024 | 48 | 384 | 432 |
| 合计 | 267 | 1418 | 1685 |

资料来源:根据中国技术性贸易措施网数据整理.

### (二) 美国、欧盟扣留/召回我国机电产品的种类

1. 美国扣留/召回我国机电产品种类。2020~2024 年,美国对我国机电产品的扣留/召回总计 267 例。扣留/召回最多的是机电类其他,共 101 例;其次是电器和设备,扣留/召回 94 例;运输车辆、工具及灯具分别为 38 例、23 例和 11 例(如表 7-3 所示)。

表 7-3　　2020~2024 年美国扣留/召回我国机电产品种类　　单位:例

| 种类 | 2020 年 | 2021 年 | 2022 年 | 2023 年 | 2024 年 | 总计 |
| --- | --- | --- | --- | --- | --- | --- |
| 机电类其他 | 9 | 30 | 27 | 25 | 10 | 101 |
| 电器和设备 | 41 | 2 | 8 | 13 | 30 | 94 |
| 运输车辆 | 12 | 7 | 11 | 5 | 3 | 38 |

续表

| 种类 | 2020年 | 2021年 | 2022年 | 2023年 | 2024年 | 总计 |
|---|---|---|---|---|---|---|
| 工具 | 3 | 2 | 4 | 10 | 4 | 23 |
| 灯具 | 1 | 1 | 6 | 2 | 1 | 11 |
| 总计 | 66 | 42 | 56 | 55 | 48 | 267 |

资料来源：根据中国技术性贸易措施网数据整理.

2. 欧盟扣留/召回我国机电产品种类。欧盟在近五年内扣留/召回我国机电产品1418例。扣留/召回最多的是电器和设备，总计858例。照明设备排名第二，共计298例；机械产品131例，位居第三（如表7-4所示）。

表7-4　　2020~2024年欧盟扣留/召回我国机电产品种类　　单位：例

| 种类 | 2020年 | 2021年 | 2022年 | 2023年 | 2024年 | 总计 |
|---|---|---|---|---|---|---|
| 电器和设备 | 35 | 166 | 144 | 259 | 254 | 858 |
| 照明设备 | 30 | 56 | 68 | 70 | 74 | 298 |
| 机械产品 | 7 | 22 | 33 | 38 | 31 | 131 |
| 激光笔 | 3 | 14 | 6 | 8 | 7 | 38 |
| 机动车 | 3 | 5 | 11 | 11 | 1 | 31 |
| 爆炸性环境设备 | 5 | 1 | 9 | 4 | 9 | 28 |
| 通信与媒体 | 4 | 4 | 1 | 6 | 5 | 20 |
| 手动工具 | 2 | 2 | 4 | 3 | 3 | 14 |
| 总计 | 89 | 270 | 276 | 399 | 384 | 1418 |

资料来源：根据中国技术性贸易措施网数据整理.

## 三、美国、欧盟扣留/召回对我国机电产品出口造成的影响

美国、欧盟扣留/召回对我国机电产品的出口造成的影响，主要表现在经济效益、市场竞争、产业发展和行业规范与标准四个方面。

1. 在经济效益方面，一是出口规模与市场份额下降。美国、欧盟作为我国机电产品的重要出口市场，其扣留/召回行为直接导致我国相关机电产品无法

正常进入这些市场，出口量减少，市场份额被压缩。如 2022 年美国自中国进口机电产品比重自 2020 年 4 月来首次低于墨西哥，这反映出我国机电产品在美国市场的份额受到了一定影响。二是企业成本增加与利润空间压缩。扣留/召回事件会使企业面临诸多额外成本，如产品检测、认证费用增加，以及因产品滞留港口、重新整改等产生的仓储、运输、人力等成本。同时，企业可能还需承担因产品召回而产生的赔偿费用，这无疑会压缩企业的利润空间，影响企业的经济效益。

2. 在市场竞争方面，被扣留/召回的产品往往被认为存在质量问题或不符合相关标准，这会在国际市场上对我国机电产品的整体形象造成负面影响，降低国外消费者对我国机电产品的信任度和认可度，从而削弱我国机电产品在国际市场上的竞争力。另外，美国、欧盟的扣留/召回行为，可能会引发其他国家和地区的关注和效仿，使我国机电产品在拓展新兴市场时面临更多的质疑和阻碍。一些新兴市场国家可能会提高进口门槛，加强对我国机电产品的检验检疫和监管力度，增加我国企业进入新兴市场的难度。

3. 在产业发展方面，一是产业升级压力增大。为了满足美国、欧盟日益严格的法规和标准，我国机电企业需要加大在技术研发、设备更新、质量控制等方面的投入，以提升产品的技术含量和质量水平。这对企业的资金实力、创新能力等提出了更高要求，企业面临产业升级的压力增大。二是产业链供应链调整。部分企业可能会因扣留/召回事件而重新评估自身的产业链供应链布局，考虑将产能向其他国家或地区转移，以降低贸易风险。这可能导致我国机电产业的产业链供应链出现一定程度的调整和变化，影响国内相关产业的协同发展。

4. 在行业规范与标准方面，美国、欧盟的严格标准和扣留/召回事件，也在一定程度上促使我国加快完善自身的机电产品标准体系，提高标准的科学性、合理性和与国际标准的接轨程度，推动我国机电行业的规范化发展。经历扣留/召回事件后，我国机电企业会更加重视产品标准和质量认证工作，主动加强与国际标准的对接，严格按照相关标准组织生产，从源头上提高产品质量，以减少类似事件的发生，这有助于提升整个行业的标准意识和质量管理水平。

## 第四节　我国机电产品出口受阻案例

### 案例 7-1　中国电动工具在美国市场被召回[①]

一、背景

中国生产的电动工具因其高性价比在美国市场上占有一定份额，受到许多消费者的欢迎。这些工具包括电钻、电锯、电动螺丝刀等，广泛应用于家庭维修、建筑施工和工业制造等领域。然而，美国对电动工具的安全性能有严格的要求，包括电气安全、机械安全、电池安全等方面。这些要求旨在保护消费者的安全和健康，防止电气事故和机械伤害的发生。

二、事件经过

美国消费者在使用由中国制造的电动工具时，发现产品存在以下问题：一是电池过热问题。一些中国电动工具因电池过热问题被消费者投诉。在使用过程中，电池温度异常升高，存在引发火灾的风险。这一问题引起了美国消费品安全委员会（CPSC）的关注。二是电机故障问题：部分电动工具的电机在长时间使用后出现故障，导致工具无法正常工作。消费者反映电机噪声大、转速不稳定，甚至出现电机烧毁的情况。

美国消费品安全委员会（CPSC）对这些电动工具进行了调查，发现其确实存在安全隐患，不符合美国的安全标准。相关中国企业在美国市场的代理商和分销商接到 CPSC 的通知后，迅速发布召回声明，要求消费者停止使用问题产品，并提供免费维修或更换服务。

在召回过程中，企业通过各种渠道，如零售商、电商平台等，回收问题产品。同时，向消费者提供详细的召回信息和操作指南，确保召回工作的顺利进行。同时，企业对产品的设计和生产工艺进行了改进。例如，更换了更安全的电池组件，改进了电机的散热和润滑系统，以提高产品的安全性和可靠性。

三、影响

由于产品召回事件，中国电动工具在美国市场的短期市场份额受到一定影

---

[①] 改编自 https://www.cpsc.gov/Recalls/2022/Scott-Fetzer-Consumer-Brands-Recalls-American-Angler-Electric-Fillet-Knives-Due-to-Laceration-Hazard.

响。消费者对这些品牌的信任度下降，导致销售量减少。品牌信誉受损：品牌信誉受损，企业需要投入更多的资源进行品牌修复和市场推广，以恢复消费者对品牌的信任。

四、启示

中国电动工具产品召回事件给中国电动工具企业如下启示：企业需要加强产品质量控制，从原材料采购、生产过程到成品检验等各个环节，确保产品符合国际市场的安全和质量标准。这不仅有助于减少召回事件的发生，还能提高产品的市场竞争力。一旦产品出现问题，能够及时采取措施进行召回和改进。这有助于降低损失，维护企业的声誉和市场地位。

## 案例 7-2 我国家电产品在欧洲市场受阻及应对[①]

一、背景

欧洲市场对家电产品的需求稳定且多样，中国家电企业凭借其高性价比和创新能力，在欧洲市场份额不断扩大。然而，欧洲对家电产品设有多项技术性贸易壁垒，包括严格的安全标准、能效要求、环保法规和认证程序，以保护消费者利益和促进可持续发展。

二、事件经过

一些中国生产的家电产品在进入欧洲市场时，被发现产品不符合欧洲的与环境保护相关法规、安全标准以及能效标准。欧洲对家电产品的环保要求非常严格，包括对有害物质的限制（如 RoHS 指令）和废弃产品的回收处理（如 WEEE 指令）。部分中国家电产品在电气安全方面未能完全符合欧洲的安全标准。例如，某些产品的电源线、插头和插座不符合欧洲的规格要求，存在电气安全隐患。还有一些中国家电产品在生产过程中使用了不符合环保要求的材料，或者未能提供有效的回收处理方案。一些中国生产的电冰箱和洗衣机在进入欧洲市场时，被发现其能效等级不符合欧盟的能效标签要求。欧盟的能效标准要求家电产品在能耗方面达到一定的标准，以减少能源消耗和环境影响。

三、影响

产品不符合环保法规，无法获得环保认证，导致在欧洲市场上受到限制。企业需要投入额外的成本进行产品改造和环保认证，增加了运营成本。产品在

---

① 改编自容伟结等. 欧盟指令对我国家用电器出口的影响［J］. 中国标准化，2025（1）.

安全测试中未能通过，无法获得必要的安全认证，如 CE 认证。这使得产品无法合法进入欧洲市场，影响了企业的出口计划和市场拓展。由于能效不达标，这些产品无法获得欧盟的能效标签，导致无法在欧洲市场上销售。企业面临库存积压和市场份额损失的风险。

四、应对措施

为了应对欧洲有关家电的法规、标准及合格评定要求，中国家电出口企业一方面，进行技术调整和改进，以符合欧洲的环保法规要求、安全标准以及能效要求。首先，改进了生产材料的选择，减少有害物质的使用，确保产品符合 RoHS 指令的要求。同时，制定有效的废弃产品回收处理方案，满足 WEEE 指令的规定。其次，调整了产品的设计和生产工艺，确保符合欧洲的电气安全标准。例如，更换符合欧洲规格的电源线和插头，加强产品的电气绝缘和防护措施。第三，企业对产品进行技术改进，如采用更高效的压缩机、优化制冷系统和改进保温材料，以提高产品的能效等级，满足欧盟的能效标准。另一方面，加强认证和测试：提前准备产品的认证工作，确保产品在出口前经过严格的安全和环保测试。与欧洲的认证机构合作，了解认证的具体要求和流程，提高认证通过率。另外，与欧洲的测试实验室建立合作关系，进行产品的预测试和认证测试，及时发现并解决产品中存在的问题。

五、结果和启示

经过技术调整和改进，中国家电产品逐渐符合欧洲的技术性贸易壁垒要求，重新获得了市场准入资格。企业通过不断优化产品和提高服务质量，逐步恢复并扩大了在欧洲市场的份额。品牌信誉提升：通过严格遵守欧洲的技术标准和法规，中国家电品牌在欧洲市场上建立了良好的品牌形象和信誉。消费者对这些品牌的信任度和满意度不断提高，推动了品牌的长期发展。技术性贸易壁垒促使中国家电企业加大在技术创新和研发方面的投入，推动了产品的升级换代和产业结构的优化。企业通过技术创新，提高了产品的附加值和竞争力，为在全球市场的进一步发展奠定了基础。

# 本章小结

机电产品在中国出口中占据主导地位，是推动中国出口增长的重要力量。

本章概述了我国机电产品出口的现状，阐述了我国主要出口国对机电产品设置的技术性贸易壁垒，分析了美国、欧盟扣留或召回我国机电产品的数量、种类及其对我国机电产品出口的影响，以及我国机电产品被召回、出口受阻的案例及应对措施。从实务角度，深入分析了我国机电产品出口遭遇外国技术性贸易壁垒、影响以及如何应对。

**复习与思考题**

1. 我国机电产品出口市场主要有哪些国家？
2. 欧盟对我国机电产品实施了哪些技术性贸易措施？应如何应对？
3. 美国对我国机电产品实施了哪些技术性贸易措施？应如何应对？

【案例分析】

### 新能源汽车欧盟认证：绿色壁垒下的突围战[①]

一、背景：欧盟绿色新政与技术壁垒升级

2020 年欧盟《欧洲绿色协议》的出台，以 "2035 年禁售燃油车" 为标志，掀起了全球新能源汽车市场的变革浪潮。中国凭借完整产业链优势，2022 年对欧出口新能源汽车 25.8 万辆（占出口总量 38%），却在欧盟构建的 "绿色合规迷宫" 中遭遇系统性阻击。欧盟通过整车型式认证（WVTA）整合 200 余项技术指标，将电磁兼容、网络安全等新兴领域纳入监管；《电池与废电池法规》要求全生命周期碳足迹追溯，中国动力电池平均碳强度（85kg $CO_2$/kWh）较欧盟产品高 37%；"欧洲电池联盟"（EBA）更以 "关键原材料本地化采购比例 50%" 为目标，试图重塑供应链版图。这些措施将技术标准、环境规制与产业政策深度嵌套，形成 "绿色合规包" 式的新型贸易壁垒。

二、事件演进：认证壁垒的立体化围堵

事件演进中，欧盟认证壁垒的立体化特征凸显：2021 年 7 月强制实施的网络安全管理系统（CSMS）认证，使中国车企首次面临 "数字合规" 挑战；2022 年德国以 "软件升级未备案" 暂停蔚来 ES8 销售，开创数字功能处罚先例；2023 年碳关税覆盖动力电池，每吨征收 23~45 欧元；至 2024 年，驾驶员监测系统

---

[①] 改编自欧洲汽车制造商协会（ACEA）. 全球新能源汽车市场与技术性贸易壁垒分析[R]. 2023 年，ACEA Report.

(DMS) 成为五星评级必要条件，中国车型达标率仅 41%。这些壁垒以每 6 个月迭代更新的动态规则、300% 的额外认证成本，构建起排他性准入体系。

### 三、对中国及企业的影响

冲击下，中国新能源汽车产业遭遇多维困境：小鹏 P5 因电磁辐射超标 0.3dB 错失北欧补贴窗口期，认证周期延长导致市场机会流失；上汽 MG4 重构电子架构使单车成本增加 2200 元，宁德时代斥资重建钴供应链溯源系统；欧盟将换电路线排除绿色清单，迫使蔚来暂停欧洲换电站布局，比亚迪智能驾驶系统因数据跨境限制难以迭代。产业链压力传导至最上游——亿纬锂能因未通过 ECOLABEL 认证损失 12 亿欧元订单，暴露出"从矿产到认证"的全链条脆弱性。

### 四、应对措施：体系化破壁行动

破壁行动中，政企协同一体化机制成为关键。政府层面，中欧 WP.29 框架协议实现 47 项标准互认，"新能源汽车国际合规服务平台"集成 2000 余项欧盟法规实时预警，"绿色电池倡议"完成全球首个 PAS2060 碳足迹认证。企业层面，比亚迪"刀片电池-车身一体化"技术通过欧盟 80km/h 侧柱碰测试（远超国标 32km/h），吉利与 TÜV 莱茵共建实验室缩短 EMC 测试周期 60%，长城慕尼黑数字化中心研发 GDPR 合规座舱系统，宁德时代匈牙利工厂构建"本地认证-本地供应"闭环。行业协同方面，中汽协发布《准入白皮书》建立风险基金，"中欧绿色标准工作组"推动换电标准纳入国际法规。

### 五、突围成果与启示

突围成效显著：2024 年欧盟认证中国车型增至 67 款（较 2020 年增长 644%），动力电池碳强度追平欧盟水平（68kg $CO_2$/kWh），市场份额三年提升 13 个百分点至 24%。战略启示表明，需同步满足 UNECE R100 电池安全与 CBAM 碳核算的"双重合规"，通过参与 ISO/SAE 21434 标准制定掌握主动权，借 Stellantis 代工模式重构生态位。但欧盟"数字产品护照"要求公开 3000 项供应链数据、电池回收率提升至 90%、本土化产能扩张 400% 等新规，持续考验中国企业的动态应对能力。

【问题讨论】

1. 欧盟绿色新政出台的背景与意义？
2. 本案例揭示新型技术性贸易壁垒的演变规律是什么？
3. 中国企业应对策略有哪些？

# 第八章 技术性贸易壁垒对我国 ICT 产品出口的影响

【学习目标】

- 了解我国 ICT 产品出口情况及主要出口国对我国 ICT 产品的通报情况；
- 熟悉主要出口国对 ICT 产品设置的技术性贸易壁垒；
- 理解我国 ICT 产品出口受阻的原因及其影响；
- 掌握 ICT 产品出口受阻案例的分析思路。

【引导案例】

## 欧盟数字安全壁垒：技术合规重构全球产业规则

欧盟正通过系统性技术贸易壁垒体系重塑数字产品准入规则。其网络安全管控框架分为三大维度：一是法律框架刚性约束。例如，《通用数据保护条例》（GDPR）建立全球最严数据跨境流动规范，违规企业最高面临全球营收 4% 的罚款（2023 年累计处罚超 42 亿欧元）。《网络弹性法案》（CRA 草案）要求联网设备全生命周期网络安全认证，预计 2026 年实施后合规成本将增加 17%～25%。二是认证体系分层锁定。强制认证，如 AI 法案对高风险人工智能系统实施 CE 认证准入，RED 指令新增物联网设备网络安全测试条款。自愿认证，如 EUCC 统一认证覆盖云服务、工业控制系统，获证企业可享欧盟公共采购加分。三是准入壁垒动态升级。网络安全产品需同步满足 GPSR 产品安全法规、NIS2 关键基础设施防护标准，形成"法规+标准+认证"三位一体的技术屏障。自 2025 年起，非欧盟企业数字产品进入欧洲市场平均需通过 7 项网络安全评估，较 2020 年增加 210%。中国智能家居企业应对 RED 指令修订，单款产品检测周期延长至 14 个月，认证成本超产品研发投入的 30%。

资料来源：改编自李珺等，欧盟数字产品网络安全技术性贸易措施分析与应对研究

[J]．技术性贸易措施导刊，2024（5）：81.

## 思考题

在欧盟技术性贸易措施从"单一合规"向"生态合规"演进的背景下，数字产品生产企业应如何构建覆盖研发、生产、售后全链条的网络安全合规管理体系？

ICT（Information and Communications Technology）产品，是指那些能够支持信息的收集、存储、处理、传输和展示的技术设备、系统、应用和服务的总称。这些产品和服务使得个人、企业和政府能够更有效地处理信息和进行沟通。ICT产品涵盖了硬件［包括计算机、服务器、网络设备、移动设备、存储设备、外设，软件包括操作系统、应用程序、数据库管理系统、办公软件、企业资源规划（ERP）系统、客户关系管理（CRM）系统］、网络服务［互联网服务提供商（ISP）、无线网络服务、卫星通信、光纤网络］、通信服务［电话服务（固定和移动）、电子邮件、即时通信、视频会议、社交媒体平台］、数字媒体内容、安全产品（防火墙）、维护和支持服务等。

近几年，中国信息和通信技术（ICT）产品在出口过程中遭遇了一些技术性贸易壁垒，这些壁垒包括政策和法规限制、技术标准不一致、安全和隐私要求提高以及市场竞争加剧等，这些壁垒对我国ICT产品的市场准入和销售产生了一定的影响。了解我国ICT产品出口遭遇的技术性贸易壁垒，有利于我国政府和相关企业制定相应措施，应对技术性贸易壁垒带来的挑战。

# 第一节　我国ICT产品出口概况

## 一、我国ICT产品进出口规模

中国的ICT产品在全球市场具有较高的竞争力，出口额不断增长。从2020年的7016.38亿美元增加至2023年的9525.66亿美元，虽然2022年稍有波动，但总体呈上升趋势，整体规模保持稳定增长。例如，在疫情期间，我国ICT产品的出口依然保持了一定的增长速度,这也展现出该产业的抗风险能力;此外,IDC 预测,2024 年中国整体 ICT 市场(含第三平台技术)增长约 9.4%,市场规模达到 8905 亿美元。

就我国 ICT 产品进口而言,进口规模在 2021~2024 年呈现"先降后升"的波动趋势,核心驱动因素包括技术封锁、国产替代及全球需求变化:2021年,进口额达 4400 亿美元(以芯片为主),2022 年,受美国出口管制影响,进口额降至 4100 亿美元。2023 年,进口额维持 3500 亿美元低位。2024 年,前三季度进口额达 3200 亿美元,主要原因是 2023 年低消费电子需求回升(见图 8-1)。

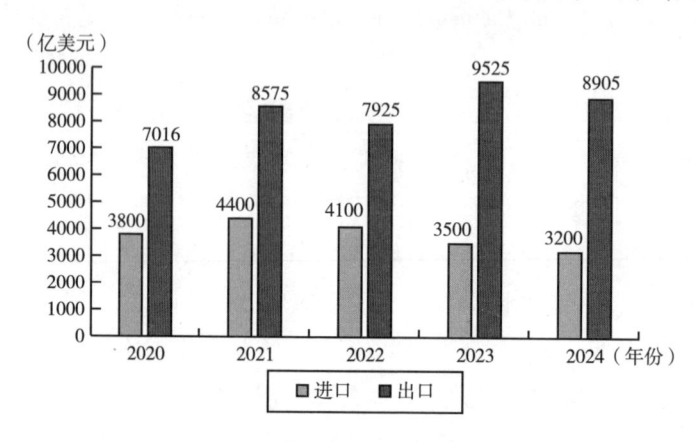

图 8-1 2020~2024 年我国 ICT 产品进/出口额

资料来源:根据中国海关数据库整理。

## 二、我国 ICT 产品出口结构

出口结构方面,据我国海关总署网站的数据统计,2023 年,计算机及办公设备产品出口最多,占我国 ICT 产品出口总额的 35%,排在第一位。电信设备出口额占我国 ICT 产品出口总额的 32%,排在第二位。半导体和精密仪器占我国 ICT 产品出口总额的 22% 和 9%[1],分别排在第三位和第四位。2023 年我国 ICT 产品出口结构如图 8-2 所示。

---

[1] 刘莉. RCEP 框架下中国 ICT 产品出口波动影响研究 [J]. 价格月刊,2024(10):70-76.

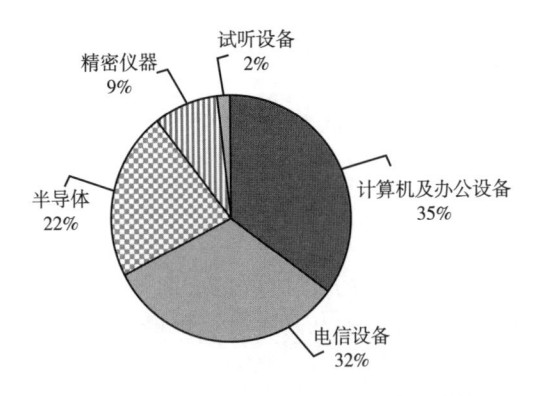

图 8-2　2023 年我国 ICT 产品出口结构

资料来源：根据中国海关数据库整理.

## 三、我国 ICT 产品出口市场

2023 年，我国 ICT 产品出口的前三大出口国分别是美国、韩国和日本。美国是我国 ICT 产品出口最大的单一市场，出口额为 1132.7 亿美元，在我国 ICT 出口市场中占比为 44%。美国作为全球最大的经济体，对各类 ICT 产品有着广泛的需求，我国的通信设备、电脑及其零部件等产品在美国市场占据一定份额。韩国是我国 ICT 产品第二大出口国，出口额为 413.9 亿美元。在我国 ICT 产品出口国中占比 16%。日本是我国 ICT 产品第三大出口国，出口额为 296.3 亿美元，在我国出口市场中占比 12%。其他出口市场，印度占 8%，德国、马来西亚各占 6%；英国占 5%。2023 年，我国 ICT 产品出口市场如图 8-3 所示。

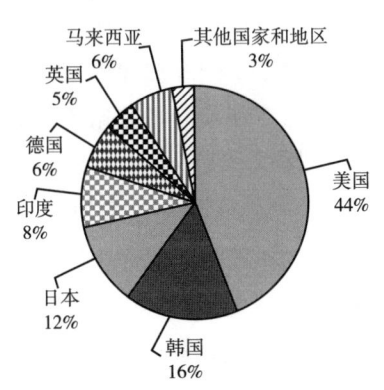

图 8-3　2023 年我国 ICT 产品出口市场及地区占比情况

资料来源：根据中国海关数据库整理.

# 第二节  主要出口国对 ICT 产品设置的技术性贸易壁垒

中国 ICT 产品主要出口国为美国、韩国和日本。这三个国家均将技术法规、技术标准和合格评定作为主要的技术性贸易壁垒措施，对 ICT 产品设置技术性贸易壁垒，以保护本国产业、维护国家安全和促进技术创新。

## 一、美国对 ICT 产品设置的技术性贸易壁垒

### (一) 技术法规

美国通过制定相关的法律法规，限制不符合这些法规的外国 ICT 产品和服务进入美国市场。例如，2019 年，美国制定了《安全可信通信网络法》（Secure and Trusted Communications Networks Act of 2019），该法案旨在确保美国通信网络的安全和可信，禁止美国联邦通信委员会（FCC）向被认为对美国国家安全构成威胁的通信设备供应商提供补贴。这一法规对中国的 ICT 企业，尤其是通信设备供应商产生了重大影响，使得中国企业的通信设备进入美国市场面临更大的困难。华为、中兴等中国通信企业被美国政府认为存在所谓的"安全风险"，受到该法案的限制。美国制定的《澄清境外数据的合法使用法案》（Clarifying Lawful Overseas Use of Data Act，CLOUD Act），为美国执法机构请求访问存储在美国和境外的数据提供了一个法律框架。该法案允许美国政府获取存储在美国境外的电子数据，这对涉及跨境数据传输的 ICT 企业提出了更高的数据安全和隐私保护要求。中国的 ICT 企业如果要与美国企业进行数据相关的业务合作，需要满足美国的这一法规要求，增加了企业的合规成本和运营风险。美国还通过制定法律法规，对外国 ICT 企业进入美国市场设置一定的门槛和限制，例如，2018 年，美国众议院通过 2019 年度《国防授权法》，禁止美国政府采购中国海康威视公司的监控摄像头。这使得中国海康威视公司无法参与美国政府相关项目的采购，失去了美国政府这一重要的客户群体，对其在美国

市场的业务发展造成了严重打击①。

（二）技术标准

美国制定关键和新兴技术国家标准战略，限制新兴国家在国际标准中发挥作用。美国政府于 2023 年 5 月发布《美国政府关键和新兴技术国家标准战略》，战略强调了标准对于美国的重要性，提出美国政府将进一步加强在关键和新兴技术领域（CET）标准的投入，并促进在国际标准中的主导地位。这一战略是美国政府推出的国家层面的标准化国家战略，旨在指导美国政府在关键和新兴技术领域的标准化行动。2024 年 7 月 26 日，美国国家标准与技术研究院发布《美国关键和新兴技术国家标准战略实施路线图》，该实施路线图提供了关于如何提高美国在关键和新兴技术标准制定中领导地位的具体策略，旨在通过加强公私合作和协调，提升美国在关键和新兴技术领域的领导地位和技术竞争力。同时限制新兴国家在国际 ICT 技术标准制定中发挥作用，推动符合美国利益的技术标准成为国际标准，从而影响全球 ICT 产业的发展方向和市场格局。

（三）合格评定程序

美国制定网络安全标准和认证，限制不符合这些标准的外国 ICT 产品和服务进入美国市场。美国联邦通信委员会（FCC）对电子产品的电磁兼容性、无线电频率等方面制定了严格的认证标准和法规。外国的 ICT 产品，如手机、无线通信设备等，要在美国市场销售，必须通过 FCC 认证。FCC 认证的测试程序复杂、费用高昂，增加了中国 ICT 产品进入美国市场的成本和难度。例如，美国 FCC 计划永久禁止包括华为、中兴在内的中国科技公司参与无线设备认证项目。自 2024 年 2 月 6 日开始，FCC 已停止接受这些企业的产品认证申请，进一步收紧了对这些企业的市场准入限制。无法获得 FCC 认证，意味着这些企业的产品难以合法地进入美国市场，即使产品本身具备较高的质量和技术水平，也

---

① 中国新闻网. 美国对海康威视等更多中企采取限制措施中方：坚决反对，https：//m. toutiao. com/article/6693835488098255364/? upstream_biz = doubao&use_xbridge3 = true&loader_name = forest&need_sec_link = 1&sec_link_scene = im.

无法在美国市场上销售①。美国保险商试验所（Underwriters Laboratories Inc.）的安全认证在某些情况下也是必需的。UL 认证主要关注产品的安全性，对于 ICT 产品的电气安全、防火性能等方面进行测试和评估。虽然 UL 认证并非强制性的政府要求，但在市场上具有较高的认可度，很多美国的采购商和零售商可能会要求产品具备 UL 认证②。例如，亚马逊美国站提出对诸多 ICT 相关产品（例如手机充电器、移动电源等产品）进行严格的 UL 认证要求。若销售商无法在规定时间内提供 UL 认证，其产品就会被亚马逊下架处理。这使得我国许多原本在亚马逊平台上销售的 ICT 产品，因未能及时满足 UL 认证要求而被迫暂停销售，影响了我国相关企业对美国的出口业务。

美国这些技术贸易壁垒在一定程度上保护了美国 ICT 产业的发展，但也引发了国际贸易摩擦和争议。其他国家和地区也在积极应对这些壁垒，通过加强自身的技术创新能力、推动国际合作和参与国际标准制定等方式，来提高在 ICT 产业中的竞争力和影响力。

## 二、韩国对 ICT 产品设置的技术性贸易壁垒

### （一）技术法规

韩国在信息和通信技术（ICT）领域制定了一系列法规，以促进产业发展、保护消费者权益、维护网络安全和数据安全等。一些主要的 ICT 法规有《信息通信基础设施建设促进法》（Information and Communications Infrastructure Promotion Act），目的是促进信息通信基础设施的建设和升级，包括宽带网络、移动通信网络等，为 ICT 产业的发展提供基础支持。《信息通信服务促进法》（Information and Communications Services Promotion Act），目的是促进信息通信服务的发展，规范服务提供商的行为，保障消费者权益，推动信息通信服务的普及和创新。《个人信息保护法》（Personal Information Protection Act），目的是保护个人信息的安全和隐私，规定个人信息的收集、使用、处理和传输等行为必须符合法律要求，防止个人信息被滥用。《网络安全法》（Cybersecurity Act），目

---

① 网易新闻. FCC 将进一步限制华为中兴，出于所谓"安全考虑"［EB/OL］. https：//m. 163. com/dy/article/HJLBD1050514847E. html? use_xbridge3 = true&loader_name = forest&need_sec_link = 1&sec_link_scene = im.

② ANSI 官方网站，http//www. ansi. org.

的是加强网络安全管理，预防和应对网络安全威胁，保护信息通信系统的安全稳定运行，维护国家和社会的网络安全。《电子签名法》（Electronic Signature Act），目的是规范电子签名的使用，确保电子签名的法律效力和安全性，促进电子商务和电子政务的发展。《电子商务基本法》（E-Commerce Basic Act），为电子商务的发展提供法律框架，规范电子商务交易行为，保护消费者和企业的合法权益，促进电子商务的健康发展。这些法规共同构成了韩国ICT领域的法律框架，为ICT产业的发展提供了法律保障和指导。但也为外国ICT产品进入韩国市场设置了壁垒。例如，《个人信息保护法》，2020年之前，ICT服务提供商的数据保护和隐私事项由《信息通信网络利用与信息保护促进法》（"网络法"）规范，之后相关条款被整合到《个人信息保护法》中。韩国监管机构普遍认为，该法适用于任何在韩国境外运营但业务面向韩国客户的外国企业。如果外国的ICT服务类产品在韩国有大量用户，就需要遵守韩国的数据保护和隐私法规，否则可能会面临罚款等处罚。一些外国企业因违反韩国的数据保护法规而被罚款和业务受到影响。

（二）技术标准

韩国与ICT产品相关的标准有移动通信标准、宽带网络标准、网络安全标准、智能设备标准以及物联网（IoT）标准等。移动通信标准基本与国际标准接轨，韩国企业也积极参与国际移动通信标准的制定，如3GPP（第三代合作伙伴计划）和5G标准，韩国的移动通信运营商和设备制造商在这些标准的制定中发挥了重要作用。宽带网络标准包括宽带接入技术标准，如光纤到户（FTTH）和有线宽带网络的标准，以确保网络的高速、稳定和安全性。网络安全标准涵盖了数据加密、身份认证、入侵检测和防御等方面，以保护信息系统的安全。智能设备标准包括智能手机、平板电脑、可穿戴设备等智能设备的技术标准，涵盖硬件性能、软件兼容性和用户体验等方面。物联网（IoT）标准涵盖设备通信、数据交换、安全和隐私保护等方面。这些标准的制定与实施，一方面，提升了韩国ICT产品的兼容性、品质和竞争力；另一方面，为外国ICT产品进入韩国市场设置了技术性贸易壁垒。

（三）合格评定程序

韩国在信息和通信技术（ICT）方面的合格评定程序涉及KC认证（Korea

Certification）和 KCEMC（Korea Electromagnetic Compatibility Certification）认证。

KC 认证是韩国通信委员会（Korea Communications Commission，KCC）实施的一项强制性产品认证制度，旨在确保信息和通信技术（ICT）产品符合韩国的技术标准和法规要求。KC 认证的主要目的是保护消费者的安全和健康，防止电磁干扰，确保通信网络的正常运行，并促进公平竞争。KC 认证适用于多种 ICT 产品，包括无线电设备、电信设备、有线通信设备、网络设备、音频视频设备等。具体产品类别和认证要求根据韩国的法律法规进行更新和调整。外国 ICT 产品，如电脑、智能手机、家电等外国电子电气产品进入韩国市场前，需通过 KC 认证。

KCEMC 认证（Korea Electromagnetic Compatibility Certification）是韩国针对电磁兼容性（Electromagnetic Compatibility，EMC）实施的一项强制性认证制度。该认证由韩国通信委员会（Korea Communications Commission，KCC）负责管理，旨在确保电子和电气设备在使用过程中不会产生过多的电磁干扰，同时能够抵抗来自其他设备的电磁干扰，从而保障设备的正常运行和通信网络的稳定。在韩国销售的电信和通信行业的大多数技术设备都需要具有 KCEMC 认证。该认证是 KC 认证体系中的一部分，用于确认电子设备和产品的电磁兼容性，确保产品具有电磁兼容且对消费者是无害的。若外国的 ICT 产品想要进入韩国市场，必须满足这一认证要求，否则可能面临产品无法销售的情况。

KC 认证和 KCEMC 认证是外国 ICT 产品进入韩国市场的必要条件之一。没有获得 KC 认证、KCEMC 认证的产品可能会被拒绝入境或在市场上销售。KC 认证、KCEMC 认证标志表明产品符合韩国的安全和性能标准，有助于提高消费者对产品的信任和认可。KC 认证、KCEMC 认证为其他国家的企业进入韩国市场提供了明确的合规依据。

### 三、日本对 ICT 产品设置的技术性贸易壁垒

（一）技术法规

日本在信息和通信技术（ICT）领域制定了一系列法规，以促进产业发展、保护消费者权益、维护网络安全和数据安全等。一些主要的 ICT 法规有：

1. 电气安全相关法规。日本电气安全法规涵盖了从设备制造、安装、使用到维护的各个环节，确保电气设备的安全性和可靠性，这些法规共同构成了日

本电气安全的法律框架。通过这些法规的实施，日本能够有效地预防电气事故，保护人身和财产安全。

以日本《电气设备及使用安全法》（Electrical Appliance and Material Safety Law）为例，《电气设备及使用安全法》对电气产品的安全性提出了严格要求，包括对 ICT 产品的电气绝缘、接地、防触电等方面的规定。我国出口到日本的手机、电脑等 ICT 产品及其配件，都必须满足这一法律规定的电气安全要求。

2. 无线电频谱管理法规。日本在无线电频谱管理方面制定了一系列法规，以确保无线电频谱的有效利用和管理。《电波法》是日本无线电频谱管理的核心法律，它规定了无线电频谱的分配、使用、许可和监管等方面的基本原则和要求。ICT 产品中涉及无线通信功能的设备，如手机、无线路由器、蓝牙设备等，需要符合《电波法》的相关规定。例如，一款 5G 手机要在日本市场销售，其使用的 5G 频段以及发射功率等参数必须符合日本《电波法》规定的标准，否则无法获得市场准入。

3. 电磁兼容性法规。日本在电磁兼容性（Electromagnetic Compatibility，EMC）方面制定了一系列法规和标准，以确保电子和电气设备在使用过程中不会产生过多的电磁干扰，同时能够抵抗来自其他设备的电磁干扰。例如，《电气设备及使用安全法》（Electrical Appliance and Material Safety Law）涵盖了电气设备的安全性要求，也包括了电磁兼容性。它规定了电气设备在使用过程中必须符合的电磁兼容性标准，以确保设备不会对其他设备或系统造成干扰。以电脑主机为例，电脑主机在工作时产生的电磁辐射不能超过规定的限值，同时要能够在一定的电磁干扰环境下正常工作，以保证其与其他电子设备之间的兼容性。

4. 环保相关法规。日本在信息和通信技术（ICT）产品方面的环保相关法规主要关注产品的能效、回收和减少对环境的影响。以《化学物质控制法》（Chemical Substances Control Law）为例，《化学物质控制法》规定了化学物质的生产和使用要求，防止化学物质对环境和人体健康造成危害。对于 ICT 产品中使用的各种化学物质，如铅、汞、镉等有害物质的使用和含量进行限制，以保护环境和人体健康。例如，电子电路板上的焊接材料中含有的铅等重金属含量必须符合日本的环保法规要求，否则产品将无法进入日本市场。这就要求外国的 ICT 产品生产企业在原材料选择和生产工艺上进行改进，以满足日本环保相关法规。

5. 数据安全和隐私保护法规。随着 ICT 产品在数据传输和存储方面的广泛应用，数据安全和隐私保护变得尤为重要。以《个人信息保护法》为例，日本的《个人信息保护法》对 ICT 产品在处理个人信息时的安全措施、数据存储和传输的加密要求等方面进行了规定。例如，我国的云服务产品在日本市场提供服务时，需要建立完善的数据安全管理体系，对用户的个人信息进行加密存储和传输，以确保用户的隐私安全。

（二）技术标准及合格评定程序

1. 电气安全标准与认证。日本的电气安全标准主要由一系列法规和标准组成，旨在确保电气设备和系统的安全使用和操作，防止电气事故和伤害。日本工业标准中包含了许多与电气安全相关的标准，如 JIS C 系列标准，涵盖了电气设备的技术规范和安全要求。

PSE 认证（Product Safety Electrical Appliance & Materials）是日本电气设备及材料的安全认证标志，由日本经济产业省（METI）和日本电气安全环境研究所（JET）等机构负责管理。PSE 认证旨在确保电气设备和材料的安全性，防止电气事故和伤害，保护消费者的安全和健康。PSE 认证适用于在日本销售的所有电气设备和材料，包括家用电器、办公设备、工业设备、照明设备、电线电缆、开关插座等。该认证分为菱形 PSE 认证和圆形 PSE 认证两种。菱形 PSE 认证针对特定的、危险性较高的产品，例如电线电缆、熔断器、电热器具、变压器等，共 165 项指定性的特殊电器用品及材料，需要由日本政府授权的第三方认证机构进行测试和认证；圆形 PSE 认证针对危险性较低的产品，如合成树脂系绝缘电线类、小型交流电机类等非指定的 333 种产品，企业可以自行进行测试并声明符合标准，或者由第三方认证机构进行认证。

2. 电磁兼容性标准与认证。日本 JIS C 61000 系列标准专注于电磁兼容性（EMC），确保设备在电磁环境中的安全性和兼容性。

VCCI（Voluntary Control Council for Interference by Information Technology Equipment）认证是日本的电磁兼容性认证。虽然是自愿性认证，但在日本市场上，大部分的 ICT 产品都会进行 VCCI 认证，以确保产品在使用过程中不会对其他电子设备产生电磁干扰，同时也能保证自身不受其他设备的电磁干扰。

3. 无线电通信标准与认证。日本的无线电通信标准由多个组织和机构制定和管理，旨在确保无线电通信设备的兼容性、安全性和有效性。ARIB 标准

(Association of Radio Industries and Businesses) 是由日本无线电工业和商业协会制定和发布无线电通信设备的技术标准。标准涵盖了无线通信设备的频率使用、发射功率、调制方式、信号质量、电磁兼容性（EMC）等方面。例如，ARIB STD-B 系列标准涉及移动通信设备的技术要求。MIC 标准（Ministry of Internal Affairs and Communications）是日本总务省负责制定的无线电频谱的分配和使用标准，目的是确保无线电通信的有序进行。MIC 还负责制定无线电设备的技术规范和认证要求。

TELEC 认证（Telecom Engineering Center Certification）是日本电信工程中心负责对无线电通信设备进行认证。通过 TELEC 认证的设备，表明符合日本的无线电通信标准，包括频率使用、发射功率、电磁干扰等。TELEC 认证是无线电设备进入日本市场的必要条件之一。

## 第三节 主要出口国对 ICT 产品通报情况

### 一、美国、韩国、日本对 ICT 产品通报数

2020～2024 年前三季度，美国、韩国、日本针对 ICT 产品通报数总计 146 件，其中美国 61 件，日本 57 件，韩国最少，为 28 件（如表 8-1 所示）。

表 8-1　　　2020～2024 年主要出口国家对 ICT 产品通报数　　　单位：件

| 年份 | 美国 | 韩国 | 日本 |
| --- | --- | --- | --- |
| 2020 | 17 | 6 | 13 |
| 2021 | 10 | 8 | 13 |
| 2022 | 9 | 6 | 12 |
| 2023 | 12 | 3 | 12 |
| 2024 | 13 | 5 | 7 |

资料来源：根据中国技术性贸易措施网、WTO 网整理。

### 二、美国、韩国、日本对 ICT 产品技术性贸易措施及目的

2020～2024 年前三季度，美国、韩国和日本对 ICT 产品通报内容中，三国

对 ICT 产品技术性贸易措施以技术法规、标准和合格评定为主。

1. 美国通报中的 ICT 产品技术性贸易措施及目的。美国通报中的技术性贸易措施及目的如表 8-2 所示，通报中涉及技术法规最多，有 41 件；涉及标准的 3 件；涉及合格评定 3 件；其他类 14 件。说明美国将技术法规作为对 ICT 产品主要的技术性贸易措施。

表 8-2　　　　　2020~2024 年美国主要技术性贸易措施及目的　　　　　单位：件

| 措施类型 | 2020 年 | 2021 年 | 2022 年 | 2023 年 | 2024 年 | 总计 |
| --- | --- | --- | --- | --- | --- | --- |
| 技术法规 | 12 | 8 | 7 | 6 | 8 | 41 |
| 标准 | 3 | 0 | 0 | 0 | 0 | 3 |
| 合格评定 | 0 | 0 | 0 | 1 | 2 | 3 |
| 其他 | 2 | 2 | 2 | 5 | 3 | 14 |
| 目的 | （1）维护国家安全；（2）保护国内产业；（3）实现贸易保护主义；（4）推动技术创新和标准制定 | （1）巩固全球半导体产业链主导地位；（2）遏制中国在 ICT 领域的发展 | （1）保护本国产业和市场；（2）应对全球经济变化和地缘政治挑战；（3）推动技术创新和标准制定 | （1）保护国内市场减；（2）确保国家安全 | （1）保护技术优势；（2）维护市场份额；（3）维护国家安全；（4）外交政策利益 | |

资料来源：根据中国技术性贸易措施网、WTO 网整理.

美国发布 ICT 产品通报的目的涵盖了维护国家安全、保护本国产业和市场，推动技术创新和标准制定以及贸易保护等多个方面。在维护国家安全方面，通报的目的包括防止敏感技术外泄；加强 ICT 供应链的安全性和弹性，防范供应链风险；将技术性贸易壁垒作为外交手段，影响他国政策和行为等。在保护本国产业和市场方面，通报的目的包括促进国内制造业复兴；维护市场竞争优势；降低外国产品在美国市场的竞争力。例如，美国通过立法和政策支持，促进美国本土芯片产业发展。限制关键领域技术出口，维护美国在半导体产业中的领先地位。推动技术创新和标准制定方面，通报的目的包括促进技术创新；加强标准制定。贸易保护方面，通报的目的包括针对特定国家，如中国，限制中国等竞争对手获取先进技术和产品，遏制中国 ICT 产业的发展。

2. 韩国通报中的 ICT 产品技术性贸易措施及目的。韩国通报中的技术性贸易措施及目的如表 8-3 所示，通报中涉及技术法规最多，有 15 件；涉及标准的 4 件；涉及合格评定的 4 件；其他类 5 件。说明韩国对 ICT 产品也像美国一样，将技术法规作为主要的技术性贸易措施。

表 8-3　　　　2020~2024 年韩国主要技术性贸易措施及目的　　　　单位：件

| 措施类型 | 2020 年 | 2021 年 | 2022 年 | 2023 年 | 2024 年 | 总行 |
| --- | --- | --- | --- | --- | --- | --- |
| 技术法规 | 2 | 5 | 5 | 1 | 2 | 15 |
| 标准 | 1 | 0 | 1 | 1 | 1 | 4 |
| 合格评定 | 0 | 2 | 1 | 1 | 0 | 4 |
| 其他 | 2 | 0 | 1 | 2 | 0 | 5 |
| 目的 | （1）为了应对新冠疫情对 ICT 产业的影响；（2）帮助企业应对全球市场的变化 | （1）促进贸易自由化；（2）保护国内产业；（3）通过推动标准化、合规性和技术创新等措施，提升韩国 ICT 产品的国际竞争力 | （1）应对日本关键半导体原材料出口管制；（2）提高企业全球竞争力；（3）促进技术创新和产业升级 | （1）保护国内市场；（2）推动产业升级和技术创新；（3）应对全球经济放缓和市场需求变化；（4）强化国家安全和战略利益 | （1）促进国内 ICT 产业发展与竞争力提升；（2）应对国际贸易环境变化；（3）推动全球 ICT 产业价值链合作；（4）实现经济可持续发展 | |

资料来源：根据中国技术性贸易措施网、WTO 网整理.

韩国发布通报的主要目的包括强化国家安全和战略利益、保护国内市场、促进技术创新和产业升级等。在强化国家安全和战略利益方面，为了应对新冠疫情对 ICT 产业的影响以及日本关键半导体原材料出口管制，韩国提出促进国内 ICT 产业的发展，以确保国家安全。例如，韩国对投资半导体、电池、疫苗等国家战略技术研发的中小企业的优惠。在保护国内市场方面，通报的目的是提升产品准入门槛，防止低质量产品进入。在促进技术创新和产业升级方面，通报的目的是激励本土企业研发；促进产业结构优化，推动全球 ICT 产业价值链合作。

3. 日本通报中的 ICT 产品技术性贸易措施及目的。日本通报中的技术性贸易措施及目的如表 8-4 所示，通报中涉及技术法规最多，有 23 件；涉及标准的 12 件；涉及合格评定的 11 件；其他类 11 件。说明日本对 ICT 产品也像美国、韩国一样，将技术法规作为主要的技术性贸易措施。

表 8-4　　　　2020~2024 年日本主要技术性贸易措施及目的　　　单位：件

| 措施类型 | 2020 年 | 2021 年 | 2022 年 | 2023 年 | 2024 年 | 总计 |
| --- | --- | --- | --- | --- | --- | --- |
| 技术法规 | 6 | 5 | 6 | 4 | 2 | 23 |
| 标准 | 2 | 2 | 3 | 3 | 2 | 12 |
| 合格评定 | 2 | 3 | 2 | 3 | 1 | 11 |
| 其他 | 3 | 3 | 1 | 2 | 2 | 11 |
| 目的 | （1）保护国家安全和信息安全；（2）确保产品质量和消费者保护；（3）环境保护和可持续发展；（4）应对国际贸易环境变化 | （1）保护本国芯片产业；（2）确保国家安全；（3）应对全球芯片供应短缺 | （1）确保国家经济安全；（2）减少对外部供应链的依赖；（3）保护关键产业 | （1）保护国内产业和市场；（2）应对国际竞争和挑战；（3）推动产业升级和创新 | （1）增强技术保护和自给自足能力；（2）应对知识产权侵权风险；（3）出口管制 | |

资料来源：根据中国技术性贸易措施网、WTO 网整理.

日本发布通报的目的涵盖了保护国家安全和信息安全、保护国内产业和市场、推动产业升级和创新、确保产品质量和消费者保护、环境保护和可持续发展、应对国际贸易环境变化、应对知识产权侵权风险和出口管制等多个方面。

## 第四节　我国 ICT 产品出口受阻案例

### 案例 8-1　华为在欧洲市场的 5G 设备争议[①]

一、背景

华为是全球领先的 5G 设备供应商之一，拥有先进的技术和丰富的经验。随着 5G 技术的快速发展，华为在欧洲市场的潜力巨大，许多欧洲国家和运营

---

① 改编自 Henry Farrell, Abraham Newman, Geopolitics of 5G Standards: Huawei, Technological Decoupling, and the Future of Global Networks [J]. International Security, (1), 2023, 47 (1): 45-78.

商对其设备表现出浓厚的兴趣。5G 技术被视为未来数字经济和工业发展的关键基础设施,具有高速率、低延迟和大连接数等优势。各国纷纷加快 5G 网络的建设和部署,以抢占技术制高点和经济先机。

二、争议的主要内容

欧洲对华为 5G 设备的争议主要有安全担忧、技术标准和认证符合性、政治和经济因素以及公众和媒体的影响。

在安全方面,一些欧洲国家和美国政府对华为的 5G 设备提出了安全担忧,认为其可能被用于情报收集或网络攻击。尽管华为多次强调其设备的安全性和独立性,但这些担忧仍然存在。例如,美国政府以国家安全为由,施压欧洲盟友限制或禁止华为 5G 设备的使用,并提供了替代方案和资金支持。

在技术标准和认证符合性方面,华为需要满足在欧洲各国的技术标准和认证要求,以确保其设备的兼容性和安全性。一些国家提高了对 5G 设备的技术标准和认证门槛,增加了华为设备进入市场的难度。例如,一些国家要求华为设备必须通过更为严格的安全测试和认证程序,包括对设备的硬件、软件和网络架构的全面审查。

在政治和经济因素方面,5G 设备的选择不仅是一个技术问题,还涉及政治和经济利益的博弈。一些欧洲国家在选择 5G 设备供应商时,需要在与美国的盟友关系、本国的经济发展需求以及与中国的经济合作之间进行权衡。例如,一些国家担心限制华为设备的使用会影响与中国的贸易关系和经济合作,同时也可能增加本国 5G 网络建设的成本和延迟。

在公众和媒体的影响方面,5G 设备的安全性和可靠性是公众和媒体关注的焦点。一些媒体和公众对华为设备的安全性提出了质疑,影响了公众对华为设备的信任度和接受度。例如,一些媒体对华为设备的安全漏洞和潜在风险进行了报道,引发了公众的担忧和讨论。

三、结果和影响

因为对华为 5G 设备的争议,部分欧洲国家对华为 5G 设备的使用进行了限制,影响了华为在这些国家的市场份额和业务发展。例如,一些国家禁止华为设备进入其核心网络,或者要求运营商在一定比例内使用其他供应商的设备。

一些欧洲国家对 5G 设备的安全和监管政策进行了调整,以应对技术性贸易壁垒和安全挑战。例如,加强了对 5G 设备供应商的安全审查和监管,制定了更为严格的安全标准和要求。另外,争议促使华为加强与其他欧洲国家和运营商的合作，同时也激发了欧洲本土 5G 设备供应商的竞争和发展。华为通过提供更优质的产品和服务，以及加强与欧洲合作伙伴的合作，努力克服市场准入障碍。

四、启示

华为在欧洲市场的 5G 设备争议是一个典型的案例，反映了技术性贸易壁垒在国际贸易中的复杂性和挑战性。它也提醒企业在国际化过程中，需要综合考虑技术、安全、政治和经济等多方面的因素，制定灵活有效的市场策略和应对措施。

## 案例 8-2  中国电子支付系统在日本市场的推广受阻[①]

一、背景

随着中日两国经济交流的不断深化，越来越多的中国游客赴日旅游和消费。中国电子支付系统如支付宝、微信支付等凭借其便捷性和普及性，希望在日本市场推广，为消费者提供更便捷的支付方式。然而，日本对金融服务和支付系统的安全性、稳定性和合规性有严格的要求，同时日本的金融监管体系和支付标准与中国存在差异，这为中国的电子支付系统在日本市场的推广带来了挑战。

二、事件经过

中国电子支付系统要想在日本推广，必须满足日本对数据安全和隐私保护要求、技术标准和认证要求、监管和政策限制以及市场竞争壁垒。在数据安全和隐私保护方面，日本对个人数据的保护非常严格，要求所有处理个人数据的机构必须符合《个人信息保护法》的规定。中国电子支付系统需要确保其数据传输、存储和处理过程符合日本的数据保护标准，防止数据泄露和滥用。另外，日本对跨境数据传输有严格的规定，要求数据在传输过程中必须采取加密等安全措施，并且在某些情况下需要获得用户的明确同意。这增加了中国电子支付系统在日本市场的合规成本和技术难度。在技术标准和认证方面，日本的支付系统采用了与国际不同的技术标准，如磁条卡、IC 卡和二维码支付等。中国电子支付系统需要与日本的支付标准进行对接和兼容，以实现无缝支付体验。日本对金融服务提供商的安全认证有严格的要求，中国电子支付系统需要通过日本的金融安全认证，包括支付系统的安全性、稳定性和抗攻击能力等方

---

① 改编自日本想赶上中国电子支付，为何这么难_pay，2024-12-25。

面的测试。在监管和政策限制方面，日本金融监管机构对支付系统的监管非常严格，要求支付服务提供商必须获得相应的许可和资质。中国电子支付系统需要满足日本的金融监管要求，获得合法的经营许可。在市场竞争壁垒方面。日本的支付市场相对成熟，本土支付系统如 PayPay、LINE Pay 等已经占据了较大的市场份额。中国电子支付系统需要在激烈的市场竞争中突破壁垒，赢得消费者的信任和使用。

三、结果和影响

由于技术性贸易壁垒的影响，中国电子支付系统在日本市场的推广速度相对较慢，市场份额有限。部分中国游客和消费者在日本无法使用熟悉的电子支付方式，影响了他们的消费体验。为了克服技术性贸易壁垒，中国电子支付系统与日本的金融机构、支付企业和技术公司加强了合作。通过合作，共同开发符合日本标准和要求的支付解决方案，推动技术创新和市场融合。中国电子支付系统加大了在合规方面的投入，加强了数据安全和隐私保护措施，提高了系统的安全性和稳定性，以满足日本市场的合规要求。

四、启示

对企业来说，在进入国际市场时，要重视合规与安全，加强对日本法律法规和数据保护标准的研究，确保支付系统的合规性。提高系统的安全性和稳定性，采取严格的安全措施，保障用户的资金安全和数据隐私。通过技术创新和与日本本土企业、金融机构的合作，共同开发符合日本市场标准和需求的支付解决方案。与日本的技术公司合作，解决支付技术兼容性问题，提升系统的稳定性和安全性。加强市场教育与品牌建设，提高日本消费者对中国电子支付系统的认知和接受度。通过提供优质的支付体验和服务，赢得消费者的信任和忠诚度。提供本地化的支付服务，满足日本消费者的特定需求和习惯。开展个性化服务和营销活动，提升用户体验和市场竞争力。

## 案例 8-3 中国智能手机在印度市场遭遇认证要求与应对[①]

一、背景

印度是全球增长最快的智能手机市场之一，吸引了众多国际手机品牌。中国智能手机品牌如小米、OPPO、vivo 等，凭借其高性价比和创新功能，在印度

---

[①] 改编自大战略：中国手机如何攻占印度市场？——中国手机进入印度市场；BIS 认证对印度市场的电子产品 EMC 测试标准是怎样的？

市场上取得了显著的市场份额。印度对进口智能手机有一系列严格的技术标准和认证要求，以确保产品的质量和安全性。这些要求包括电磁兼容性（EMC）、无线设备认证（WPC）、电池安全、辐射标准等。

二、事件经过

1. 印度的认证要求。印度政府规定外国电子产品要进入印度市场，必须满足印度对电子产品要求的一系列认证要求，这些要求包括电磁兼容性（EMC）、无线设备认证（WPC）、电池安全、辐射标准等。电磁兼容性（EMC）认证是印度对智能手机的电磁兼容性的要求，以防止设备在使用过程中产生过多的电磁干扰。一些中国智能手机品牌在初期未能完全满足印度的EMC标准，导致产品在认证过程中遇到困难。

无线设备认证（WPC）是印度要求无线设备必须在特定的频段和功率范围内工作，以确保与其他设备的兼容性和网络的稳定性。部分中国智能手机在频段兼容性和功率控制方面不符合印度的WPC要求。电池安全和辐射标准是印度对手机电池的安全性和辐射水平的规定。一些中国品牌在电池安全测试和辐射标准方面未能一次性通过认证，需要进行多次测试和调整。

2. 中国企业的应对措施。为了满足印度的认证要求，中国智能手机制造商对产品进行了技术调整。例如，改进手机的电磁兼容性设计，调整无线模块的频段和功率设置，确保设备符合印度的标准。企业加强了质量控制和测试流程，确保产品在出厂前经过严格的质量检验和认证测试。同时，中国企业与印度的认证机构和实验室合作，提前了解认证要求和测试流程，提高认证通过率。一些中国智能手机品牌与印度当地企业合作，共同进行产品的研发和生产。通过与当地企业的合作，更好地了解印度市场的需求和标准，加快产品的认证进程。

三、结果和影响

经过技术调整和认证努力，中国智能手机品牌逐渐克服了认证问题，成功进入印度市场并不断扩大市场份额。小米、OPPO、vivo等品牌在印度市场的表现尤为突出，成为主要的智能手机供应商。通过满足印度的严格认证要求，中国智能手机品牌在印度市场上建立了良好的品牌形象和信誉。消费者对这些品牌的信任度和满意度不断提高，推动了品牌的长期发展。认证问题促使中国智能手机制造商加大在技术研发和创新方面的投入，推动了产品在性能、设计和用户体验等方面的提升。这不仅有助于企业在印度市场的竞争，也为全球市场的扩张奠定了基础。

四、启示

企业在进入国际市场时,必须高度重视目标市场的技术标准和认证要求。提前了解和研究相关标准,做好合规准备,以减少市场准入的障碍。通过技术创新和严格的质量控制,确保产品符合国际市场的标准和要求。这不仅有助于突破技术性贸易壁垒,还能提升企业的竞争力和品牌价值。与目标市场的当地企业建立合作关系,共同进行产品研发和生产。这有助于更好地适应当地市场的需求和标准,加快产品的认证和市场推广进程。

# 本章小结

随着全球数字化转型的加速和ICT技术的不断创新,中国ICT产品的出口市场不断扩大,中国ICT产品在全球市场上占据重要地位。本章概述了我国ICT产品出口的现状,阐述了我国主要出口国对ICT产品设置的技术性贸易壁垒,分析了美国、韩国和日本对我国ICT产品的通报情况,以及我国ICT产品出口受阻的案例及应对措施。从实务角度,深入分析了我国ICT产品遭遇技术性贸易壁垒、影响以及如何应对。

**复习与思考题**

1. 我国ICT产品出口市场主要有哪些国家?
2. 美国对我国ICT产品实施了哪些技术性贸易措施?应如何应对?
3. 韩国对我国ICT产品实施了哪些技术性贸易措施?应如何应对?

【案例分析】

**华为5G标准突围:技术性贸易壁垒下的全球博弈**[①]

一、背景:5G技术制高点争夺与技术壁垒升级

2016年全球5G标准制定进入关键阶段,国际电信联盟(ITU)确立的三

---

[①] 改编自 Henry Farrell, Abraham Newman, Geopolitics of 5G Standards: Huawei, Technological Decoupling, and the Future of Global Networks [J]. International Security, 2023, 47(1): 45–78. Dell'Oro Group,《全球5G基站市场份额与供应链风险》[R]. Dell'Oro 5G Market Report, 2023.

大应用场景（eMBB、mMTC、URLLC）催生出新一轮技术标准竞赛。华为凭借 10 年累计超过 40 亿美元的研发投入，在极化码（Polar Code）等核心技术领域取得突破，2017 年以全球 28% 的 5G 标准必要专利（SEP）位居榜首。然而，美国商务部自 2019 年 5 月将华为列入实体清单，以国家安全为由实施技术封锁，通过《出口管制条例》（EAR）限制含有美国技术的半导体设备对华为供应，直接冲击其 5G 基站芯片供应链。这种将技术标准竞争与贸易管制工具结合的做法，标志着技术性贸易壁垒进入"规则武器化"新阶段。

二、事件演进：标准战场与贸易管制的双重挤压

事件演进中，技术封锁与标准博弈交织：2018 年澳大利亚率先禁用华为设备，2019 年台积电断供 7nm 制程芯片，2020 年美国升级制裁限制晶圆代工，导致华为在 3GPP R16 标准中的提案采纳率下降 9 个百分点。至 2020 年底，英国要求移除华为 5G 设备，其全球基站市场份额从 35% 骤降至 20%。这一系列行动不仅通过"数字北约"构建技术阵营，更以 Open RAN 技术联盟吸纳 300 余家西方企业，试图绕开传统设备商标准体系，使全球 5G 标准呈现"美系 ORAN vs 中欧传统架构"的割裂态势。

三、多维影响：技术壁垒的链式反应

多重冲击下，华为面临生存危机与产业安全双重挑战：麒麟 9000 芯片库存仅支撑 6 个月产能，欧洲市场年损失超 60 亿美元；中国 5G 基站建设成本因国产替代上升 23%，半导体产业链暴露出 EDA 软件、光刻胶等 14 项"卡脖子"技术；国际规则重构导致国内企业每年多支付 8.2 亿美元专利费，3GPP 中国提案采纳率从 22% 降至 17%。这些影响揭示了技术性贸易壁垒从企业层面向国家产业安全纵深的渗透逻辑。

四、应对策略：技术突围与规则博弈的双轨制

为突破封锁，华为启动"技术-规则-生态"三维突围战略。技术层面，"南泥湾计划"投入 1200 亿元攻克 EDA 工具与射频器件，5G 超材料天线将基站体积缩小 40%；开源鸿蒙系统构建 4 亿设备生态，打破 IoT 标准垄断。规则层面，在 3GPP 成立"中国标准推进组"，年均提案 3500 项，主导 ITU 网络自动化标准制定，将自主技术写入 ISO/IEC 网络安全标准；设立"欧洲透明中心"开放 15 万行源代码，重构全球合规话语权。国家战略协同上，"新基建"政策建成 142 万个 5G 基站（占全球 60%），《国家标准化发展纲要》发布 236 项团体标准，商务部应对 337 调查胜诉率提升至 68%，形成"企业攻坚-标准

引领－政策护航"的协同网络。

五、突围成果：破壁重生的范式价值

突围成果显著：2023年华为5G标准必要专利占比回升至21%，主导的IEEE 802.11ay毫米波标准成为Wi-Fi 7核心规范；国产基站芯片自给率从15%提升至70%，建成去美化的28nm生产线；欧盟修改"高风险供应商"认定标准，3GPP通过"技术中立"修正案，中国专家首任ISO未来网络标准主席。此役揭示技术性贸易壁垒博弈的三重逻辑——以极化码为代表的"硬技术"突破制度封锁，以标准提案为核心的"软规则"消解政治壁垒，以鸿蒙生态为基石的"强产业"支撑持续创新，为中国企业实现从"合规者"到"塑规者"的转型提供范式。

六、案例启示

华为5G标准突围战揭示技术性贸易壁垒的三重博弈逻辑：一是技术专利的"硬实力"是突破制度壁垒的基础，但需转化为标准体系控制力。二是规则制定的"软实力"能化解政治化技术壁垒，需建立国际合规话语体系。三是产业生态的"支撑力"决定突围可持续性，必须构建自主可控技术生态。

【问题讨论】

1. 该案例为中国企业应对"技术封锁"提供哪些经验？

2. 华为如何通过"标准－专利－产业"三位一体创新，将技术优势转化为规则优势，最终实现从被动合规到主动塑规的战略转型？

3. 在数字技术领域（如人工智能、量子计算），还有哪些中国企业通过"超前标准布局"打破"先发优势锁定"困局案例？举例说明。

# 第九章　技术性贸易壁垒对我国农食产品的影响

【学习目标】

- 了解我国农食产品出口情况及主要出口国对我国农食产品的召回情况；
- 熟悉我国主要出口国对农食产品设置的技术性贸易壁垒；
- 理解我国农食产品出口受阻的原因及其影响；
- 掌握农食产品出口受阻案例的分析思路。

【引导案例】

## 甜味剂超标引发的跨国食品安全警报

2024年5月，新加坡食品局紧急召回某品牌纸皮烤核桃，检测发现其含有禁用甜味剂甜蜜素及超标的安赛蜜。这两种人工甜味剂虽被允许用于饮料、罐头等特定食品，但核桃制品严禁使用甜蜜素，安赛蜜添加量亦不得突破安全阈值。新加坡当局警示消费者停止食用并启动追溯程序。

甜蜜素甜度为蔗糖30～40倍，安赛蜜为人工合成甜味剂，长期过量摄入均可能导致肝肾损伤及神经系统病变。我国《食品安全国家标准》明确规定：甜蜜素禁止用于馒头等发酵面食，但允许限量用于糕点、蜜饯；安赛蜜使用范围涵盖冷冻饮品、果酱等17类食品。

当前甜味剂滥用集中于饮料、蜜饯、酱腌菜等品类，企业为降低成本、迎合消费者嗜甜偏好，常违规超量使用甜蜜素、糖精钠、安赛蜜等低成本添加剂。数据显示，2023年我国市场监管总局查处食品添加剂超标案件中，甜味剂类占比达41%。

资料来源：改编自马康，谨防食品中甜味剂超标被召回［J］.技术性贸易措施导刊，2024（3）：90.

# 第九章　技术性贸易壁垒对我国农食产品的影响

📖 **思考题**

在食品工业追求"降本增效"与消费者健康权益保护的平衡中，生产企业如何通过技术创新与流程管理，在符合食品添加剂使用标准的前提下实现产品风味优化？结合本案例中的甜味剂滥用现象，提出具体解决方案。

农产品是指来源于种植业、林业、畜牧业和渔业等的初级产品，即在农业活动中获得的植物、动物、微生物及其产品。食品是指供人类食用或饮用的物质，包括各种原料、半成品和成品。它通常来源于动植物或微生物，经过加工、处理或包装后供人们食用或饮用。

在国际贸易和海关统计中，将农产品和食品一起统计并合称为"农食产品"（agricultural and food products）。这种分类方式有助于简化统计和监管流程，同时便于对相关产品的进出口数据进行统一管理和分析。本教材的数据来自中国海关数据库，故以下均采用"农食产品"，分析我国农产品和食品出口概况、召回及不合格例数等

## 第一节　我国农食产品出口概况

### 一、我国农食产品的进出口规模

近五年来，我国农产品进口和出口总体呈波动增长，农产品出口存在贸易逆差。2020~2022年呈增长趋势，2022年我国农产品、食品进口和出口最多，进出口额达3343.2亿美元，进口额和出口额分别为2360亿美元和982亿美元。2023年我国农产品进出口额出现小幅波动，但几乎持平，进出口总额为3330亿美元，进口额和出口额分别为2341亿美元和989亿美元。2024年前十个月的进出口总额为2638亿美元，进口额和出口额分别为1812亿美元和826亿美元（见图9-1）。

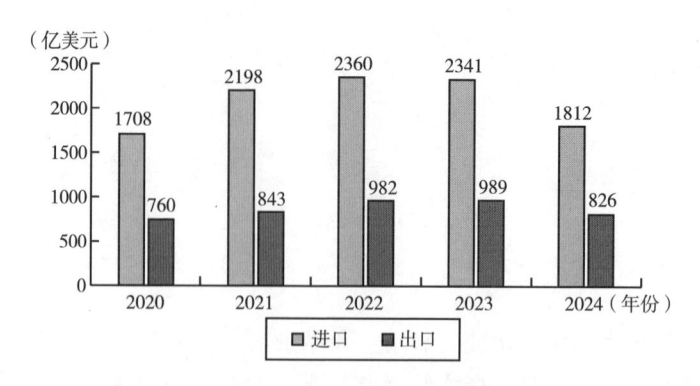

**图 9-1  2020～2024 年我国农食产品进/出口额**

资料来源：根据中国海关数据库整理.

## 二、我国农食产品出口结构

我国农食产品出口主要以蔬菜和水产品为主。2023 年，我国农食产品出口排名第一位的是水产品，占农食产品出口总额的 37%。其次是蔬菜排名第二位，占比 33%；排名第三位和第四位的是水果和畜产品，分别占比 13% 和 11%（如图 9-2 所示）。

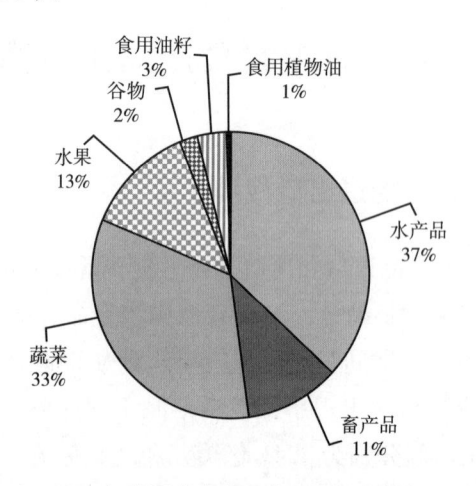

**图 9-2  2023 年我国农食产品出口市场及地区占比情况**

资料来源：根据中国食品土畜进出口商会网数据库整理.

### 三、我国农食产品出口市场

近几年来,我国农食产品对东盟的出口额逐渐增多。2023 年,我国农食产品出口第一市场是东盟,占我国农食产品出口的 34%;排名第二位的是欧盟,占比 16%。美国和日本仍然是我国农食产品出口的主要国家,二者排名并列第三位,占比均为 15%(见图 9-3)。

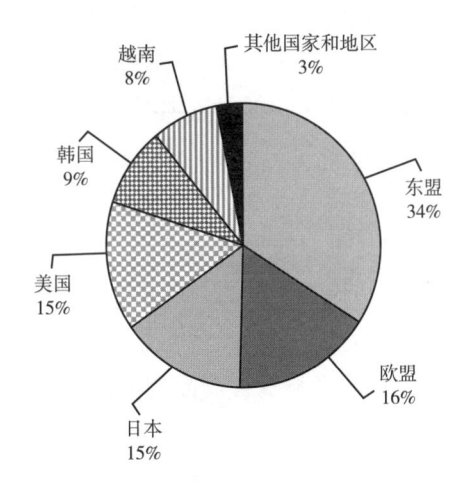

图 9-3　2023 年我国农食产品出口结构

资料来源:根据中国农业农村信息网数据库整理.

## 第二节　主要出口国对农食产品设置的技术性贸易壁垒

### 一、东盟对农食产品设置的技术性贸易壁垒

东盟国家主要从制定与农食产品相关的技术法规、技术标准、合格评定等设置农食产品技术性贸易壁垒。

1. 技术法规。东盟国家与农食产品相关的技术法规包括包装和标签法规、进口禁令和限制法规。包装和标签法规要求农产品包装材料符合安全卫生标准,标签需包含必要信息,如菲律宾规定进口水果的包装必须使用环保、无毒

材料，标签要注明产品名称、产地、保质期等内容，确保消费者知情权和产品可追溯性。进口禁令和限制法规是指东盟部分国家出于保护本国农业产业或防止病虫害传入等原因，对特定农产品实施进口禁令或限制，如马来西亚曾因禽流感疫情禁止从我国部分地区进口禽类产品，印度尼西亚对进口大蒜实施进口配额限制，影响我国相关农产品出口。

2. 技术标准。东盟国家与农食产品相关的技术标准包括农药残留限量标准、重金属含量标准和微生物限量标准。农药残留限量标准规定了农产品中各类农药的最大残留限量，如泰国对进口水果的农药残留检测严格，对部分农药的残留限量要求远低于国际标准，我国出口到泰国的苹果、柑橘等水果需符合其严格标准。重金属含量标准规定了农食产品中的铅、镉、汞等重金属含量。如马来西亚规定进口大米的重金属含量必须在极低水平，目的是保障消费者健康和环境安全。微生物限量标准是对食品中细菌、霉菌、酵母菌等微生物的限量标准。印度尼西亚要求进口肉类产品的菌落总数、大肠杆菌群数等微生物指标必须符合其规定，目的是防止食源性疾病传播。

3. 合格评定程序。东盟国家与农食产品相关的合格评定程序包括认证要求、检验检疫程序和实验室检测等。

认证要求是指东盟国家要求凡进入东盟市场的外国农产品出口企业要获得相关认证。例如，新加坡要求 HACCP 认证等，我国出口到新加坡的加工农产品企业需建立完善的 HACCP 体系并通过认证。检验检疫程序是指东盟国家会在口岸对进口农产品进行严格检验检疫，包括检查产品是否符合卫生标准、有无病虫害等。例如，越南对进口的蔬菜、水果等农产品需在口岸进行抽检，检测合格并经检疫处理后才允许入境。实验室检测是指东盟国家指定专业实验室对农产品进行检测，检测项目包括农药残留、重金属含量、微生物指标等。例如，泰国的一些官方实验室会对进口农产品进行严格检测，只有检测结果符合其标准的产品才能通关[①]。

## 二、欧盟对农食产品设置的技术性贸易壁垒

欧盟对农食产品的技术性贸易措施包括制定农药残留标准、兽药残留控制、微生物污染防控和食品添加剂和污染物限制、标签和包装要求、认证和追

---

[①] 根据新华思路网《东盟国家技术性贸易措施研究报告》整理。

溯要求等。

1. 农药残留标准。欧盟制定了一系列严格的农药残留限量标准，对于外国出口到欧盟的农产品，在农药使用和残留量上有明确且严苛的要求。例如，对于一些常见的农药，欧盟规定的残留限量可能远低于我国国内的标准，这使得我国农产品生产企业需要更加严格地控制农药的使用，以确保产品符合欧盟的要求。另外，欧盟的农药残留标准还在不断更新和调整，这增加了我国企业应对的难度。

2. 兽药残留控制。欧盟对动物源性食品中的兽药残留制定了严格的测定限值。如2022年生效的欧盟（EU）2019/1871法规，对氯霉素、硝基呋喃类代谢物、孔雀石绿等兽药残留的测定限值进行了明确规定，不仅适用于欧盟本土生产的动物源性食品，也适用于从第三国进口的产品。一旦外国出口的动物源性食品中兽药残留浓度达到或高于欧盟规定的测定限值，就会被视为不符合欧盟法律，禁止进入欧盟市场。除此之外，欧盟对于兽药残留的检测项目也在不断增加和细化。例如，硝基呋喃及其代谢物的检测种类不断增加，这就要求我国出口到欧盟的禽肉、水产品等动物源性食品必须通过更加严格检测。

3. 微生物污染防控。欧盟对农食产品的微生物污染指标有严格的要求，例如对食品中的细菌总数、大肠菌群、致病菌等微生物的限量极其严格。对于农产品的加工过程，欧盟也有详细的卫生规范和要求。例如，要求加工企业具备良好的卫生设施和操作规范，确保产品在加工过程中不受微生物污染。我国农产品在生产、加工、运输等环节中，如果卫生条件控制不严格，容易导致微生物超标，因而无法通过欧盟的检测。

4. 食品添加剂和污染物限制。欧盟对食品添加剂的使用有严格的审批和限制制度。我国出口到欧盟的农食产品，如果使用了欧盟未批准或限制使用的食品添加剂，将被视为不合格产品。例如，某些在我国允许使用的食品添加剂，在欧盟可能因为安全性或其他原因被禁止使用。对于农食产品中的重金属、放射性物质、多环芳烃等污染物，欧盟也制定了严格的限量标准。我国企业需要确保产品中的污染物含量不超过欧盟的规定，否则将面临产品被拒收或召回的风险。

5. 标签和包装要求。欧盟要求农食产品的标签必须包含详细的信息，如产品名称、成分、产地、生产日期、保质期、食用方法、过敏原信息等。标签的文字表述、格式等也需要符合欧盟的规定，以便消费者能够准确了解产品的相关信息。欧盟对食品包装材料的安全性和环保性有严格要求。包装材料必须符合欧盟的相关标准，不得含有对人体有害的物质，并且要具备良好的密封性和保鲜性，以确保食品的质量和安全。

6. 认证和追溯要求。欧盟要求外国出口到欧盟的农食产品必须获得相关的认证，如有机食品认证、良好农业规范（GAP）认证、危害分析与关键控制点（HACCP）体系认证等。这些认证是产品进入欧盟市场的"通行证"，企业需要花费大量的时间和精力来获取和维护这些认证。同时，欧盟要求农食产品具备可追溯性，能够追溯到产品的生产源头、加工过程、运输环节等。我国企业需要建立完善的追溯体系，确保产品在各个环节的信息都能够被准确记录和查询，以便在出现问题时能够及时追溯和召回产品[①]。

## 三、美国对农食产品设置技术性贸易壁垒

美国农产品技术性贸易壁垒包括制定与家食产品相关的技术法规、技术标准和合格评定等。

### （一）技术法规

美国与农产品相关的技术法规有《联邦食品、药品和化妆品法案》（Federal Food, Drug, and Cosmetic Act, FD&C Act）、食品安全现代化法案（FSMA）、国家有机计划（NOP）、良好农业实践（GAP）、转基因生物法规等。《联邦食品、药品和化妆品法案》是美国食品药品监督管理局（FDA）的主要法律依据，旨在确保食品、药品、化妆品和医疗器械的安全性和有效性。食品安全现代化法案（FSMA）是为了预防食品安全问题，确保食品在整个供应链中的安全。国家有机计划（NOP）规范有机农产品的生产、加工和销售，确保其符合有机标准。转基因生物法规则是对转基因生物进行严格的风险评估，评估其对环境和人类健康的影响。要求转基因食品进行标识，以便消费者了解其购买的食品是否含有转基因成分。

### （二）技术标准

美国对农食产品制定了一系列技术标准，以确保农食产品的质量、安全和

---

① 根据中华人民共和国商务部网站内容整理.

可持续性。与农食产品相关的技术标准有良好农业实践（GAP）、美国农业部有机标准（USDA Organic Standards）、农药残留标准和动物福利标准等。良好农业实践（GAP）包括土壤管理、灌溉、病虫害防治、收获和储存等方面的管理要求。要求在农业生产过程中采取环境保护措施，减少对环境的影响。提高农产品的生产质量，确保农产品的安全和可持续性。

美国农业部有机标准（USDA Organic Standards）规定了有机农产品的生产必须符合严格的有机标准要求，包括禁止使用化学合成农药、化肥和转基因生物技术。农药残留标准为各种农药在不同农产品中的最大残留限量设定上限，要求农产品中的农药残留量不得超过这些上限。规定了对农产品中农药残留的检测和监管，确保农产品中的农药残留量在安全范围内，保护消费者的健康。例如，对于我国出口的茶叶，美国的检测项目众多，对多种农药的残留量都有严格限制。像毒死蜱、吡虫啉等农药，在我国国内可能符合标准的残留量，到了美国就可能超标。对于水果、蔬菜等农产品也是如此，美国对常用农药的残留标准规定严格，如我国一些果农常用的杀菌剂、杀虫剂等，在使用后如果残留量不符合美国标准，该批农产品就无法进入美国市场。动物福利标准规定动物养殖的环境、饲料、疾病防治等方面的条件和要求。要求屠宰过程符合人道主义原则，减少动物的痛苦和应激反应。

（三）合格评定程序

美国对农食产品实施了一系列的合格评定程序，以确保产品的安全、质量和符合相关的法律法规。包括 HACCP（危害分析与关键控制点）认证、食品添加剂和食品接触材料的 FDA 认证、美国农业部有机认证（USDA）、肉类和家禽产品检验、进口食品检验等主要的合格评定程序。

HACCP（危害分析与关键控制点）认证要求食品企业需要建立 HACCP 体系，对生产过程中的潜在危害进行分析和控制。认证机构会对企业的 HACCP 体系进行审核和验证。食品添加剂和食品接触材料的 FDA 认证对食品添加剂和食品接触材料进行审查和批准，确保其符合安全标准。企业需要提交详细的申请文件，包括成分、用途、安全性评估等。美国农业部有机认证（USDA）要求在美国市场上销售的有机农产品必须获得 USDA 有机认证。认证机构会对生产过程进行严格的审核和监督，包括对农场的土壤管理、作物种植、病虫害防治、收获和储存等环节的检查。肉类和家禽产品检验是美国农业部（USDA）

对肉类和家禽产品进行强制性检验，包括屠宰过程、加工过程和产品的最终检验。企业需要获得 USDA 的检验标志，才能在市场上销售其产品。进口食品检验是 FDA 对进口食品进行检验，包括对食品的标签、成分、卫生条件等方面的检查。进口商需要提供相关的证明文件和检测报告，以证明其产品的合规性。

### 四、日本对农食产品设置的技术性贸易壁垒

日本对农食产品实施了一系列技术性贸易措施，以确保产品的安全、质量和符合相关的法律法规。这些措施包括严格的食品安全标准、进口检验和检疫、食品标签和标识要求、农业生产和加工标准以及认证和许可制度等。

1. 严格的食品安全标准。日本严格的食品安全标准包括残留农药标准、食品添加剂限制和微生物标准。残留农药标准要求残留量不得超过规定的最大残留限量（MRL）。日本的 MRL 标准通常比国际标准更为严格。日本对食品添加剂的使用进行严格限制，要求添加剂必须经过安全评估，并在标签上明确标注。食品添加剂限制和微生物标准是对食品中的微生物含量和种类的严格控制，以防止食源性疾病的发生。

2. 进口检验和检疫。日本进口检验和检疫包括了进口检验和检疫措施。进口检验是对进口农食产品进行严格的检验，包括对产品的标签、成分、卫生条件等方面的检查。进口商需要提供相关的证明文件和检测报告，以证明其产品的合规性。检疫措施是对进口的动植物产品实施检疫，以防止有害生物和疾病的传入。例如，对进口水果和蔬菜进行检疫，以防止有害昆虫和病菌的传播。

3. 食品标签和标识。日本食品标签和标识要求包括了成分和营养标签要求、过敏原标识要求和有机食品标识要求。成分和营养标签要求食品标签上必须提供准确的成分信息和营养信息，包括能量、蛋白质、脂肪、碳水化合物、维生素和矿物质等。过敏原标识要求企业对食品中的常见过敏原进行标识，以帮助过敏体质的消费者做出安全的食品选择。有机食品标识要求企业对有机食品进行标识，以区分其与常规食品的不同，并确保其符合有机标准。

4. 农业生产和加工标准。日本农业生产和加工标准包括了良好农业实践（GAP）和食品加工标准。良好农业实践（GAP）是推广良好的农业实践，提高农产品的生产质量和安全性。GAP 标准涵盖土壤管理、灌溉、病虫害防治、收获和储存等方面。食品加工标准则是对食品加工过程进行严格监管，要求企业遵循良好的生产规范（GMP），确保食品在加工过程中的安全性和卫生性。

5. 认证和许可制度。日本认证和许可制度包括了有机认证和食品企业许可。有机认证是对有机农产品进行认证，确保其符合有机标准。有机认证机构会对生产过程进行严格的审核和监督。食品企业许可是对食品生产企业进行许可管理，要求企业具备合法的生产资质和符合相关标准的生产条件。

# 第三节 主要出口国对我国农食产品的召回及原因

## 一、美国召回我国农食产品情况及原因

### （一）美国召回我国农食产品种类

在过去的5年中，美国共召回我国农食产品共2451批次。其中2022年召回最多，有594批次；其次是2020年，581批次；排名第三位的是2023年，540批次。2020～2024年，美国召回我国农产品、食品最多的产品种类是蔬菜和水果，共1229批次；其次是烘焙食品，召回473批次。排名第三位和第四位的分别是水产品和膳食补充剂，分别召回381批次和277批次；最后一位是乳类制品，召回91批次（见表9-1）。

表9-1　　　　2020～2024年美国召回我国农食产品种类　　　　单位：批次

| 种类 | 2020年 | 2021年 | 2022年 | 2023年 | 2024年 | 总计 |
| --- | --- | --- | --- | --- | --- | --- |
| 蔬菜和水果 | 195 | 228 | 365 | 288 | 153 | 1229 |
| 烘焙产品 | 190 | 73 | 75 | 67 | 68 | 473 |
| 水产品 | 91 | 63 | 79 | 104 | 44 | 381 |
| 膳食补充剂 | 67 | 69 | 43 | 67 | 31 | 277 |
| 乳类制品 | 38 | 5 | 32 | 14 | 2 | 91 |
| 总计 | 581 | 438 | 594 | 540 | 298 | 2451 |

资料来源：根据广东省应对技术贸易壁垒信息平台数据库整理.

### （二）美国召回我国农食产品的主要原因

2021～2024年美国召回我国农产品的主要原因有发生腐烂或不适于食用、含三聚氰胺或类似物、标签问题、有毒物质四大类。召回原因排名第一位的是

产品发生腐烂或不适于食用，共 794 批次；标签问题排第二位，共 571 批次；含三聚氰胺或类似物和有毒物质分别排名第三位和第四位，通报 472 批次和 404 批次（见表 9-2）。

表 9-2　　　　2021~2024 年美国召回我国农食产品的主要原因　　　　单位：批次

| 原因 | 2021 年 | 2022 年 | 2023 年 | 2024 年 | 总计 |
| --- | --- | --- | --- | --- | --- |
| 发生腐烂或不适于食用 | 163 | 268 | 194 | 169 | 794 |
| 标签问题 | 174 | 126 | 126 | 145 | 571 |
| 含三聚氰胺或类似物 | 99 | 134 | 90 | 149 | 472 |
| 有毒物质 | 100 | 105 | 100 | 99 | 404 |
| 总计 | 536 | 633 | 510 | 562 | 2241 |

资料来源：根据广东省应对技术贸易壁垒信息平台数据库整理.

## 二、欧盟发布我国不合格的农食产品种类及原因

### （一）欧盟发布我国不合格的农食产品种类

2020~2024 年欧盟发布我国不合格的农产品、食品共 368 批次。2021~2023 发布的不合格的农产品、食品均 80 多批次。在农产品、食品种类方面，发布不合格例数量最多的是蔬菜和水果，共 128 批次。排名第二位的是可可制品、咖啡和茶，共发布 75 批次；排名第三位和第四位的分别是膳食补充剂和坚果制品，分别发布 65 批次和 56 批次。最后一位是水产品，有 44 批次不合格（见表 9-3）。

表 9-3　　　　2020~2024 年欧盟发布我国不合格农食产品的种类　　　　单位：批次

| 种类 | 2020 年 | 2021 年 | 2022 年 | 2023 年 | 2024 年 | 总计 |
| --- | --- | --- | --- | --- | --- | --- |
| 蔬菜和水果 | 15 | 29 | 29 | 38 | 17 | 128 |
| 可可制品，咖啡和茶 | 14 | 15 | 21 | 17 | 8 | 75 |
| 坚果/种子产品 | 17 | 10 | 10 | 6 | 13 | 65 |

续表

| 种类 | 2020年 | 2021年 | 2022年 | 2023年 | 2024年 | 总计 |
|---|---|---|---|---|---|---|
| 膳食补充剂 | 19 | 12 | 16 | 15 | 3 | 56 |
| 水产品 | 8 | 16 | 11 | 5 | 4 | 44 |
| 总计 | 73 | 82 | 87 | 81 | 45 | 368 |

资料来源：根据广东省应对技术贸易壁垒信息平台数据库整理.

### （二）欧盟发布我国农食产品不合格的主要原因

2024年欧盟发布我国农食产品不合格的主要原因有农药残留超标、食品添加剂、致病微生物、标签问题四个方面。其中，农药残留超标占比最大，为37%。其次是标签问题，占比为26%；食品添加剂和致病微生物分别占比为23%和14%（见图9-4）。

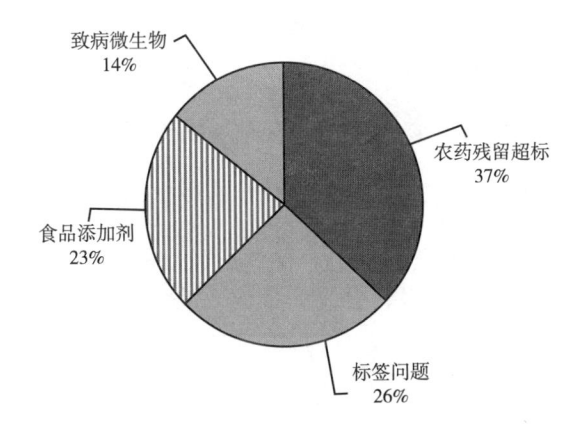

图9-4 2024年欧盟发布我国农产品不合格的主要原因

资料来源：广东省应对技术贸易壁垒信息平台数据库整理.

## 三、日本发布我国不合格农食产品的种类及原因

### （一）日本发布我国不合格农食产品的种类

2020~2024年，日本发布我国不合格农食产品581批次。2020~2021年分别为159批次和153批次。2023年最少，只有52批次。在农食产品种类上，其中，发布不合格最多的是蔬菜和水果，共236批次；并列第二位的是水产品和

坚果类产品，均为94批次。之后是加工类食品及其他产品，分别是65批次和43批次；调味品和谷物制品被报告不合格分别是25批次和24批次（见表9-4）。

表9-4　　　　2020-2024年日本发布我国不合格农食产品种类　　　　单位：批次

| 种类 | 2020年 | 2021年 | 2022年 | 2023年 | 2024年 | 总计 |
| --- | --- | --- | --- | --- | --- | --- |
| 蔬菜和水果 | 59 | 60 | 47 | 31 | 39 | 236 |
| 坚果类 | 9 | 32 | 36 | 3 | 14 | 94 |
| 水产品 | 18 | 36 | 21 | 10 | 13 | 94 |
| 加工食品 | 24 | 8 | 17 | 6 | 10 | 65 |
| 调味品 | 12 | 2 | 5 | 2 | 4 | 25 |
| 谷物制品 | 9 | 0 | 15 | 0 | 0 | 24 |
| 其他产品 | 28 | 15 | 0 | 0 | 0 | 43 |
| 总计 | 159 | 153 | 141 | 52 | 76 | 581 |

资料来源：根据厦门技术性贸易壁垒网数据库整理。

### （二）日本发布我国农食产品不合格的主要原因

2020～2024年日本发布我国不合格农产品的主要原因有农兽药残余超标、微生物污染及生物毒素、食品添加剂超标、品质问题、发霉变质五个方面。微生物污染及生物毒素原因最多，有265批次；农兽药残留超标排第二位，共246批次；排名第三位和第四位的分别是食品添加剂超标和品质问题，分别有53批次和33批次；排名最后一位的是发霉变质，有2批次（见表9-5）。

表9-5　　　　2020～2024年日本通报我国农产品的主要原因　　　　单位：批次

| 原因 | 2020年 | 2021年 | 2022年 | 2023年 | 2024年 | 总计 |
| --- | --- | --- | --- | --- | --- | --- |
| 微生物污染及生物毒素 | 45 | 96 | 94 | 19 | 11 | 265 |
| 农兽药残留超标 | 36 | 45 | 38 | 26 | 101 | 246 |
| 食品添加剂超标 | 8 | 15 | 21 | 7 | 2 | 53 |
| 品质问题 | 20 | 0 | 4 | 4 | 5 | 33 |
| 发霉变质 | 0 | 0 | 2 | 0 | 0 | 2 |
| 总计 | 109 | 156 | 159 | 56 | 119 | 599 |

资料来源：根据厦门技术性贸易壁垒网数据库整理。

# 第四节　我国农食产品出口受阻案例

## 案例9-1　中国阳光玫瑰葡萄在泰国受阻[①]

一、背景

阳光玫瑰葡萄是中国从日本引进并培育的一种优质葡萄品种，以其甜度高、口感好、外观美观等特点受到消费者的喜爱。泰国市场对高品质水果的需求不断增长，阳光玫瑰葡萄在泰国具有广阔的市场潜力。然而泰国对进口水果设有多项技术性贸易壁垒，包括严格的检疫要求、农药残留标准和食品安全标准，以保护国内农业产业和消费者健康。

二、事件经过

2024年，泰国市场上阳光玫瑰葡萄价格大幅下降。这种阳光玫瑰本来号称葡萄中的爱马仕。之前，泰国零售这种葡萄售价为299泰铢/千克（约60元人民币/千克）；但2024年却出现大降价，价格跌到199泰铢/千克（约40元人民币/千克），甚至出现199泰铢买一送一的情况（约20元人民币/千克）。有消费者怀疑这种低价葡萄是否为提高产量而过度使用农药，便向消费者基金会和Smart Buy杂志提出咨询或质疑。泰国消费者基金会等组织与泰国食药监局合作，对曼谷及周边地区销售点的阳光玫瑰葡萄进行抽检，共送检24个样品。检测结果显示，23个样品农药残留超标，其中1个样品还检出禁用的毒死蜱。其余样品合计检出14种有毒残留物超标。24个样本中只有9个可追溯来源，全部来自中国。

三、影响

该检测结果引发东盟其他国家的连锁反应，新加坡、马来西亚、印度尼西亚等国食安部门纷纷对来自中国的阳光玫瑰葡萄展开检测。此次事件导致中国阳光玫瑰葡萄在东盟市场遭遇信任危机，相关出口企业订单减少，市场份额下降，给企业带来经济损失，同时也损害了中国农产品在东盟市场的整体声誉。

---

[①] 改编自中国阳光玫瑰葡萄被泰国检出禁用农药！|玫瑰|泰国|样品_新浪新闻，2024-12-20.

### 四、启示

此案例中，东盟国家依据技术性贸易壁垒协议，对进口的中国阳光玫瑰葡萄进行严格检验，以确保其符合本国的食品安全和植物卫生标准，这是其行使自身权利、保障本国消费者健康和农业生态安全的合理举措。对中国种植户和企业来说，应树立质量意识，科学合理使用农药化肥，推广绿色防控技术，减少农药残留，同时加强质量管控，建立完善的自检自控体系，确保产品质量符合标准。监管部门需加大监管力度，增加抽检频次和范围，加强对农产品生产、加工、运输等环节的监管，严厉打击违规用药等行为，完善质量监管体系，从源头保障农产品质量安全。行业协会：要加强行业自律，引导种植户和企业规范生产经营行为，组织开展技术培训和交流活动，推广先进的种植和管理技术，提高行业整体素质和竞争力。

## 案例9-2 我国金针菇被美国FDA自动扣留[①]

### 一、背景

金针菇是一种受欢迎的食用菌，因其营养价值高、口感独特，在美国市场上具有一定的需求。中国是全球主要的金针菇生产国之一，出口到美国的金针菇数量逐年增加。美国食品药品监督管理局（FDA）对进口食品实施严格的监管措施，以确保食品安全和公共卫生。FDA对进口食品的自动扣留制度是其监管手段之一，旨在防止不符合美国食品安全标准的产品进入市场。

### 二、事件经过

2024年3月11日，美国FDA网站更新进口预警措施，对中国山东宁津的一家企业生产的金针菇实施了自动扣留。原因是产品检测出单核细胞增生李斯特氏菌。根据FDA的自动扣留制度，一旦发现进口食品存在潜在的安全风险，FDA会启动自动扣留程序。这意味着后续进口的同种产品将被自动扣留，直到问题得到解决。被扣留的金针菇产品需要进行进一步的检查和测试，以确定其是否符合美国的食品安全标准。如果不符合标准，产品可能被销毁或退运。自动扣留是美国FDA对于存在潜在风险的进口食品在通关时采取的一项处理措施。

---

① 改编自美国对我国出口金针菇实施自动扣留_信息动态_进出口食品安全信息平台．

三、影响

该事件发生后,被实施"自动扣留"的进口货物,须经过 FDA 或 FDA 认可的实验室检验合格,并经 FDA 驻当地的分支机构审核认可后,海关方才准予放行。这一过程可能会导致企业的产品在海关停留较长时间,增加了企业的成本和风险,同时也可能影响企业的信誉和后续的出口业务。如果企业的金针菇产品经过后续检验合格,可能会被放行进入美国市场,但企业在这一过程中需要承担额外的检验费用和时间成本。如果检验不合格,产品将被退回或销毁,企业将面临更大的经济损失。

四、启示

美国对于食品中李斯特菌等致病菌的容忍度较低,有着严格的检测标准和限制。而中国虽然也有相关的食品安全标准,但在具体的检测方法、标准限值等方面可能与美国存在差异,这是导致中国输美金针菇容易因微生物问题受阻的一个重要原因;此外,美国对于进口食品的认证要求较高,企业需要提供相关的证明文件和检测报告,以证明产品符合美国的标准和要求。如果企业在认证方面存在不足,或者提供的文件不完整、不准确,也可能导致产品被拒绝进口或扣留。

企业应严格控制生产过程中的卫生条件,确保金针菇的生产环境符合标准要求,减少致病菌的滋生。同时,加强对原料的筛选和检测,确保使用的原料安全可靠。企业要深入了解美国等进口国的 SPS 标准和要求,按照国际标准进行生产和检测,确保产品符合进口国的标准。另外,积极申请相关的认证,如食品安全认证等,提高产品的可信度和竞争力。行业协会应制定统一的行业标准,规范金针菇的生产、加工和运输过程,提高整个行业的质量水平,行业内对企业应加强自律,共同维护行业的声誉,避免因个别企业的问题影响整个行业的出口[①]。

## 案例9-3　欧盟茶叶新规影响我国茶叶对外出口[②]

一、背景

中国是世界上最大的茶叶生产国和出口国之一,中国茶叶以其独特的风味

---

① 根据山东省应对国际贸易摩擦综合信息服务网整理.
② 改编自欧盟委员会发布新规!绿茶提取物被纳入食品中限制物质列表-法规资讯-食品-瑞旭集团.

和品质在全球市场上占有重要地位。欧盟市场对中国茶叶的需求逐年增长，是中国茶叶重要的出口地。然而，欧盟对茶叶农残限量标准和对某些成分的限制，而且相关标准及限制不断趋向严格，势必会影响中国茶叶的对外出口，并且殃及整个产业链。

二、事件经过

2022年11月30日，欧盟委员会发布了（EU）第2022/2340号法规，修订了此前欧洲议会和理事会的第1925/2006号法规的附件Ⅲ。该法规将含（-）表没食子儿茶素-3-没食子酸酯（以下简称EGCG）的绿茶提取物纳入限制物质列表，并规定在欧盟官方公报上公布后的第20天后生效，对所有不符合规定的相关产品在2023年6月21日起限制在欧盟销售。欧盟坚持其对食品安全性的高标准要求，认为虽然正常饮茶的EGCG摄入量可能较低，但不能排除潜在风险，且EFSA无法敲定绿茶儿茶素的安全膳食摄入量，所以实施了这一限制措施。欧盟还加强了对中国茶叶进口的检测力度，多次通报中国茶叶农药残留超标等问题，如2024年10月4日~11月4日，中国出口欧盟的茶叶一个月内被警告四次，原因均为农药残留超标。

三、影响

欧盟的这些限制措施对中国茶叶出口欧盟市场造成了较大冲击。部分企业的茶叶产品因不符合欧盟的新法规或农药残留标准而被限制销售或召回，出口量下降，企业利润受到影响。中国茶叶在欧盟市场的份额面临挑战，品牌形象也受到一定程度的损害；此外，欧盟消费者对中国茶叶的信任度可能受到影响，部分消费者对中国茶叶的安全性产生疑虑。但同时，欧盟本土的茶叶产业可能会因进口茶叶的减少而获得一定的发展机会，本土茶叶的市场份额可能会有所增加。

四、分析

《实施卫生与植物检疫措施》协议允许成员国为保护人类、动物或植物的生命与健康采取卫生与植物卫生措施，但这些措施应基于科学原理，不能构成国际贸易的变相限制。欧盟以茶叶中某些成分的潜在风险或农药残留超标等理由实施限制，从表面上看是符合《实施卫生与植物检疫措施》协议的规定。但欧盟的茶叶农残限量标准和对某些成分的限制标准往往高于国际标准，与中国的标准也存在较大差异。例如，对于农药残留的标准，欧盟的要求更为严格，这就导致中国茶叶在满足国内标准的情况下，却难以符合欧盟的标准。这种标准的差异引发了贸易争议,中国方面认为欧盟的标准过于严苛,可能缺乏充分的科学依据。虽然,欧盟在实施茶叶限制措施之前,进行了一定的风险评估,例如,欧盟要求欧洲食品安全局就绿茶儿茶素开始进行其安全性评估。在 2018 年 3 月 EFSA 发布《绿茶儿茶素的安全性科学意见》中指出,若每日 EGCG 摄入量大于等于 800 毫克,会引起血清转氨酶升高,造成肝损伤。而即使每日摄入量小于 800 毫克,也不应排除对人体产生危害的可能。但中国方面可能认为欧盟的风险评估过程不够透明,评估结果存在不确定性。根据《实施卫生与植物检疫措施》协议,成员国在实施卫生与植物卫生措施时应进行有害生物风险性分析,通过风险评估确定恰当的检疫保护水平,并且措施应具有透明度。

五、启示

对中国茶叶出口企业来说,要高度重视茶叶的质量安全,加强内部管理,严格按照标准进行生产和加工。加大对质量控制的投入,引入先进的生产技术和设备,降低农药残留等风险。及时了解欧盟等国家和地区的茶叶进口政策和标准变化,根据市场需求调整生产和出口策略。加强与国外客户的沟通和合作,了解他们的需求和反馈,提供符合当地市场要求的产品。政府应进一步完善中国茶叶的质量标准体系,使其更加科学、合理,并与国际标准更好地对接。积极参与国际标准的制定和修订,争取在国际茶叶标准制定中拥有更多的话语权,减少因标准差异导致的贸易限制。

# 本章小结

中国是全球最大的蔬菜出口国,水果出口也表现出色,农食产品在中国出口中占据重要地位。本章概述了我国农食产品出口的现状,阐述了我国主要出口国对农食产品设置的技术性贸易壁垒,分析了美国、欧盟和日本对我国农食产品的召回种类及原因,以及我国农食产品出口受阻的案例及应对措施,从实务角度,深入分析了我国农食产品遭遇技术性贸易壁垒、影响以及如何应对。

**复习与思考题**

1. 我国农食产品出口市场主要有哪些国家?
2. 日本对我国 ICT 产品实施了哪些技术性贸易措施?应如何应对?

3. 美国对我国 ICT 产品实施了哪些技术性贸易措施？应如何应对？

【案例分析】

## 中国蜂蜜出口欧盟的破壁之战①

一、背景：全球农产品技术壁垒升级与中国困境

2020 年全球农产品贸易中技术性贸易措施通报量达 1256 项，其中食品农药残留标准更新频率同比增长 40%。欧盟作为中国第二大农产品出口市场，通过"从农田到餐桌"全程管控体系构建多重技术壁垒：一是检测标准严苛化：氯霉素检测限值从 1ppb 降至 0.3ppb（相当于在 20 个标准游泳池中检测出 1 勺药物的精度）。二是认证体系复杂化：实施欧盟第 2019/1793 号法规，将中国蜂蜜纳入"高风险产品清单"，口岸抽检率提高至 50%。三是溯源要求立体化：2022 年《欧盟零毁林法案》要求提供蜂蜜原料产地森林覆盖变化卫星影像。中国作为全球最大蜂蜜生产国（年产 50 万吨），2021 年对欧出口骤降 23%，直接经济损失达 2.8 亿美元，倒逼全产业链系统性变革。

二、事件演进：三重技术壁垒的叠加冲击

事件演进过程中，欧盟技术壁垒呈现出动态叠加特征。2020 年 3 月，氟虫腈残留（0.02ppm）的检出触发"紧急制动机制"；次年 7 月，德国实验室以桉树蜜源成分未申报为由判定"标签欺诈"，整柜货物遭销毁；2022 年法国运用 DNA 条形码技术溯源发现转基因污染风险；至 2023 年 5 月，《有机产品条例》新增 23 项抗生素代谢物检测指标。这些壁垒不仅依赖 LC－MS/MS 等高灵敏度检测设备实现十亿分之一级残留检测，更通过每年修订 300 余项 MRLs 标准、仅认可欧盟指定实验室报告等排他性规则，形成系统性封锁。

三、对中国及企业的影响

1. 市场准入危机。2021 年 48 批次蜂蜜遭欧盟退运，单柜损失最高达 120 万元；湖北神农蜂语公司失去欧盟有机认证资格，年订单缩减 65%。

2. 成本重构压力。每批次检测费用从 1.2 万元增至 4.5 万元（含欧盟指定实验室认证）。福建农康集团重建养蜂日志系统，物联网设备投入超 800 万元。

3. 产业链连锁反应。云南野生蜂蜜采集区被迫安装卫星定位系统，传统采

---

① 资料来源：改编自中国蜂蜜出口欧盟相关 TBT/SPS 通报，WTO TBT/SPS 数据库；中国蜂产品协会，《中国蜂产品出口欧盟合规操作指南》[R]. 中国蜂协官网，2021.

蜜成本上升40%。浙江蜂蜜加工企业改用德国进口过滤设备，生产线改造成本增加300万元。

4. 标准话语权缺失。国际食品法典委员会（CAC）蜂蜜标准中国提案采纳率不足10%。欧盟主导制定的"多花种蜜DNA图谱数据库"排斥中国特有蜜源植物。

四、应对措施：全产业链协同突围

1. 政府主导体系构建。政府实施"农产品技术性贸易措施攻坚计划"，例如，建立覆盖32省的国家农药残留监控网络。推动中欧地理标志互认，2022年"洋槐蜜""荆条蜜"等6个品类纳入中欧地理标志协定。建设"一带一路"农产品检测互认平台，例如，与匈牙利农业创新中心共建联合实验室。

2. 企业技术攻坚。一是溯源技术创新。例如，江西汪氏蜜蜂园研发"区块链+AI养蜂车"系统，实时记录蜜源轨迹；南京老山药业引入同位素质谱技术，建立中国首套蜂蜜产地指纹数据库。二是工艺革新。例如，北京百花蜂业采用超临界$CO_2$萃取技术，农药残留去除率提升至99.8%；上海森蜂园开发低温膜分离设备，保留活性酶同时去除抗生素。三是认证突破。例如甘肃祁连山蜂业通过欧盟BRC认证（全球食品标准），成为首家获此认证的中国蜂企。

3. 行业协同作战。中国蜂产品协会发布《欧盟合规操作指南》，建立"红黄绿"三级预警机制。组建"特色蜜源标准联盟"，推动秦岭土蜂蜜等12个地方标准转化为团体国际标准。开展"蜜蜂外交"：与罗马尼亚养蜂人协会共建跨境蜜源保护区。

五、突围成果

这场破壁之战成效显著。2023年对欧出口量回升58%至3.2万吨，标准领域取得突破，中国主导的"五倍子蜜"检测方法被列入ISO 12824标准修订草案，同时欧盟有机认证蜂场从32家增至89家，深加工产品溢价率达300%。其战略启示在于，全产业链数字化改造、检测技术创新反向塑造标准话语权、传统养蜂技艺申遗构建文化技术双壁垒的三维突破路径。然而，欧盟"蜜蜂福利认证"、纳米传感器监测、碳足迹延伸要求等新挑战，持续考验着中国蜂蜜产业的动态应对能力。

【问题讨论】

1. 当前，全球农产品技术性贸易壁垒升级的特征？

2. 中国企业如何通过技术创新将被动合规转化为主动塑规的逻辑？

3. 请找一个农业/食品遭遇国外技术性贸易壁垒案例，分析"政府搭台、企业攻坚、行业引领"协同模式的可行性及完善策略。

# 第十章 国际技术性贸易壁垒争端解决案例与解析

【学习目标】

- 了解 WTO/TBT 贸易争端解决机制；
- 熟悉 WTO/TBT 协定条款和 WTO/SPS 协定条款在案例中的应用；
- 理解 WTO 争端解决机构（包括专家组和上诉机构）在审理技术性贸易争端案时，对 WTO/TBT 协定条款和 WTO/SPS 协定条款的阐释；
- 掌握分析 WTO/TBT 和 WTO/SPS 争端案例的基本思路。

1995~2023 年，WTO 争端解决机制共受理 612 个正式案件（含上诉案件），其中已结案案件 358 件；正在审理案件 22 件；中止/冻结案件 232 件[1]。这些案例涵盖了货物贸易、服务贸易、知识产权等多个领域，涉及众多成员之间的贸易摩擦和纠纷。在这些争端中，涉及《1994 年关贸总协定》（GATT 1994）的案例最多，占比约 82%。此外，涉及《农业协定》《反倾销措施协定》《补贴与反补贴措施协定》等协议的案例也较为常见。涉及《技术性贸易壁垒协定》（TBT 协定）和《实施卫生和植物检疫措施协定》（SPS 协定）案例并不多。为了让读者能全面了解现实中已经发生的 WTO/TBT 和 WTO/SPS 案例全过程，本章从 WTO 争端解决机构（DSB）已经结案的技术性贸易壁垒（包括《TBT 协定》和《SPS 协定》）案例中，选出四个代表案例进行分析。这四个案例分别是：印度尼西亚诉美国影响丁香烟生产和销售措施案例；乌克兰诉俄罗斯铁路设备进口限制措施案例；加拿大、挪威诉欧盟禁止进口和销售海豹产品的措施案例；日本诉韩国进口禁令和放射性核素的测试和认证要求案例。

---

[1] https://www.wto.org/english/tratop_e/dispu_e/dispu_statuse.htm, 2025-02-12.

# 第一节 印度尼西亚诉美国影响丁香烟生产和销售措施案例[①]

## 一、案例概述

相关数据显示，大部分美国烟民吸普通烟和薄荷烟，大约1/4的美国烟民吸薄荷烟；2000~2009年，丁香烟在美国的市场份额只占大约0.1%，这些丁香烟绝大多数进口自印度尼西亚。

2009年6月22日，时任美国总统奥巴马签署《家庭吸烟预防和烟草控制法案》（Family Smoking Prevention and Tobacco Control Act），该法案规定香烟不得包含人工和自然香味或香料（不包括烟草和薄荷），包括草莓、葡萄、丁香等烟草产品或者烟草烟雾中的特定香味。

2010年4月7日，印度尼西亚认为上述法案使美国从印度尼西亚进口的丁香烟相比美国的同类产品即薄荷烟受到了更低的待遇，违反了《技术性贸易壁垒协定》（TBT）第2.1条的国民待遇原则。印度尼西亚认为，上述法案不符合世界贸易组织关于不歧视的一般原则，包括但不限于世贸组织《技术性贸易壁垒协定》，因此向美国提出磋商请求。

2010年5月13日，印度尼西亚和美国同意举行协商，但协商后仍未解决争端。2010年6月9日，印度尼西亚请求设立一个专家小组。按照《争端解决条例》第7.1条的规定，2010年7月20日，争端解决机构（DSB）根据印度尼西亚的请求设立了一个专家小组。

印度尼西亚声称，美国实施的《家庭吸烟预防烟草控制法》第111-31号公法的第907条不符合《技术性贸易壁垒协定》第2.1、第2.2、第2.5、第2.8、第2.9、第2.10、第2.12和第12.3条。美国认为自己并未违反相关规定，并且驳回印度尼西亚的所有索赔请求。

专家小组经审查认定，美国的涉案措施不符合《技术性贸易壁垒协定》

---

[①] 改编自 United States — Measures Affecting the Production and Sale of Clove Cigarettes, https://www.wto.org/english/tratop_e/dispu_e/cases_e/ds406_e.htm.

（TBT）第 2.1、第 2.9.2 和第 2.12 条下的义务，建议争端解决机构（DSB）要求美国调整其颁布的公法以符合 TBT 协定。同时，认定印度尼西亚未能提供充分理由证明美国违反 TBT 第 2.5、第 2.8、第 2.9.3、第 12.3 条，另外，专家小组拒绝就印度尼西亚根据 TBT 第 2.10 条及《1994 年关贸总协定》相关条款提出的索赔作出裁决。

2012 年 1 月 5 日，美国不满专家小组的裁决，向上诉机构提出上诉。美国要求审查专家小组关于丁香香烟和薄荷醇香烟"同类产品"的结论，还要求审查专家小组关于第 907（a）(1)（A）条对进口丁香香烟给予较差待遇的调查结果。

2012 年 4 月 4 日，上诉机构发布报告，支持专家小组关于丁香烟和薄荷烟属于《技术性贸易壁垒协定》（TBT）第 2.1 条"同类产品"的结论，认定美国违反了第 2.9.2 条和第 2.12 条。上诉机构建议争端解决机构（DSB）要求美国修改不符合 TBT 协定的措施。

2012 年 6 月 14 日，印度尼西亚和美国同意，美国将在 15 个月内执行 DS406 案的争端解决机构（DSB）建议和裁决。2014 年 10 月 9 日，双方发表联合声明，印度尼西亚撤回其根据《争端解决谅解书》第 22.2 条提出的请求，美国撤回其反对意见。

## 二、基本事实

本案例争端源于美国采取的一项烟草控制措施。2009 年 6 月 22 日，时任美国总统奥巴马签署《家庭吸烟预防和烟草控制法案》（Family Smoking Prevention and Tobacco Control Act）。该法案规定，香烟及其原材料（包括烟丝、过滤嘴和包装纸）不得含有天然或人工合成的引诱烟民的添加剂或香料（辅助香料），如草莓、葡萄、橙子、丁香、桂皮、菠萝、香草、椰子、甘草、可可粉、巧克力、樱桃、咖啡等，但薄荷香料除外。该法案于 2009 年 9 月 22 日生效。美国食品药品监管局（FDA）调查发现，美国每年至少有 40 万人死于因吸烟引发的疾病。17 岁左右的青少年对含有辅助香料的香烟的喜爱程度，比 25 岁左右的成年人高出两倍。此外，含有辅助香料的香烟与无辅助香料的香烟对人体的危害程度相同。因此，美国国会认为，禁止使用这些辅助香料可以有效降低青少年烟民的数量，从而达到保护全民健康的目的。

然而，印度尼西亚的烟草产业与美国的情况截然不同。在印度尼西亚，丁香烟非常受欢迎，约93%的印度尼西亚产香烟都添加了丁香。美国是印度尼西亚香烟的主要出口市场之一。虽然丁香烟在美国市场的份额仅为0.1%，但这些产品几乎全部来自印度尼西亚，对印度尼西亚来说是一笔重要的外汇收入。美国的立法实际上将印度尼西亚产香烟拒之门外，严重影响了印度尼西亚的香烟出口利益。

### 三、解决经过

印度尼西亚政府一再表达了对美国联邦新法法案的看法，坚定地认为美国实施的《家庭吸烟预防烟草控制法》第111-31号公法的第907条不符合世界贸易组织关于非歧视的一般原则，包括但不限于违反了世贸组织"技术性贸易壁垒协定"的相关规定。2009年8月20日，印度尼西亚向技术贸易壁垒委员会提交了一份文件G/TBT/W/323说明了所涉及措施相关的一些问题，但却未能收到美国政府的及时回复。印度尼西亚政府坚持认为，美国禁止丁香香烟在美销售不符合美国根据世贸组织原则及《TBT协定》下应承担的各项义务。

#### （一）磋商

2010年4月7日，印度尼西亚请求与美国就其影响丁香烟生产和销售的措施进行磋商，认为美国的立法违反了世界贸易组织（WTO）的非歧视原则及相关协定。然而，双方在2010年5月13日的磋商中未能达成一致，争端未能解决。

2010年6月9日，印度尼西亚向WTO争端解决机构（DSB）请求设立专家小组。2010年7月20日，DSB同意设立专家小组，巴西、欧盟、危地马拉、挪威、土耳其、哥伦比亚、墨西哥和多米尼加等作为第三方参与了案件审理。

#### （二）专家小组裁决

专家小组首先裁定印度尼西亚质疑的措施属于《TBT协定》项下的技术措施。专家小组认为丁香口味香烟和薄荷口味香烟属于"同类产品"，涉案措施给予丁香味香烟的待遇低于给予薄荷味香烟的待遇，违反了《TBT协定》第2.1条。鉴于这一认定，专家小组认为没有必要再就印度尼西亚提出的《1994

年关贸总协定》第 3.4 条主张或者美国基于《1994 年关贸总协定》第 20 条（b）项提出的抗辩作出裁定。此外，专家小组还裁定，涉案措施与《TBT 协定》第 2.9.2 条、第 2.12 条项下的义务不符。总的来说，专家小组认为涉案措施不符合《TBT 协定》第 2.1 条的国民待遇义务，因为它禁止从印度尼西亚进口丁香香烟，但不禁止"类似"国产薄荷香烟。专家小组还认为，美国没有就这些涉案措施的采用对出口国作出充分的解释，而且，涉案措施从公布到生效之间间隔不到 6 个月，不符合"技术性贸易壁垒协定"第 2.9.2 条和第 2.12 条。

专家小组没有支持印度尼西亚的第二个诉求，即美国的丁香烟限制措施没有必要。专家小组指出，有大量科学证据表明，禁止丁香烟等口味的香烟有助于减少青少年吸烟，因此，印度尼西亚未能证明涉案措施超出了实现合法目标的必要限度。同时，专家小组认为，印度尼西亚未能证明美国的法案不符合《TBT 协定》第 2.5 条（对技术法规草案作出解释的义务）、第 2.9.3 条（提供拟议技术条例的详情或副本的义务）或第 12.3 条（考虑到发展中国家成员的特殊发展、金融和贸易需要的义务），拒绝就印度尼西亚根据第 2.10 条提出的索赔（紧急情况下通知的义务）作出裁决。

（三）上诉

2012 年 1 月 5 日，美国通知争端解决委员会，它决定向上诉机构提出上诉。美国在上诉中认为，专家小组关于丁香烟和薄荷烟属"同类产品"以及美国涉案措施给予丁香烟"不利待遇"的裁定有误，而且美国涉案措施并未违反《TBT 协定》第 2.12 条。上诉机构最终支持了专家小组的结论，裁定美国措施违反了《TBT 协定》第 2.1、第 2.9.2 和第 2.12 条。

关于"同类产品"，专家小组认为应当基于有关技术法规的管理目标进行认定。上诉机构指出，认定"同类产品"实质上是认定产品之间的竞争关系，应当依据传统的"相似性"标准进行分析，即考察物理特性、最终用途、消费习惯和海关编码等因素。某项措施背后的管理目标（例如控制健康风险）是否与"相似性"认定相关，取决于其是否对产品之间的竞争关系产生影响。基于以上解释，上诉机构支持了专家组的结论，丁香烟和薄荷烟属于"同类产品"。

关于香烟出口国"不利待遇"，上诉机构认为，各成员负有给予进口产品

"国民待遇"的义务,但如果不利影响仅仅是由于合法的管理区分所造成,则不在禁止之列。在确定某措施对进口造成的不利影响是否构成不利待遇时,专家组必须仔细审查案件的特定情况,例如有关技术法规的设计、运作和实施等情况,尤其是该法规是否公正实施。基于以上解释,上诉机构裁定,美涉案措施对丁香烟的竞争条件造成了不利影响,构成对印度尼西亚进口产品的歧视。

上诉机构还指出,根据《TBT 协定》第 2.12 条,技术法规从公布到生效的间隔不得少于 6 个月,而美涉案措施允许的间隔仅为 3 个月,因此违反了《TBT 协定》第 2.12 条。

(四)裁决与实施

裁决专家组根据 WTO 规则进行裁决:美国的"禁烟"措施违反了《TBT 协定》第 2 条,因为它允许薄荷的使用,却禁止其他辅助香料的使用,导致在实际上没有给予来自其他国家的香烟以国民待遇;没有及时履行通知义务和解释义务;"禁烟"法令从公布到实施只有 3 个月的时间,没有给予出口国充分的准备时间。同时,专家组认为印度尼西亚没有提供充分的证据证明其他诉求,不予支持。

上诉机构支持专家小组的结论,认定丁香烟和薄荷烟属于《技术性贸易壁垒协定》(TBT)第 2.1 条意义上的"同类产品"。具体而言,美国禁止丁香烟进口,但允许国产薄荷烟销售,这种区别对待违反了 TBT 第 2.1 条的国民待遇原则。因此,上诉机构确认美国的"禁烟"措施不符合 TBT 第 2.1 条,因为它给予进口丁香烟的待遇低于给予本国生产的薄荷烟的待遇。

关于 TBT 第 2.12 条,上诉机构同样支持专家小组的调查结果。美国的"禁烟"措施从公布到生效的时间间隔不足 6 个月,违反了 TBT 第 2.12 条关于合理时间间隔的要求。上诉机构建议争端解决机构(DSB)要求美国履行其在 TBT 协定下的义务,对不符合协定要求的措施进行修改。

2012 年 4 月 24 日,争端解决委员会通过了上诉机构的报告以及经上诉机构修改的专家小组报告。这标志着该争端在 WTO 框架内的裁决程序完成,美国需根据报告要求调整其相关措施,以符合 TBT 协定的规定。

2012 年 6 月 14 日,根据《关于解决争端的规则和程序的谅解》第 21.3(b)条,印度尼西亚和美国已同意,美国在争端解决机构的建议和裁决之日起

15 个月内，执行美国——影响丁香卷烟生产和销售的措施（DS406）争端的决议。

2014 年 10 月 9 日，美国和印度尼西亚共同发表声明，鉴于双方商定的解决办法。印度尼西亚撤回了其根据《争端解决的谅解书》第 22.2 条提出的请求，美国也撤回其对该请求的反对意见。

## 四、本案例涉及的 WTO 规则与焦点

美国、印度尼西亚双方争辩的核心集中在 WTO《TBT 协定》第二条和第十二条。

第二条 中央政府机构制定、采用和实施的技术法规对于各自的中央政府机构：

2.1 各成员应保证在技术法规方面，给予源自任何成员领土进口的产品不低于其给予本国同类产品或来自任何其他国家同类产品的待遇。

2.2 各成员应保证技术法规的制定、采用或实施在目的或效果上均不对国际贸易造成不必要的障碍。

2.9.2 通过秘书处通知其他成员拟议的法规所涵盖的产品，并对拟议的法规的目的和理由作出简要说明。此类通知应在早期适当阶段作出，以便进行修正和考虑提出的意见。

2.12 除第 10 款所指的紧急情况外，各成员应在技术法规的公布和生效之间留出合理时间间隔，使出口成员、特别是发展中国家成员的生产者有时间使其产品和生产方法适应进口成员的要求。

第十二条 对发展中国家成员的特殊和差别待遇：

12.1 各成员应通过下列规定和本协定其他条款的相关规定，对参加本协定的发展中国家成员提供差别和更优惠待遇。

12.2 各成员应特别注意本协定有关发展中国家成员的权利和义务的规定，并应在执行本协定时，包括在国内和在运用本协定的机构安排时，考虑发展中国家成员特殊的发展、财政和贸易需要。

本案例的焦点在于：

印度尼西亚认为，美国"禁烟"法令违反了上述规则：第一，美国不允许进口香烟含辅助香料，但是却允许美国国内生产的香烟含薄荷香料，没有给予进口产品国民待遇；第二，美国的措施超过了必要的限度，对印度尼西亚的贸

易利益造成了不必要的障碍；第三，美国没有就这些禁止措施的采用对出口国作出充分的解释，违反了《技术性贸易壁垒协定》第二条的程序性规定；第四，美国没有充分考虑发展中国家的实际困难，没有给予特殊待遇；第五，法令从公布到实施，只有3个月的时间，没有给予出口国充分的准备时间，违反了程序性义务。

美国反驳印度尼西亚的主张，认为虽然《技术性贸易壁垒协定》第二条要求给予进口产品国民待遇，但并没有禁止进口国从公共健康考虑，设立合理的技术性规则；成千上万的美国人抽含薄荷香味的香烟，但截至目前还没有证据表明这种香烟对公共健康有多大的危害，所以美国没有禁止薄荷在香烟生产中的使用；法令符合《关税与贸易总协定》第二十条关于保护公共健康例外的规定；对辅助香料的禁止是合理的，没有超过保护公共健康的必要限度；美国已经考虑了发展中国家的实际情况，并作了充分的解释；法令从公布到实施历时3个月，已经给予了出口国充分的准备时间。

## 五、结论与启示

本案例中，美国的"禁烟"措施违反了《TBT协定》第二条，导致在实际上没有给予来自其他国家的香烟以国民待遇；没有及时履行通知义务和解释义务；"禁烟"法令从公布到实施只有3个月的时间，没有给予出口国充分的准备时间。

通过本案例的分析，给我们的启示：一是本案例中印度尼西亚提起《TBT协定》中的国民待遇原则诉求并要求优先考察《TBT协定》第2.1条中的国民待遇原则。二是《TBT协定》下产品国民待遇原则既禁止法律上的歧视亦禁止事实上的歧视，目前外国技术贸易性措施给我国出口贸易造成不利影响大多是出于技术法规对我国产品有事实上的歧视。因此，我国应充分利用《TBT协定》下产品国民待遇原则应对我国产品存在事实上的歧视的技术法规。三是本案例中作为申诉方的印度尼西亚充分利用了《TBT协定》中有利于发展中国家的规则。印度尼西亚认为美国没有照顾到印度尼西亚作为发展中国家的情况，给予其合理的时间调整适应禁止销售特殊风味香烟的法规，违反了《TBT协定》第2.12条，使得印度尼西亚的申诉得到了上诉机构的支持。

# 第二节 乌克兰诉俄罗斯铁路设备进口限制措施案例[①]

## 一、案例概述

自 2014 年以来，由于俄罗斯采取的若干措施，乌克兰的铁路设备供应商被有效禁止向俄罗斯出口相关产品。2013 年，乌克兰对俄罗斯的铁路设备出口额达到 17 亿美元，但在俄罗斯采取措施后，2014 年出口额大幅下降至 6 亿美元，并持续下降。2015 年上半年，出口额仅为 5100 万美元。俄罗斯声称，采取暂停认证乌克兰供应商的有效证书、拒绝新证书申请等措施，是因为乌克兰境内的安全问题导致无法进行必要的年度检查。缺少这一检查后，俄罗斯认为合格评定程序不完整，无法充分信任产品符合适用的技术法规或标准，因此无法向乌克兰供应商提供新的合格证书。2015 年 10 月，乌克兰要求就俄罗斯对铁路设备及其他零部件供应商所采取的措施进行磋商，认为俄方违反了《1994 年关贸总协定》（GATT 1994）和《技术性贸易壁垒协定》（TBT）的相关条款。然而，双方未能达成一致。随后，乌克兰根据 GATT 1994 和 TBT 协定对俄罗斯的措施提出质疑。2016 年 12 月，争端解决机构（DSB）根据乌克兰的请求成立了专家小组。2018 年 6 月 30 日，专家小组作出裁决并发布给相关成员。8 月 27 日，乌克兰通知争端解决机构（DSB），对专家组报告提出上诉。9 月 3 日，俄罗斯提出交叉上诉。双方均对专家组的最终报告表示不满。2020 年 2 月 4 日，上诉机构作出裁决，支持乌克兰的多项上诉主张，推翻了专家小组的部分裁定。上诉机构认定俄罗斯的暂停和拒绝合格认证措施对乌克兰设备构成歧视，违反了《技术性贸易壁垒协定》（TBT）第 5.1.1 条和第 5.1.2 条，对国际贸易造成了不必要的障碍，并建议俄罗斯予以纠正。2020 年 3 月 5 日，DSB 通过了上诉机构报告和经修改的专家小组报告。

---

[①] 改编自 Russia — Measures Affecting the Importation of Railway Equipment，https://www.wto.org/english/tratop_e/dispu_e/cases_e/ds499_e.htm.

## 二、基本事实

2011年7月15日，白俄罗斯、哈萨克斯坦和俄罗斯联邦关税同盟委员会（"CU"）通过了第710号决定，为进入"铁路机车车辆"市场规定了安全和技术要求。根据该决定，新的技术条例在通过3年后生效。自生效之日起，所有铁路产品的合格评定证书必须按照《技术条例》规定的新程序在俄罗斯联邦预算组织"联邦铁路运输认证登记册"（FBO"RCFRT"）进行登记。随后，关税同盟委员会（"CU"）通过第285号决定，对2011年7月15日的第710号决定进行修改，允许在技术法规生效前颁发的合格评定证书有一个过渡性申请期。然而，2013年左右，俄罗斯联邦预算组织停止向乌克兰的铁路设备发放合格证书，理由是技术问题和缺乏必要的年度常规检查。尽管乌克兰的铁路设备生产商不断申请新的合格证书，但均被拒绝。因此，乌克兰生产商无法再向俄罗斯联邦出口其铁路产品。

需要指出的是，乌克兰生产商在其他关税同盟成员方获得合格评定证书并不困难。事实上，白俄罗斯和哈萨克斯坦的合格性评估机构已根据《001/2011年关税同盟技术条例》向乌克兰铁路机车车辆产品生产商颁发了合格评定证书。然而，俄罗斯当局认为这些证书在俄罗斯境内无效，因此相关产品无法在俄罗斯登记和经营。

## 三、解决经过

### （一）磋商

2015年10月21日，乌克兰就俄罗斯对铁路设备及其零部件进口采取的某些措施提出磋商请求。然而，双方未能达成一致。

### （二）专家小组裁定

2016年11月10日，乌克兰请求设立专家小组。2016年12月16日，在争端解决机构（DSB）会议上，根据《关于解决争端的规则和程序的谅解》以及乌克兰在WT/DS499/2号文件中的请求，DSB设立了一个专家小组。专家组的职责是根据相关协定的规定，审查乌克兰在WT/DS499/2中提交的事项，并作出有助于DSB提出建议或作出裁决的调查结果。加拿大、中国、欧盟、印度、印度尼西亚、日本、新加坡和美国保留作为第三方参与专家小组程序的权利。

在本案例中,双方争议的内容较多,涉及多项《技术性贸易壁垒协定》(TBT)和《1994年关贸总协定》(GATT 1994)的条款。乌克兰与俄罗斯争议的主要问题有以下四个:

一是关于歧视待遇的问题。根据 TBT 协定和 GATT 1994 的相关条款,合格评定程序的制定、采用和实施应给予来自其他成员领土的产品不低于本国及其他国家同类产品的供应商的条件,确保这些产品获得准入。此外,在技术法规方面,各成员应保证给予进口产品同等于或更优于本国同类产品或来自任何其他国家同类产品的待遇。因此,乌克兰认为俄罗斯对乌克兰的产品存在歧视。

二是关于贸易壁垒问题。依据 TBT 协定第 5.1.2 条,合格评定程序的制定和运行不应比为确保产品符合技术法规或标准所必需的措施更为严格,同时应考虑不符合技术法规或标准可能造成的风险。乌克兰认为俄罗斯的合格评定程序过于严格,构成了不必要的贸易壁垒。俄罗斯则认为,严格的合格评定程序是为了确保产品质量和安全,是合理的。

三是关于合格评定程序的工作要求。依据 TBT 协定第 5.2.2 条,各成员应公布合格评定程序的标准处理时限,或应申请人的请求,告知预期的处理时间限制。相关机构在收到申请后应尽快审查文件的完整性,并以明确、完整的方式通知申请人其申请文件的不足之处,同时提供完整准确的评定结果,以便申请人能够及时采取措施纠正错误。乌克兰认为,俄罗斯未认真审查乌克兰供应商的申请书,并且在拒绝申请时未给出明确的理由。

四是关于关税同盟实施不一致条例的问题。依据《1994年关贸总协定》(GATT 1994)第1.1条和第10.3(a)条,各缔约方应以统一、公正和合理的方式管理所有相关法律、法规、决定和裁定。乌克兰认为,俄罗斯不承认关税同盟其他成员方出具的合格证书是不合理的。俄罗斯、哈萨克斯坦和白俄罗斯同为关税同盟成员,应实行一致对外的关税和共同的贸易政策。

2018年6月30日,专家小组报告发布给相关成员。专家小组的裁决内容如下:(1)关于《TBT 协定》第5.1.1条:专家小组认为,乌克兰未能提供足够证据证明俄罗斯违反该条款。专家小组指出,由于乌克兰的安全局势对俄罗斯视察员的生命和健康构成威胁,乌克兰的情况与其他出口国不可比,因此俄罗斯有理由不派遣视察员前往乌克兰进行视察。(2)关于合格评定程序的严格程度:专家小组认为,乌克兰未能证明俄罗斯实施的合格评定程序严格程度超

— 195 —

过了必要限度。(3) 关于 TBT 协定第 5.2.2 条：专家小组认定，俄罗斯认证机构未将评估结果准确而完整地传达给申请人，违反了 TBT 协定第 5.2.2 条的义务。(4) 关于不承认关税同盟国家的合格证书：专家小组支持乌克兰对俄罗斯的指控，认为俄罗斯不承认关税同盟国家的合格证书违反了 GATT 1994 第 1.1 条和第 3.4 条。(5) 关于 GATT 1994 第 10.3（a）条：专家小组对乌克兰基于该条款提出的主张适用了司法经济原则。(6) 关于其他指控：专家小组反对乌克兰对俄罗斯关于暂停颁发认证、拒绝适用认证和系统性进口阻碍违反相关法规条例的指控。

### （三） 上诉

2018 年 8 月 27 日，乌克兰通知争端解决机构（DSB），准备就专家小组报告的相关事宜向上诉机构提起上诉。9 月 3 日，俄罗斯向 DSB 提出交叉上诉。双方在提交的报告中均对专家小组的最终报告表示不满，并详细列举了它们认为的专家小组以及对方的错误之处。

上诉机构在二次上诉中拒绝了专家小组在初步裁定中犯错的说法。特别是，上诉机构认为专家小组对 TBT 第 5.1.1 条中"在类似情况下"的解释没有错误。然而，上诉机构指出，在审查本案例特定情况下是否存在"可比情况"时，专家小组过于依赖关于乌克兰总体安全局势的信息，而未考虑具体供应商所在地的情况。专家小组认为，乌克兰整个国家的安全局势使这些供应商不再处于可比的情况。因此，上诉机构认为，专家小组对本案例事实适用 TBT 第 5.1.1 条是错误的。上诉机构认定，2014 年 4 月 ~ 2016 年 12 月，乌克兰铁路产品供应商被拒绝给予与俄罗斯铁路产品供应商以及其他国家铁路产品供应商同等优惠的准入待遇。这种情况与俄罗斯允许本国及其他国家铁路产品供应商获得准入的情况不可同日而语。

关于 TBT 第 5.1.2 条，专家小组认为，由于乌克兰原则上可以获得关于不符合和消费者投诉的信息，因此应由乌克兰提交证据，证明这些条件适用于有争议的暂停所涵盖的产品。然而，上诉机构指出，专家小组在分析这一替代措施时，未能根据《争端解决谅解》（DSU）第 11 条，在根据 TBT 第 5.1.2 条分配举证责任时，对其面前的问题进行客观评估。因此，上诉机构推翻了专家小组报告第 7.544 段和第 8.1.b.ii 段中的结论，即乌克兰未能就暂停证书的 14 项指示中的每一项确定俄罗斯的行为不符合 TBT 第 5.1.2 条规定的义务。上诉机构进一步指出,乌克兰未能证明专家小组未能根据 DSU 第 11 条对其面前的问题进行客观评估,即乌克兰未能证明俄罗斯有系统地阻止乌克兰铁路产品进口到俄罗斯。

上诉机构建议争端解决机构(DSB)要求俄罗斯修改在本报告及经本报告修改的专家组报告中发现的与 TBT 和《1994 年关贸总协定》(GATT 1994)不一致的措施,使其符合这些协定下的义务。

### (四) 裁决与实施

2020 年 2 月 4 日,上诉机构就乌克兰诉俄罗斯铁路设备及零部件进口认证限制措施案作出裁决。上诉机构支持了乌克兰的多项上诉主张,推翻了专家小组的部分结论,认定俄罗斯的 14 项暂停和拒绝合格认证措施对乌克兰设备构成歧视,并对国际贸易造成不必要的障碍。这些措施违反了 TBT 第 5.1.1 条、第 5.1.2 条和第 5.2.2 条的规定。上诉机构建议俄罗斯对这些措施进行纠正。

2020 年 3 月 19 日,俄罗斯要求 DSB 主席向各成员散发一份函件,表明其撤销了对某些符合性评估程序要求的承认,并通知乌克兰相关生产者,他们应遵守这些要求以获得符合性证书。俄罗斯在函件中指出,通过这些行动,它认为已充分执行了 DSB 在该争端中的裁决和建议。2020 年 3 月 23 日,乌克兰请求 DSB 主席散发一份函件,表示其恭敬地要求俄罗斯详细说明乌克兰生产商必须遵守的要求,以便获得符合性证书,特别是与认证机构雇员安全有关的要求。乌克兰还指出,它认为只有在审查和分析所要求的资料之后,才能审议执行 DSB 裁决和建议的问题。

## 四、本案例涉及的 TBT 条款与焦点

本案例涉及的 TBT 条款是第 5.1.1、第 5.1.2 以及第 5.2.2 条。

《TBT 协定》第 5.1 条规定,各成员应保证,在需要切实保证符合技术法规或标准时,其中央政府机构对源自其他成员领土内的产品适用下列规定:

5.1.1 条:合格评定程序的制定、采用和实施,应在可比的情况下以不低于给予本国同类产品的供应商或源自任何其他国家同类产品的供应商的条件,使源自其他成员领土内产品的供应商获得准入;此准入使产品供应商有权根据该程序的规则获得合格评定,包括在该程序可预见时,在设备现场进行合格评定并能得到该合格评定体系的标志。

5.1.2 条：合格评定程序的制定、采用或实施在目的和效果上不应对国际贸易造成不必要的障碍。此点特别意味着：合格评定程序或其实施方式不得比给予进口成员对产品符合适用的技术法规或标准所必需的足够信任更为严格，同时考虑不符合技术法规或标准可能造成的风险。

5.2.2 条：公布每一合格评定程序的标准处理时限，或应请求，告知申请人预期的处理时限；主管机构在收到申请后迅速审查文件是否齐全，并以准确和完整的方式通知申请人所有不足之处；主管机构尽快以准确和完整的方式向申请人传达评定结果，以便申请人在必要时采取纠正措施；即使在申请存在不足之处时，如申请人提出请求，主管机构也应尽可能继续进行合格评定；以及应请求，通知申请人程序进行的阶段，并对任何迟延进行说明。

双方争论的焦点是俄罗斯的合格评定程序是否构成贸易壁垒。俄方声称，每份合格证书的申请都经过相关工作人员的仔细审查。乌克兰的申请被拒绝是因为缺乏必要的文件和无法提供检测样本。俄方表示，由于对本国检查人员的生命安全考虑，无法向乌克兰派遣人员对铁路设备进行检查，导致合格评定程序不完整，无法向乌克兰供应商出具新的合格评定证书，最终使得乌克兰铁路设备无法进入俄罗斯市场。WTO 专家小组在初次裁决时支持了俄罗斯的理由和做法。然而，在乌克兰提出二次上诉后，上诉机构根据双方再次提交的证据，推翻了专家组的第一次裁决相关结论。上诉机构认为，俄方的规定限制了乌克兰经济的发展，构成了贸易歧视。

## 五、结论与启示

在本案例中，俄罗斯以技术问题和缺乏每年必须的常规检查为由，停止向乌克兰的铁路设备发放合格证书。WTO 上诉机构裁定，俄罗斯的措施不符合 TBT 和《1994 年关贸总协定》（GATT 1994），导致乌克兰在铁路设备出口方面遭受巨大损失。乌克兰通过 WTO 的多边机制寻求解决，从 2015 年提出投诉到 2020 年双方达成最终协议，历时近五年。其间，案件经历了专家小组评议、双方分别上诉、上诉机构裁定等程序，最终解决了贸易障碍。这一案例体现了 WTO 争端解决机制的原则性和灵活性，为 WTO 树立了良好的形象。

各国在遇到不符合 TBT 的贸易障碍时，应积极通过 WTO 争取本国应得的利益，共同维护和谐共赢的国际贸易环境。本次争端的出现并非偶然，而是基于一定的政治背景。虽然政治因素在一定程度上能够影响经济，但各国仍可通过 WTO 这一国际机构，依据其制定的相关法规和原则，保护本国的合法权益。本次案件也暴露出一些问题，例如《TBT 协定》中的合格评定程序需要进一步改进。基于保护国家内部货物安全而设立的合格评定程序，因难以界定合理界限，容易成为贸易壁垒。因此，在未来处理类似案件时，不应机械地适用 WTO 相关条款，而应基于科学证据和事实，理性地做出判断，从而更有效地运用 WTO 这一有力工具，保护自身的合法权益。

## 第三节 加拿大、挪威诉欧盟禁止进口和销售海豹产品措施案例[①]

### 一、案例概述

2009 年 9 月 16 日，欧洲议会和欧盟理事会通过了 1007/2009 号条例，全面禁止海豹制品在欧盟国家销售。加拿大和挪威认为该条例及相关后续措施具有歧视性和贸易限制性，违反了 WTO 的有关规则，损害了本国经济利益，因此要求与欧盟进行磋商。磋商未果后，加拿大和挪威提请争端解决机构（DSB）成立专家小组。阿根廷、中国、哥伦比亚、厄瓜多尔、冰岛、日本、墨西哥、纳米比亚、俄罗斯和美国作为争端的第三方参与了该案的审理。

经过两年多的审理，2013 年 11 月 25 日，专家小组向当事各方提交了最后报告。报告裁定，欧盟出台的《海豹产品禁令》属于技术性法规，受 TBT 的管辖。报告指出，《海豹产品禁令》中的"土著居民例外"和"海洋资源管理例外"两项豁免条款不符合 TBT 协定第 2.1 条的规定，即这些豁免条款给予其他国家的海豹制品不公平的待遇，且低于欧盟境内同类产品的待遇。然而，专家小组并不认为欧盟的该项法令违反了 TBT 协定第 2.2 条的规定。专家小组认定，欧盟关注动物福利属于公共道德范畴，而《海豹产品禁令》措施符合世贸组织的一般例外条款。

由于对专家小组报告的裁定不满，加拿大和挪威于 2014 年 1 月 24 日分别

---

[①] 改编自欧盟海豹产品案综合页面 European Communities — Measures Prohibiting the Importation and Marketing of Seal Products. https：//www.wto.org/english/tratop_e/dispu_e/cases_e/ds400_e.htm.

通知 DSB，决定对报告中涉及的某些法律问题及专家小组的法律解释提出上诉。欧盟也于 2014 年 1 月 29 日提出上诉。

上诉机构审理了本案例，并于 2014 年 5 月 22 日发布报告。2014 年 6 月 18 日，DSB 通过了上诉机构关于"欧盟禁止进口和销售海豹产品的措施"的报告，以及经上诉机构修订的专家组报告。2014 年 7 月 10 日，欧盟表示将尊重 DSB 关于该争端的建议和裁决。

## 二、基本事实

2009 年 9 月 16 日，欧洲议会和欧盟委员会正式通过了《关于禁止海豹产品贸易的第 107/2009 号欧洲议会和委员会规则》（以下简称《海豹产品禁令》）。作为调整海豹产品贸易的基本条例，该禁令总体上禁止所有海豹产品的进口和销售活动，但第 3 条规定了以下三种豁免情形：

1. 因纽特人及其他土著居民为维持基本生存需要而捕获的海豹及其制品（以下简称土著居民例外）。

2. 旅游者为个人或家庭使用目的而进口的少量海豹制品（以下简称旅行者例外）。

3. 为海洋资源管理需要而捕获的海豹及其相关制品，可以以非盈利方式在欧盟市场上进口和销售（以下简称"海洋资源管理例外"）。

为实施《海豹制品禁令》，欧盟于 2010 年 8 月 17 日颁布了《关于海豹产品贸易禁令的实施细则 NO. 737/2010》（以下简称《海豹产品禁令实施细则》），进一步细化了《海豹制品禁令》的具体条款。由于欧盟并非主要的海豹产品生产区域，该禁令对其自身经济损失影响有限，但对欧盟以外的国家和地区，尤其是海豹产品出口国产生了极其不利的影响，加拿大沿海居民及土著居民受影响最大。海豹贸易每年为加拿大大西洋沿岸、魁北克省和北部渔民提供 25%~35% 的年收入。2008 年，禁令实施前一年，加拿大向欧盟出口的海豹产品约为 250 万加币。海豹捕猎也是土著居民因纽特人维持生计和从事贸易的重要手段。据加拿大渔业和海洋常设委员会提交的报告，2006 年有超过 6000 张海豹皮来自土著居民聚居的努纳武特地区，海豹经济每年为当地土著居民提供了 100 万美元的经济收入，海豹捕猎已成为土著居民的文化遗产。为保护土著民族利益和确保成员方管理海洋资源，避免海豹过度繁殖，《海豹产品禁令》特设"土著民族豁免条款"和"海洋资源管理豁免条款"。然而，加拿大和挪威认为，这两项豁免条款使格陵兰和欧盟受益，损害了其他海豹产品出口国的利益。

### 三、解决经过

（一）磋商

2009年11月2日，加拿大依据《关于争端解决规则与程序的谅解》（DSU）第4条、《1994年关税与贸易总协定》（GATT 1994）第22条及TBT第14条，就欧盟禁止海豹制品进口和销售的措施向欧盟提出磋商请求。2009年11月5日，挪威也要求与欧盟就2009年9月16日通过的第1007/2009号条例及相关后续措施进行磋商。2010年10~12月，挪威再次提出关于欧盟《海豹产品禁令》的磋商请求。同年10月28日，加拿大请求加入补充磋商。然而，两轮磋商均未能解决争端。

（二）专家小组裁定

在本案例中，加拿大和挪威与欧盟的争议主要有三个：

第一个争议是欧盟禁令是否违反了GATT1994第1.1条和3.4条的规定。GATT1994第1.1条和3.4条这两条分别规定了最惠国待遇和国民待遇。专家组需要解决这一问题是判断这些例外规定是否导致了从某些国家进口的产品相较于第三国同类产品或国内同类产品处于歧视性竞争地位。本案例中，欧盟禁令中的"土著居民例外"，造成加拿大出售海豹所获得的利益明显少于格陵兰等其他国家出售海豹产品所获得的利益，故专家小组认为欧盟关于禁止海豹产品的进口和销售措施中关于"土著居民例外"的规定的确违反了GATT1994第1.1条之最惠国待遇规定。而通过"海洋资源管理例外"条款，来自加拿大和挪威的绝大多数海豹产品被排除在欧盟市场之外。相反，有证据表明，几乎所有的国产海豹产品有可能获得投放市场的资格，从而构成事实上的差别和歧视待遇。因此，专家组认为欧盟禁令中的"海洋资源管理例外"违反了GATT1994第3.4条之国民待遇义务。

第二个争议是欧盟禁令是否违反了TBT协定第2.1条和第2.2条的规定。加拿大和挪威根据TBT协定提出的申诉，专家小组需要解决的首要问题是：欧盟禁令是否属于TBT协定第2.1条项下的"技术法规"，从而落入TBT协定的适用范围。TBT 协定附件 1 将技术法规定义为"强制执行的规定产品特性或相应加工和生产方法的规则,包括可适用的行政管理规定"。专家小组的讨论主要集中在这些措施是否包含了"产品特性或相应加工和生产方法"。虽然,欧盟认为禁令并不构成技术法规,因为海豹禁令的一般规则和三个例外都没有规定任何"产品特性",海豹产品能否进入欧盟市场"取决于一系列条件,但这些条件都没有涉及本质的或相关的产品特性"。但是,加拿大和挪威认为禁令符合技术法规的定义,因为其一般性地禁止了带有某些特征的产品,如产品是否含有海豹成分,并且禁令规定了管制性条款,即市场上的产品必须符合一般规则或者例外规定。专家小组认定,《海豹制品禁令》是一项技术法规,它违反了《技术性贸易壁垒协定》(以下简称 TBT 协定)第 2.1 条,因为这些例外条款并未给予进口海豹产品不低于国内同类产品或来自任何其他国家同类产品的待遇。但专家组并不认为欧盟的该项措施违反了 TBT 协定第 2.2 条,因为该技术法规未超过为实现欧盟关于海豹福利这一公共道德的合法目标所必需的限度,没有替代措施被证明对实现目标做出了同等或更大的贡献。

第三个争议是欧盟禁令能否援引 GATT1994 第 20 条一般例外条款作为抗辩。依据 GATT1994 第 20 条,成员方可以采取某些措施(即使这些措施与 WTO 规定的义务不符),前提是这些措施对于实现某些国内政策目标如公共道德、动物生命或健康是必需的,但该成员方应承担举证责任。欧盟强调,在欧盟成员国范围内,保护动物的道德观念是极其重要且有价值的,而海豹禁令能够有效地达到维护公共道德的目标。而加拿大则认为,海豹禁令并不属于维护公共道德的范围。因为 GATT 第 20 条(a)款要求对公共道德的行为标准必须在一国范围内被普遍接受,而欧盟没有明确的道德行为标准,尤其在"商业行为"与"非商业行为"之间的区别标准上,欧盟所提出的公共关切 "public concerns" 也不能等同于公共道德标准。专家小组认为,GATT 第 20 条(a)款下的"必要性"取决于所有相关因素的权衡过程,尤其是该项措施对达到政策目标的重要性。专家小组还认 GATT1994 与 TBT 协定具有密切联系,应采取协调一致的解释方法,因此,援引此前关于 TBT 第 2.2 条的分析即认为欧盟禁令满足公共道德例外的必要性条件,符合 GATT 第 20 条(a)款的例外规定。

从专家小组的报告中可以看出来,WTO 认同欧盟关于保护动物福利属于公共道德而采取措施的正当性和合理性,但是在法律运用方面又不认为禁令具有合法性,尝试在双方争议中寻找一个平衡点。但专家小组在报告中对本案例所进行的法律推理和适用以及达到的结果都没有得到双方的认可,2014年1月24日,加拿大、挪威分别就专家组报告提起上诉;同月29日,欧盟也提起了上诉。

(三) 上诉

2014年1月24日,加拿大、挪威根据《争端解决规则和程序谅解》,通知争端解决机构(DSB),决定对专家小组报告中的某些法律和法律解释问题提出上诉。2014年1月29日,欧盟通知其向上诉机构上诉的决定。2014年5月22日,上诉机构将报告分发给了成员国。对于加拿大、挪威诉欧盟禁止进口和销售海豹制品案,上诉机构认为,欧盟没有对禁止源自土著居民捕猎的海豹产品进口和销售的做法给予回应,欧盟没有对此种不同待遇是与欧盟《海豹制品禁令》法规的保护公共道德的目标相协调和相关联的问题做出充分的解释。例如,欧盟没有表明为什么保护土著居民的经济和社会利益的需要,必然意味着欧盟不能去做其他任何事以进一步在土著居民捕猎环境下处理海豹福利,因为土著居民捕猎同样引起欧盟公众所关注的海豹的不幸与痛苦。"土著居民例外"条款中的用语存在模糊性,导致相关机构可能会滥用此项例外,从而使同样具有商业性特征的海豹制品通过该项例外被进口到欧盟。因此,欧盟《海豹产品禁令》可能被以一种在情况相同的成员间构成"任意或不正当的歧视"方式实施。上诉机构作出如下裁决:第一,不同意专家小组报告中关于欧盟海豹禁令受TBT管辖的认定。上诉机构认为,欧盟的海豹管理措施不符合TBT协定第2.1条关于"技术性法规"的界定,因此裁定专家小组报告中基于TBT协定的相关论断没有法律效力。第二,维持专家小组报告中关于欧盟海豹禁令违反WTO非歧视原则的认定,即上诉机构认同专家小组对欧盟海豹管理措施违反《1994年关税与贸易总协定》(GATT 1994)中的最惠国待遇和国民待遇的认定。第三,对于专家小组根据GATT 1994协定第20(a)条认定欧盟海豹禁令属于公共道德,可以援引该条的一般例外条款进行抗辩,上诉机构给予支持。

(四) 裁决与实施

2014年6月18日,DSB通过了经上诉机构修订的报告,裁定欧盟的"土著居民例外"违背了《1994年关税与贸易总协定》(GATT 1994)的最惠国待遇原则;"海洋资源管理例外"也不符合WTO的国民待遇原则。同时,欧盟对海豹产品的管理措施违反了 WTO 的非歧视性原则。2014 年 7 月 10 日，欧盟通知 DSB，它打算以尊重其 WTO 义务的方式执行 DSB 的建议和裁决，并且需要一段合理的时间来完成这一过程。尽管欧盟违反了一系列原则，但它认同动物福利可以作为公共道德的理由来限制贸易自由。欧盟的指令旨在规范其成员国的海豹狩猎活动，并促进海洋和生物资源的可持续发展。

### 四、本案例涉及的 WTO 规则与焦点

本案例涉及的是 WTO 规则中的非歧视性原则、贸易自由化原则和最惠国待遇和国民待遇原则。

1. WTO 非歧视待遇原则的基本内容是：一缔约方在实施某种限制或禁止措施时，不得对其他缔约方实施歧视性待遇。任何一方不得给予另一方特别的贸易优惠或加以歧视。该原则涉及关税削减、非关税壁垒的消除、进口配额限制、许可证颁发、输出入手续、原产地标记、国内税负、出口补贴、与贸易有关的投资措施等领域。欧盟《海豹产品禁令》的目标是处理欧盟公众对于海豹福利的道德关心。为了追求这一目标，欧盟海豹法规禁止进口和销售源自"商业性"捕猎的海豹产品，同时允许满足海豹捕猎身份、捕猎目的等特定标准的海豹捕猎获取的海豹产品在欧盟的销售和进口。然而，"土著居民例外"同《海豹产品禁令》目标存在脱节，甚至背离，违反了 WTO 非歧视待遇原则。

2. 贸易自由化原则的基本内容是：通过限制和取消一切妨碍和阻止国际贸易开展与进行的所有障碍，包括法律、法规、政策和措施等，促进贸易的自由发展。该原则主要是通过关税减让、取消非关税壁垒来实现的。本案例中，作为调整海豹产品贸易的基本条例，该禁令总体上禁止所有海豹产品的进口、销售活动，而海豹产品出口作为加拿大和挪威的一大经济来源，受到了该条例的极大贸易限制，违反了贸易自由化原则。

3. 最惠国待遇原则的基本内容是：一个成员给予另一个成员某种优惠待遇（如关税减免、市场准入便利等），那么这种待遇也必须自动、无条件地给予所有其他 WTO 成员。本案例中，"土著居民例外"条款用语存在模糊性，而给予土著居民的豁免条例优于加拿大和挪威，此条违反了 WTO 中的最惠国待遇原则。

4. 国民待遇原则的基本内容是：一个成员给予本国产品某种优惠待遇（如关税减免、市场准入便利等），那么这种待遇也必须自动、无条件地给予所有

其他 WTO 成员。本案例中,"海洋资源管理例外"条款使得来自加拿大和挪威的绝大多数海豹产品被排除在欧盟市场之外。而几乎所有的国产海豹产品有可能获得投放市场的资格,从而构成事实上的差别和歧视待遇。因此,"海洋资源管理例外"违反了 GATT1994 第 3.4 条国民待遇原则。

本案例的焦点:欧盟《海豹产品禁令》是否违反了 GATT1994 第 1.1 条和 3.4 条的规定;是否违反了 TBT 协定第 2.1 条和第 2.2 条的规定;能否援引 GATT1994 第 20 条一般例外条款作为抗辩。

## 五、结论与启示

本案例是 WTO 成立以来,欧盟《海豹产品禁令》案作为 WTO 争端解决机制裁决的第一起动物福利涉嫌阻碍商品自由流通的案件,本案例就欧盟对于海豹制品制度问题,经历了挪威与欧盟之间的磋商、评估小组程序、上诉机构程序、多边监督与程序执行、DSB 对上诉机构报告的处理等一系列程序,涉及国家之多,涵盖范围之广泛。虽然本案例最终的裁判结果欧盟禁令未违反全球贸易规则,加拿大、挪威在本案例中成功申诉,但却认同了动物福利可以作为公共道德来限制贸易自由,并且本案例所涉及的 WTO 规则、TBT 协定等知识点也非常值得我们去学习与借鉴。

在本案例中,欧盟颁布的《关于海豹产品贸易的第(EC)1007/2009 号欧洲议会和理事会规则》旨在规范其成员国的海豹狩猎,并使海洋和生物资源可持续发展。判断一项技术法规是否违反非歧视原则,关键在于该法规是否对不同的成员实施了双重或多重标准,是否实现了对不同成员的差别待遇。在必要性评价中,只要不存在歧视效应,技术规则一般不会被认定为违反必要性原则。此外,当针对任何法律要求的必要性时,不要盲目地对技术法规的"合理目标"肆意夸大,一方面,需要承认多种价值合理目标的存在,给予成员解释权和裁量权;另一方面也需要对与 WTO/TBT 协定相关的目标进行合理的约束,符合成员国所确定的国内法的精神和价值。

国际贸易与动物福利相互挂钩,以商业利益为目的的海豹捕杀行为已经引起以欧盟为首的西方国家的关注。可想而知,以后类似的因为保护、同情动物的遭遇而最终以此为理由来限制自由贸易的事情会不时发生,而我国正在国际贸易领域快速发展期,本案例的判决也给中国带来了诸多启示。我国没有相关的措施来限制低动物福利产品的进口,然而,提高动物福利产品进口门槛,是国际贸易未来的趋势。我国应深入研究并且灵活运用 WTO 原则保护我国贸易利益,只有牢牢掌握 WTO 的相关规则,我们才能利用 WTO 争端解决机制来维护我国的合法权益。

## 第四节  日本诉韩国进口禁令和放射性核素测试和认证措施案例[①]

### 一、案例概述

2015 年 5 月 21 日,日本质疑韩国的进口禁令和额外测试要求违反了《实施卫生和植物检疫措施协定》(以下简称"SPS 协定")的以下规定:

(1)第 2.3 条非歧视原则;(2)第 5.6 条最小贸易限制;(3)第 7 条和附件 B 透明度;(4)第 8 条和附件 C 控制、检查和批准程序以及《1994 年关贸总协定》的第 23 条第 1 款,并就此与韩国进行磋商。磋商未果,两国请求 WTO 的 DSB 成立专家小组审理争端。经审查,DSB 于 2015 年 9 月 28 日成立了专家小组。

日本请求专家小组认定韩国的行为违反了《实施卫生和植物检疫措施协定》和《1994 年关贸总协定》中的相关条例,韩国则要求专家小组认定本国并未违反相关条例。

2016 年 2 月 22 日,专家小组经审查认为,韩国的进口禁令及额外测试要求不属于 SPS 协定第 5.7 条规定的范围,但它不符合 SPS 协定第 2.3 条、第 5.6 条、第 7 条和附件 B(1)(3)规定所规定的义务,日本对韩国的进口禁令不符合 SPS 协定第 8 条和附件 C(1)(a)承担的义务的指控不成立。

2018 年 4 月 9 日,韩国、日本不服专家小组的裁定并提出上诉。上诉机构经审查,宣布专家小组根据 SPS 协定第 5.7 条做出的裁定不符合《争端解决规则和程序谅解》第 11 条规定,不具有法律效力;同时推翻了专家小组关于韩国的进口禁令违反了 SPS 协定第 2.3 条、第 5.6 条和附件 B(3)的结论。上诉

---

[①] 改编自 Korea — Import Bans, and Testing and Certification Requirements for Radionuclides https://www.wto.org/english/tratop_e/dispu_e/cases_e/ds495_e.htm.

机构最终做出的裁决为韩国的进口禁令违反了 SPS 协定第 7 条和附件 B（1）规定所承担的义务，而未违反其他规定。争端解决机构（DSB）最终通过了上诉机构报告和修改后的专家小组报告。

2019 年 5 月 14 日，韩国通知 DSB，决定执行 DSB 的裁决。截至 2019 年 5 月 30 日，日、韩两国已完成 DSB 在该争议中的建议和裁决的实施，该争端最终得到解决。

## 二、基本事实

2011 年 3 月 11 日，日本福岛第一核电站事故后，韩国对日本产品实施了进口禁令和附加测试及认证要求。事故发生前，韩国对所有进口产品实行随机边境检测，检查其铯或碘含量是否在允许范围内。事故发生后，韩国对日本产品增加了额外测试要求，包括：

（1）要求某些县的产品在出口前提供铯和碘含量证书；

（2）在边境检测所有日本进口货物的铯和碘含量；

（3）若检测到一定量的铯或碘，则对非渔业和畜产品进行额外放射性核素检测。

2013 年，检测额外放射性核素的要求扩展至渔业产品。

韩国最初对日本特定产品的进口禁令反映了日本在事故发生后实施的内部限制。然而，随着日本当局取消对某些县某些产品的限制，韩国的进口禁令仍然存在。2012 年，韩国针对日本 5 个县（青森县、福岛县、茨城县、岩手县和宫城县）以及福岛阿拉斯加鳕鱼实施了进口禁令。2013 年，韩国进一步对来自日本千叶县、群马县等 8 个县的所有渔业产品实施了全面进口禁令。日本对韩国的禁令提出异议，认为该措施影响了 28 种以上渔业产品的出口。

## 三、解决过程

### （一）磋商

2015 年 5 月 21 日，日本就以下问题请求与韩国进行磋商：（1）对某些食品实施的进口禁令；（2）对某些放射性核素存在的额外测试和认证要求；（3）在《卫生与植物检疫措施协定》（SPS 协定）规定的透明度义务方面的疏忽。日本声称，韩国的这些措施不符合 SPS 协定第 2.2、第 2.3、第 4、第 5.1、第

5.5、第 5.6、第 5.7、第 5.8、第 7、第 8 条以及附件 B（1）、B（3）、附件 C（1）(a)、(c)、(e)、(g) 条款，同时还违反了《1994 年关贸总协定》第 23.1 条。

2015 年 6 月 11 日，中国台北申请加入磋商。由于磋商未果，2015 年 8 月 20 日，日本请求设立专家组。

**（二）专家小组**

在 2015 年 8 月 31 日的会议上，DSB 推迟了设立专家小组的决定；2015 年 9 月 28 日，DSB 成立了一个专家小组；2016 年 2 月 8 日，日本请求总干事组成了专家小组并展开讨论。中国、欧盟、危地马拉、印度、新西兰、挪威、俄罗斯联邦、中国台北和美国作为第三方参与该专家小组程序。

2016 年 8 月 5 日，专家组主席通知 DSB，专家组预计将根据与各方协商后通过的时间表，于 2017 年 6 月向各方发布最终报告。2017 年 5 月 29 日，专家组主席通知 DSB，由于案件复杂的程序和事实性质以及时间冲突，在与各方协商后，专家组预计将于 2017 年 10 月初向各方发布最终报告。2018 年 2 月 22 日，专家组报告已分发给成员。

专家小组经研究讨论，得出以下结论：

（1）韩国所涉措施属于《卫生和植物检疫措施协定》第 1.1 条和附件 A（1）(b) 所指的措施，但不属于《卫生和植物检疫措施协定》第 5.7 条临时措施的范围，根据第 5.7 条规定，成员国在采取临时措施的情况下，应寻求更加客观地进行风险评估所必需的额外信息，并在合理期限内据此审议卫生与植物卫生措施。

（2）韩国所涉措施不符合《卫生和植物检疫措施协定》第 5.6 条规定所承担的义务。其 2011 年的额外测试要求、2012 年特定产品的进口禁令、2013 年的额外测试要求、对来自所有 8 个都道府县的所有 28 种渔业产品的全面进口禁令等措施产生贸易限制过多，与第 5.6 条的规定不一致。

（3）韩国所涉措施不符合《卫生和植物检疫措施协定》第 2.3 条规定所承担的义务。韩国 2013 年对日本 8 个县的 27 种渔业产品和来自 6 个县的太平洋鳕鱼的额外测试要求和全面进口禁令，违背了 SPS 协定第 2.3 条中的非歧视原则。

（4）韩国未能履行《卫生和植物检疫措施协定》第 7 条和附件 B 规定的

透明度义务,即公布所有措施和卫生和植物检疫措施调查点的义务。韩国卫生和植物检疫局调查点连同其早先的答复,未对日本的后续询问作出答复,这足以证明韩国的行为不符合附件 B(3)中的义务,因此也不符合第 7 条。

(5)日本没能证明韩国 2011 年和 2013 年额外测试要求不符合其根据《卫生和植物检疫措施协定》第 8 条和附件 C 承担的义务。专家组认为,韩国 2011 年的额外测试要求和 2012 年针对特定产品的进口禁令既没有歧视性,也没有比通过时所要求的贸易限制性更强。

2018 年 2 月 22 日,专家组报告已分发给成员。

(三)上诉

2018 年 4 月 9 日,韩国在报告中通知 DSB,其决定向上诉机构上诉某些法律和法律解释问题。韩国认为,专家小组报告存在下列法律错误:(1)关于韩国在适用《卫生和植物检疫措施协定》第 5.6 条时,专家小组无视韩国的适当保护水平,对照一项不正确的标准评估了日本提出的替代措施;(2)关于《卫生和植物检疫措施协定》第 2.3 条,专家小组错误地认定日本和其他成员"以类似条件为准",将产品中存在的风险视为第 2.3 条规定的唯一相关"条件",而排除了不同成员领土内的条件;(3)关于《卫生和植物检疫措施协定》第 5.7 条,韩国认为该结论不属于专家小组的职权范围;(4)关于《卫生和植物检疫措施协定》附件 B(3),专家小组因为其卫生和植物检疫调查点对日本的一项信息请求做出了不完整的答复,对另一项请求没有做出答复,就判定韩国违反规定。

2018 年 4 月 16 日,日本通知 DSB 其交叉上诉决定。日本称,专家小组在解释和适用附件《卫生和植物检疫措施协定》C(1)(a)时,阐明了根据本条规定推定相似性的条件,并认定不能推定日本产品和韩国国内产品是"同类产品",这是错误的。且韩国和日本在上诉中都声称,专家小组在评估韩国根据《卫生和植物检疫措施协定》第 2.3 条和第 5.6 条采取的措施时处理证据的方法是错误的。

2018 年 6 月 8 日,上诉机构通知 DSB,它无法在 60 天期限结束前或在 DSU 第 17.5 条规定的 90 天期限内分发上诉机构报告;2019 年 3 月 1 日,上诉机构通知 DSB,预计将于 2019 年 4 月 11 日分发上诉机构报告;2019 年 4 月 11 日,上诉机构报告分发给成员,主要有以下观点:

（1）上诉机构认为，专家组根据 SPS 协定第 5.7 条做出的裁定超出了其任务范围，违背了 DSU 第 7.1 条和第 11 条的规定，因此该裁定没有实际意义，不具有法律效力。

（2）上诉机构推翻了专家小组关于韩国的措施与 SPS 协定第 5.6 条、第 2.3 条不一致的调查结果，因为其贸易限制性高于韩国所需的限制；上诉机构认为，小组在解释第 2.3 条时依赖了食品的实际污染水平，而没有核对其关于影响食品污染可能性的相关领土条件的调查结果。鉴于这一逆转，上诉机构认为没有必要处理韩国关于任意或不合理歧视的进一步错误主张，以及韩国的措施是否构成对国际贸易的变相限制。

（3）上诉机构修改了专家组的裁决，认为附件 B（1）出版物是否需要包括"具体原则和方法"，只能参照每个案件的具体情况来确定，关于韩国声称专家小组在对进口禁令适用附件 B（1）时犯了错误，上诉机构同意专家小组的意见，即所涉新闻稿没有包括该措施的全部产品范围。

（4）上诉机构推翻了专家小组对于附件 B（3）下的评估的有关裁定。

（5）关于附件 C（1）（a）规定的程序是否能够完全根据其来源来区分产品的问题，上诉机构维持了专家小组的调查结果，认为小组拒绝推定日本产品和韩国国内产品"类似"并没有错。

### （四）裁决与实施

2019 年 4 月 26 日，DSB 在争端"韩国－进口禁令和放射性核素的测试和认证要求"（DS495）中通过了建议和裁决。2019 年 5 月 14 日，韩国通知 DSB，决定执行 DSB 根据 DSU 第 21.3 条提出的建议和裁决。日本已同意。截至 2019 年 5 月 30 日，韩国已完成 DSB 在该争议中的建议和裁决的实施。

## 四、本案例涉及的 WTO 规则与焦点

本案例涉及的是 WTO 规则中的《卫生和植物检疫措施协定》第 2.3 条非歧视、第 5.6 条最小贸易限制、第 5.7 条临时措施、第 7 条和附录 B（1）透明度、附录 B（3）查询点、第 8 条和附录 C（1）（a）推定相似。

《卫生和植物检疫措施协定》第 2.3 条规定："各成员应保证其卫生与植物卫生措施不在情形相同或相似的成员之间，包括在成员自己领土和其他成员的领土之间构成任意或不合理的歧视。卫生与植物卫生措施的实施方式不得构成

对国际贸易的变相限制。"

本案例中，上诉机构根据 SPS 协定第 2.3 条推翻了专家小组的调查结果，因为专家小组错误地认定日本和其他成员"以类似条件为准"，将产品中存在的风险视为第 2.3 条规定的唯一相关"条件"，而没有核对其关于影响食品污染可能性的相关领土条件的调查结果，这些虽然没有具体表现在产品上，但仍与监管目标和涉及的特定 SPS 风险有关。专家小组的错误在于只关注了产品测试数据，而忽略了可能影响产品的地区条件。因此，上诉机构判定韩国没有违反 SPS 协定第 2.3 条。

《卫生和植物检疫措施协定》第 5.6 条规定："在不损害第 3 条第 2 款的情况下，在制定或维持卫生与植物卫生措施以实现适当的卫生与植物卫生保护水平时，各成员应保证此类措施对贸易的限制不超过为达到适当的卫生与植物卫生保护水平所要求的限度，同时考虑其技术和经济可行性。"（《卫生和植物检疫措施协定》第 3.2 条："符合国际标准、指南或建议的卫生与植物卫生措施应被视为为保护人类、动物或植物的生命或健康所必需的措施，并被视为与本协定和 GATT 1994 的有关规定相一致。"）

本案例中，上诉机构推翻了专家小组根据 SPS 协定第 5.6 条得出的结论，认为专家小组无视韩国适当保护水平，错误地将数量因素作为评估日本提出的替代措施是否符合标准的决定性指标，与 ALOP 所表述的包含多个因素观点相悖。因此判定韩国并未违反 SPS 协定第 5.6 条。

《卫生和植物检疫措施协定》第 5.7 条规定："在有关科学证据不充分的情况下，一成员可根据可获得的有关信息，包括来自有关国际组织以及其他成员实施的卫生与植物卫生措施的信息，临时采用卫生与植物卫生措施。在此种情况下，各成员应寻求获得更加客观地进行风险评估所必需的额外信息，并在合理期限内据此审议卫生与植物卫生措施。"

另外，DSU 第 7.1 条规定："专家组应具有下列职权范围，除非争端各方在专家组设立后 20 天内另有议定：'按照（争端各方引用的适用协定名称）的有关规定，审查（争端方名称）在……文件中提交 DSB 的事项，并提出调查结果以协助 DSB 提出建议或作出该协定规定的裁决。'"第 11 条规定："专家组的职能是协助 DSB 履行本谅解和适用协定项下的职责。因此，专家组应对其审议的事项做出客观评估，包括对该案件事实及有关适用协定的适用性和与有关适用协定的一致性的客观评估，并做出可协助 DSB 提出建议或提出适用协所规定的裁决的其他调查结果。专家组应定期与争端各方磋商，并给予它们充分的机会以形成双方满意的解决办法。"

本案例中，上诉机构认为，专家组就韩国的措施与 SPS 协定第 5.7 条的一致性作出的结论，违反了 DSU 第 7.1 条和第 11 条，超出了职权范围。上诉机构称，日本没有根据 SPS 协定第 5.7 条提出索赔，韩国也没有援引它作为例外，而是依靠措施的规定性质作为背景，作为其在某些其他条款下反驳论点的一部分。上诉机构宣布专家小组关于韩国的措施不属于 SPS 协定第 5.7 条的范围的结论是无意义的，没有法律效力。

《卫生和植物检疫措施协定》第 7 条规定："各成员应依照附件 B 的规定通知其卫生与植物卫生措施的变更，并提供有关其卫生与植物卫生措施的信息。"附录 B（1）规定："各成员应保证迅速公布所有已采用的卫生与植物卫生法规（包括普遍适用的法律、法令或命令），以使有利害关系的成员知晓。"

关于这两条透明度规定，上诉机构同意专家组的意见，即措施的公布必须包含足够的内容，使实施成员知道适用于货物的条件。韩国的行为不符合第 7 条和附件 B（1）的规定，具体表现为：（1）未公布全面进口禁令的全部产品范围；（2）未公布足够的资料，使日本能够了解附加测试要求；（3）未表明感兴趣的成员可向韩国所示的网站索取有关 SPS 措施的信息。

《卫生和植物检疫措施协定》附件 B（3）规定："每一成员应保证设立一咨询点，负责对有利害关系的成员提出的所有合理问题做出答复，并提供有关下列内容的文件：a. 在其领土内已采用或提议的任何卫生与植物卫生法规；b. 在其领土内实施的任何控制和检查程序、生产和检疫处理方法、杀虫剂允许量和食品添加剂批准程序；c. 风险评估程序、考虑的因素以及适当的卫生与植物卫生保护水平的确定；d. 成员或其领土内相关机构在国际和区域卫生与植物卫生组织和体系内，及在本协定范围内的双边和多边协定和安排中的成员资格和参与情况，及此类协定和安排的文本。"

关于附录 B 有关查询点的规定，上诉机构同意专家组所说的查询点并不只是建立一种形式的观点，但不认为仅仅因为一次查询未能成功答复就认定韩国违反了附件 B（3）的规定，因此否定了专家组的裁定。

《卫生和植物检疫措施协定》第 8 条规定："各成员在实施控制、检查和批准程序时，包括关于批准食品、饮料或饲料中使用添加剂或确定污染物允许量的国家制度，应遵守附件 C 的规定，并在其他方面保证其程序与本协定规定不相抵触。"附录 C（1）（a）规定："对于检查和保证实施卫生与植物卫生措施的任何程序，各成员应保证此类程序的实施和完成不受到不适当的迟延，且对进口产品实施的方式不严于国内同类产品。"

上诉机构认为，韩国针对日本的额外检测要求并不仅仅是针对原产地日本，还与韩国对公共卫生的关切密不可分。因此，上诉机构支持专家组的结论，认为在这一情况下日本和韩国产品不能推定相似。

本案例中，争端各方争执的焦点之一是韩国对某些日本县的所有渔业产品实施全面进口禁令的规定是否符合《卫生和植物检疫措施协定》第2.3条（非歧视）和第5.6条（最小贸易限制）的相关规定。虽然日本曾指控韩国的全面禁令规定违反了 SPS 协定的第2.3条和第5.6条，但就如上诉机构所言，专家小组在评估韩国根据《卫生和植物检疫措施协定》第2.3条和第5.6条采取的措施时处理证据的方法是错误的。因此，上诉机构推翻了小组根据第2.3条和第5.6条做出的裁定。鉴于这一逆转，上诉机构认为没有必要处理韩国关于任意或不合理歧视的进一步错误主张，以及韩国的措施是否构成对国际贸易的变相限制。

此外，本案例还有一个争议焦点就是依据 SPS 协定第8条和附录 C（1）（a）的内容，日本与韩国的产品能否推定相似，因为这涉及对进口产品实施的方式不严于国内同类产品。对于这一争议，上诉机构和专家组持一致意见，认为两国产品不能推定相似。正如上诉机构所说，韩国针对日本产品的额外检测并非针对日本本国的歧视，而是与其对本国公众卫生的关切密不可分。相比于日本本国发生的灾难，韩国作为进口国，在筛选商品时需要更加谨慎，因为这背后是一个国家国民的饮食安全，WTO 应对成员对自身公共卫生的关切予以理解。

## 五、结论与启示

本案例经历了双边磋商、专家小组程序、上诉机构程序、多边监督与执行程序，最终得到了顺利解决，不仅树立了 WTO 成员对争端解决机制的信心，而且加强了 WTO 多边贸易体制。饮食安全与国家国民的日常生活息息相关，在本案中，韩国此举并非是对日本贸易的歧视，而是以本国国民的饮食安全为立足点进行检测。如今，全球性是 WTO 最突出的特征，但又与全球化有所不同，WTO 是一个超国家的经济立法和司法机构，其规范高于个别国家的法律规范。同时我们要意识到 WTO 现行的所有规则都只适用于现阶段，旧规则总是在改变，新规则总是在制定。

# 本章小结

本章从 WTO 争端解决机构（DSB）已裁定的技术性贸易壁垒争端案例（涵盖《TBT 协定》和《SPS 协定》）中，选取了四个具有代表性的案例。分别从案件概述、基本事实、解决过程、涉及的 WTO 规则及焦点问题，以及结论与启示五个维度进行了全面剖析，呈现了案例发生、发展及最终结果的全貌。通过这些案例，清晰展示了争端解决机构的专家小组和上诉机构在审理相关贸易争端时，对《技术性贸易壁垒协定》（TBT 协定）和《实施卫生和植物检疫措施协定》（SPS 协定）相关条款的详细阐释，以及对涉案成员履行上述协定条款义务的明确裁定，为我国从事技术性贸易壁垒的工作人员运用国际规则应对《TBT 协定》和《SPS 协定》贸易争议案提供了思路。

**复习与思考题**

1. WTO/TBT 贸易争端解决机制中技术专家小组的职责是什么？
2. 当前 WTO/TBT 贸易争端解决机制存在哪些问题？
3. 如何从管理学/经济学视角分析 WTO/TBT/SPS 贸易争端案？

# 附　　录

## 附录1　技术性贸易壁垒协定

各成员：

注意到乌拉圭回合多边贸易谈判；

期望促进 GATT 1994 目标的实现；

认识到国际标准和合格评定体系可以通过提高生产效率和便利国际贸易的进行而在这方面作出重要贡献；

因此期望鼓励制定此类国际标准和合格评定体系；

但是期望保证技术法规和标准，包括对包装、标志和标签的要求，以及对技术法规和标准的合格评定程序不给国际贸易制造不必要的障碍；

认识到不应阻止任何国家在其认为适当的程度内采取必要措施，保证其出口产品的质量，或保护人类、动物或植物的生命或健康及保护环境，或防止欺诈行为，但是这些措施的实施方式不得构成在情形相同的国家之间进行任意或不合理歧视的手段，或构成对国际贸易的变相限制，并应在其他方面与本协定的规定相一致；

认识到不应阻止任何国家采取必要措施以保护其基本安全利益；

认识到国际标准化在发达国家向发展中国家转让技术方面可以作出的贡献；

认识到发展中国家在制定和实施技术法规、标准及对技术法规和标准的合格评定程序方面可能遇到特殊困难，并期望对它们在这方面所作的努力给予协助；

特此协议如下：

**第1条**　总则。

1.1 标准化和合格评定程序通用术语的含义通常应根据联合国系统和国际标

准化机构所采用的定义，同时考虑其上下文并按照本协定的目的和宗旨确定。

1.2 但就本协定而言，应适用附件 1 中所列术语的含义。

1.3 所有产品，包括工业品和农产品，均应遵守本协定的规定。

1.4 政府机构为其生产或消费要求所制定的采购规格不受本协定规定的约束，而应根据《政府采购协定》的范围由该协定处理。

1.5 本协定的规定不适用于《实施卫生与植物卫生措施协定》附件 A 定义的卫生与植物卫生措施。

1.6 本协定中所指的所有技术法规、标准和合格评定程序，应理解为包括对其规则的任何修正或产品范围的任何补充，但无实质意义的修正和补充除外

技术法规和标准

**第2条** 中央政府机构制定、采用和实施的技术法规。

对于各自的中央政府机构：

2.1 各成员应保证在技术法规方面，给予源自任何成员领土进口的产品不低于其给予本国同类产品或来自任何其他国家同类产品的待遇。

2.2 各成员应保证技术法规的制定、采用或实施在目的或效果上均不对国际贸易造成不必要的障碍。为此目的，技术法规对贸易的限制不得超过为实现合法目标所必需的限度，同时考虑合法目标未能实现可能造成的风险。此类合法目标特别包括：国家安全要求；防止欺诈行为；保护人类健康或安全、保护动物或植物的生命或健康及保护环境。在评估此类风险时，应考虑的相关因素特别包括：可获得的科学和技术信息、有关的加工技术或产品的预期最终用途。

2.3 如与技术法规采用有关的情况或目标已不复存在，或改变的情况或目标可采用对贸易限制较少的方式加以处理，则不得维持此类技术法规。

2.4 如需制定技术法规，而有关国际标准已经存在或即将拟就，则各成员应使用这些国际标准或其中的相关部分作为其技术法规的基础，除非这些国际标准或其中的相关部分对达到其追求的合法目标无效或不适当，例如由于基本气候因素或地理因素或基本技术问题。

2.5 应另一成员请求，一成员在制定、采用或实施可能对其他成员的贸易有重大影响的技术法规时应按照第 2 款到第 4 款的规定对其技术法规的合理性进行说明。只要出于第 2 款明确提及的合法目标之一并依照有关国际标准制定、采用和实施的技术法规，即均应予以作出未对国际贸易造成不必要障碍的

可予驳回的推定。

2.6 为在尽可能广泛的基础上协调技术法规,各成员应在其力所能及的范围内充分参与有关国际标准化机构就各自已采用或准备采用的技术法规所涵盖的产品制定国际标准的工作。

2.7 各成员应积极考虑将其他成员的技术法规作为等效法规加以接受,即使这些法规不同于自己的法规,只要它们确信这些法规足以实现与自己的法规相同的目标。

2.8 只要适当,各成员即应按照产品的性能而不是按照其设计或描述特征来制定技术法规。

2.9 只要不存在有关国际标准或拟议的技术法规中的技术内容与有关国际标准中的技术内容不一致,且如果该技术法规可能对其他成员的贸易有重大影响,则各成员即应:

在早期适当阶段,以能够使其他成员中的利害关系方知晓的方式,在出版物上发布有关提议采用某一特定技术法规的通知;

通过秘书处通知其他成员拟议的法规所涵盖的产品,并对拟议的法规的目的和理由作出简要说明。此类通知应在早期适当阶段作出,以便进行修正和考虑提出的意见;

应请求,向其他成员提供拟议的技术法规的细节或副本,只要可能,即应确认与有关国际标准有实质性偏离的部分;

无歧视地给予其他成员合理的时间以提出书面意见,应请求讨论这些意见,并对这些书面意见和讨论的结果予以考虑。

2.10 在遵守第 9 款引言部分规定的前提下,如一成员面临涉及安全、健康、环境保护或国家安全等紧急问题或面临发生此类问题的威胁,则该成员可省略第 9 款所列步骤中其认为有必要省略的步骤,但是该成员在采用技术法规时应:

立即通过秘书处将特定技术法规及其涵盖的产品通知其他成员,并对该技术法规的目的和理由作出简要说明,包括紧急问题的性质;

应请求,向其他成员提供该技术法规的副本;

无歧视地给予其他成员合理的时间以提出书面意见,应请求讨论这些意见,并对这些书面意见和讨论的结果予以考虑。

2.11 各成员应保证迅速公布已采用的所有技术法规,或以可使其他成员中的利害关系方知晓的其他方式提供。

2.12 除第 10 款所指的紧急情况外，各成员应在技术法规的公布和生效之间留出合理时间间隔，使出口成员、特别是发展中国家成员的生产者有时间使其产品和生产方法适应进口成员的要求。

**第 3 条** 地方政府机构和非政府机构制定、采用和实施的技术法规。

对于各自领土内的地方政府和非政府机构：

3.1 各成员应采取其所能采取的合理措施，保证此类机构遵守第 2 条的规定，但第 2 条第 9.2 款和第 10.1 款所指的通知义务除外。

3.2 各成员应保证依照第 2 条第 9.2 款和第 10.1 款的规定对直属中央政府的地方政府的技术法规作出通知，同时注意到内容与有关成员中央政府以往通知的技术法规的技术内容实质相同的地方技术法规不需作出通知。

3.3 各成员可要求与其他成员的联系通过中央政府进行，包括第 2 条第 9 款和第 10 款所指的通知、提供信息、提出意见和进行讨论。

3.4 各成员不得采取要求或鼓励其领土内的地方政府机构或非政府机构以与第 2 条规定不一致的方式行事的措施。

3.5 在本协定项下，各成员对遵守第 2 条的所有规定负有全责。各成员应制定和实施积极的措施和机制，以支持中央政府机构以外的机构遵守第 2 条的规定。

**第 4 条** 标准的制定、采用和实施。

4.1 各成员应保证其中央政府标准化机构接受并遵守本协定附件 3 中的《关于制定、采用和实施标准的良好行为规范》（本协定中称《良好行为规范》）。它们应采取其所能采取的合理措施，保证其领土内的地方政府和非政府标准化机构，以及它们参加的或其领土内一个或多个机构参加的区域标准化组织接受并遵守该《良好行为规范》。此外，成员不得采取直接或间接要求或鼓励此类标准化机构以与《良好行为规范》不一致的方式行事的措施。各成员关于标准化机构遵守《良好行为规范》规定的义务应予履行，无论一标准化组织是否已接受《良好行为规范》。

4.2 对于已接受并遵守《良好行为规范》的标准化机构，各成员应承认其遵守本协定的原则。

符合技术法规和标准

**第 5 条** 中央政府机构的合格评定程序。

5.1 各成员应保证，在需要切实保证符合技术法规或标准时，其中央政府机构对源自其他成员领土内的产品适用下列规定：

合格评定程序的制定、采用和实施，应在可比的情况下以不低于给予本国同类产品的供应商或源自任何其他国家同类产品的供应商的条件，使源自其他成员领土内产品的供应商获得准入；此准入使产品供应商有权根据该程序的规则获得合格评定，包括在该程序可预见时，在设备现场进行合格评定并能得到该合格评定体系的标志；

合格评定程序的制定、采用或实施在目的和效果上不应对国际贸易造成不必要的障碍。此点特别意味着：合格评定程序或其实施方式不得比给予进口成员对产品符合适用的技术法规或标准所必需的足够信任更为严格，同时考虑不符合技术法规或标准可能造成的风险。

5.2 在实施第 1 款的规定时，各成员应保证：

合格评定程序尽可能迅速地进行和完成，并在顺序上给予源自其他成员领土内的产品不低于本国同类产品的待遇。

公布每一合格评定程序的标准处理时限，或应请求，告知申请人预期的处理时限；主管机构在收到申请后迅速审查文件是否齐全，并以准确和完整的方式通知申请人所有不足之处；主管机构尽快以准确和完整的方式向申请人传达评定结果，以便申请人在必要时采取纠正措施；即使在申请存在不足之处时，如申请人提出请求，主管机构也应尽可能继续进行合格评定；以及应请求，通知申请人程序进行的阶段，并对任何迟延进行说明；

对信息的要求仅限于合格评定和确定费用所必需的限度；

由此类合格评定程序产生或提供的与其有关的源自其他成员领土内产品的信息，其机密性受到与本国产品同样的遵守，其合法商业利益得到与本国产品相同的保护；

对源自其他成员领土内的产品进行合格评定所征收的任何费用与对本国或源自任何其他国家的同类产品所征收的费用相比是公平的，同时考虑因申请人与评定机构所在地不同而产生的通讯、运输及其他费用；

合格评定程序所用设备的设置地点及样品的提取不致给申请人或其代理人造成不必要的不便；

只要在对一产品是否符合适用的技术法规或标准作出确定后改变其规格，则对改变规格产品的合格评定程序即仅限于为确定对该产品仍符合有关技术法规或标准是否有足够的信任所必需的限度；

建立一程序，以审查有关实施合格评定程序的投诉，且当一投诉被证明属合理时采取纠正措施。

5.3 第1款和第2款的任何规定均不得阻止各成员在其领土内进行合理的现场检查。

5.4 如需切实保证产品符合技术法规或标准，且国际标准化机构发布的相关指南或建议已经存在或即将拟就，则各成员应保证中央政府机构使用这些指南或建议或其中的相关部分，作为其合格评定程序的基础，除非应请求作出适当说明，指出此类指南、建议或其中的相关部分特别由于如下原因而不适合于有关成员：国家安全要求；防止欺诈行为：保护人类健康或安全、保护动物或植物生命或健康及保护环境；基本气候因素或其他地理因素；基本技术问题或基础设施问题。

5.5 为在尽可能广泛的基础上协调合格评定程序，各成员应在力所能及的范围内充分参与有关国际标准化机构制定合格评定程序指南和建议的工作。

5.6 只要不存在国际标准化机构发布的相关指南或建议，或拟议的合格评定程序的技术内容与国际标准化机构发布的相关指南或建议不一致，并且此合格评定程序可能对其他成员的贸易产生重大影响，则各成员即应：

在早期适当阶段，以能够使其他成员中的利害关系方知晓的方式，在出版物上发布有关提议采用的特定合格评定程序的通知；

通过秘书处通知其他成员拟议的合格评定程序所涵盖的产品，并对该程序的目的和理由作出简要说明。此类通知应在早期适当阶段作出，以便仍可进行修正和考虑提出的意见；

应请求，向其他成员提供拟议的程序的细节或副本，只要可能，即应确认与有关国际标准化机构发布的指南或建议有实质性偏离的部分；

无歧视地给予其他成员合理的时间以提出书面意见，应请求讨论这些意见，并对这些书面意见和讨论的结果予以考虑。

5.7 在遵守第6款引言部分规定的前提下，如一成员面临涉及安全、健康、环境保护或国家安全等紧急问题或面临发生此类问题的威胁，则该成员可省略第6款所列步骤中其认为有必要省略的步骤，但该成员在采用该程序时应：

立即通过秘书处将特定程序及其涵盖的产品通知其他成员，并对该程序的目的和理由作出简要说明，包括紧急问题的性质；

应请求，向其他成员提供该程序规则的副本；

无歧视地给予其他成员合理的时间以提出书面意见，应请求讨论这些意见，并对这些书面意见和讨论的结果予以考虑。

5.8 各成员应保证迅速公布已采用的所有合格评定程序，或以可使其他成员中的利害关系方知晓的其他方式提供。

5.9 除第 7 款提及的紧急情况外，各成员应在有关合格评定程序要求的公布和生效之间留出合理时间间隔，使出口成员、特别是发展中国家成员的生产者有时间使其产品和生产方法适应进口成员的要求。

**第 6 条** 中央政府机构对合格评定的承认。

对于各自的中央政府机构：

6.1 在不损害第 3 款和第 4 款规定的情况下，各成员应保证，只要可能，即接受其他成员合格评定程序的结果，即使这些程序不同于它们自己的程序，只要它们确信这些程序与其自己的程序相比同样可以保证产品符合有关技术法规或标准。各方认识到可能需要进行事先磋商，以便就有关事项达成相互满意的谅解，特别是关于：

出口成员的有关合格评定机构的适当和持久的技术资格，以保证其合格评定结果的持续可靠性得到信任；在这方面，应考虑通过认可等方法核实其遵守国际标准化机构发布的相关指南或建议，作为拥有适当技术资格的一种表示；

关于接受该出口成员指定机构出具的合格评定结果的限制。

6.2 各成员应保证其合格评定程序尽可能允许第 1 款的规定得到实施。

6.3 鼓励各成员应其他成员请求，就达成相互承认合格评定程序结果的协议进行谈判。成员可要求此类协议满足第 1 款的标准，并在便利有关产品贸易的可能性方面使双方满意。

6.4 鼓励各成员以不低于给予自己领土内或任何其他国家领土内合格评定机构的条件，允许其他成员领土内的合格评定机构参加其合格评定程序。

**第 7 条** 地方政府机构的合格评定程序。

对于各自领土内的地方政府机构：

7.1 各成员应采取其所能采取的合理措施，保证此类机构符合第 5 条和第 6 条的规定，但第 5 条第 6.2 款和第 7.1 款所指的通知义务除外。

7.2 各成员应保证依照第 5 条第 6.2 款和第 7.1 款的规定对直属中央政府的地方政府的合格评定程序作出通知，同时注意到内容与有关成员中央政府以往通知的合格评定程序的技术内容实质相同的合格评定程序不需作出通知。

7.3 各成员可要求与其他成员联系通过中央政府进行，包括第5条第6款和第7款所指的通知、提供信息、提出意见和进行讨论。

7.4 各成员不得采取要求或鼓励其领土内的地方政府机构以与第5条和第6条规定不一致的方式行事的措施。

7.5 在本协定项下，各成员对遵守第5条和第6条的所有规定负有全责。各成员应制定和实施积极的措施和机制，以支持中央政府机构以外的机构遵守第5条和第6条的规定。

**第8条** 非政府机构的合格评定程序。

8.1 各成员应采取其所能采取的合理措施，保证其领土内实施合格评定程序的非政府机构遵守第5条和第6条的规定，但关于通知拟议的合格评定程序的义务除外。此外，各成员不得采取具有直接或间接要求或鼓励此类机构以与第5条和第6条规定不一致的方式行事的效果的措施。

8.2 各成员应保证只有在非政府机构遵守第5条和第6条规定的情况下，其中央政府机构方可依靠这些机构实施的合格评定程序，但关于通知拟议的合格评定程序的义务除外。

**第9条** 国际和区域体系。

9.1 如需要切实保证符合技术法规或标准，只要可行，各成员即应制定和采用国际合格评定体系并作为该体系成员或参与该体系。

9.2 各成员应采取其所能采取的合理措施，保证其领土内的相关机构加入或参与的国际和区域合格评定体系遵守第5条和第6条的规定。此外，各成员不得采取任何具有直接或间接要求或鼓励此类体系以与第5条和第6条规定不一致的方式行事的效果的措施。

9.3 各成员应保证只有在国际或区域合格评定体系遵守适用的第5条和第6条规定的情况下，其中央政府机构方可依靠这些体系。

信息和援助

**第10条** 关于技术法规、标准和合格评定程序的信息。

10.1 每一成员应保证设立咨询点，能够回答其他成员和其他成员中的利害关系方提出的所有合理询问，并提供有关下列内容的文件：

中央或地方政府机构、有执行技术法规法定权力的非政府机构，或此类机构加入或参与的区域标准化机构在其领土内采用或拟议的任何技术法规；

中央或地方政府机构、此类机构加入或参与的区域标准化机构在其领土内采用或拟议的任何标准；

中央或地方政府机构、或有执行技术法规法定权力的非政府机构，或此类机构加入或参与的区域机构在其领土内实施的任何或拟议的合格评定程序；

成员或其领土内中央或地方政府机构加入或参与国际和区域标准化机构和合格评定体系的情况，及参加本协定范围内的双边和多边安排的情况；并应能提供关于此类体系和安排的规定的合理信息；

按照本协定发布通知的地点，或提供关于何处可获得此类信息的信息；以及第 3 款所述咨询点的地点。

10.2 但是如一成员因法律或行政原因设立一个以上的咨询点，则该成员应向其他成员提供关于每一咨询点职责范围的完整和明确的信息。此外，该成员应保证送错咨询点的任何询问应迅速转交正确的咨询点。

10.3 每一成员均应采取其所能采取的合理措施，保证设立一个或一个以上的咨询点，能够回答其他成员和其他成员中的利害关系方提出的所有合理询问，并提供有关下列内容的文件或关于从何处获得这些文件的信息：

非政府标准化机构或此类机构加入或参与的区域标准化机构在其领土内采取或拟议的任何标准；及非政府机构或此类机构加入或参与的区域机构在其领土内实施的任何合格评定程序或拟议的合格评定程序；

其领土内非政府机构加入或参与国际和区域标准化机构和合格评定体系的情况，以及参加在本协定范围内的双边和多边安排的情况；并应能提供关于此类体系和安排的规定的合理信息。

10.4 各成员应采取其所能采取的合理措施，保证如其他成员或其他成员中的利害关系方依照本协定的规定索取文件副本，除递送费用外，应按向有关成员本国或任何其他成员国民[①]提供的相同价格（如有定价）提供。

10.5 如其他成员请求，发达国家成员应以英文、法文或西班牙文提供特定通知所涵盖的文件，如文件篇幅较长，则应提供此类文件的摘要。

10.6 秘书处在依照本协定的规定收到通知后，应迅速向所有成员和有利害关系的国际标准化和合格评定机构散发通知的副本，并提请发展中国家成员注

---

① 本协定中所指的"国民"一词，对于 WTO 的单独关税区成员，应被视为在该关税区内定居或拥有真实有效的工业或商业机构的自然人或法人。

意任何有关其特殊利益产品的通知。

10.7 只要一成员与一个或多个任何其他国家就与技术法规、标准或合格评定程序有关的问题达成可能对贸易有重大影响的协议，则至少一名属该协议参加方的成员即应通过秘书处通知其他成员该协议所涵盖的产品，包括对该协议的简要说明。鼓励有关成员应请求与其他成员进行磋商，以达成类似的协议或为参加此类协议作出安排。

10.8 本协定的任何内容不得解释为要求：

使用成员语文以外的语文出版文本；

使用成员语文以外的语文提供草案细节或草案的副本，但第5款规定的除外；或各成员提供它们认为披露后会违背其基本安全利益的任何信息。

10.9 提交秘书处的通知应使用英文、法文或西班牙文。

10.10 各成员应指定一中央政府机构，负责在国家一级实施本协定关于通知程序的规定，但附件3中的规定除外。

10.11 但是如由于法律或行政原因，通知程序由中央政府的两个或两个以上主管机关共同负责，则有关成员应向其他成员提供关于每一机关职责范围的完整和明确的信息。

**第11条** 对其他成员的技术援助。

11.1 如收到请求，各成员应就技术法规的制定向其他成员、特别是发展中国家成员提供建议。

11.2 如收到请求，各成员应就建立国家标准化机构和参加国际标准化机构的问题向其他成员、特别是发展中国家成员提供建议，并按双方同意的条款和条件给予它们技术援助，还应鼓励本国标准化机构采取同样的做法。

11.3 如收到请求，各成员应采取其所能采取的合理措施，安排其领土内的管理机构向其他成员、特别是发展中国家成员提供建议，并按双方同意的条款和条件就下列内容给予它们技术援助：

建立管理机构或技术法规的合格评定机构；及能够最好地满足其技术法规的方法。

11.4 如收到请求，各成员应采取其所能采取的合理措施，安排向其他成员、特别是发展中国家成员提供建议，并就在提出请求的成员领土内建立已采用标准的合格评定机构的问题，按双方同意的条款和条件给予它们技术援助。

11.5 如收到请求，各成员应向其他成员、特别是发展中国家成员提供建议，并就这些成员的生产者如希望利用收到请求的成员领土内的政府机构或非政府机构实施的合格评定体系所应采取步骤的问题，按双方同意的条款和条件给予它们技术援助。

11.6 如收到请求，加入或参与国际或区域合格评定体系的成员应向其他成员、特别是发展中国家成员提供建议，并就建立机构和法律体制以便能够履行因加入或参与此类体系而承担义务的问题，按双方同意的条款和条件给予它们技术援助。

11.7 如收到请求，各成员应鼓励其领土内加入或参与国际或区域合格评定体系的机构向其他成员、特别是发展中国家成员提供建议，并就建立机构以使其领土内的有关机构能够履行因加入或参与而承担义务的问题，考虑它们提出的关于提供技术援助的请求。

11.8 在根据第 1 款向其他成员提供建议和技术援助时，各成员应优先考虑最不发达国家成员的需要。

**第 12 条** 对发展中国家成员的特殊和差别待遇。

12.1 各成员应通过下列规定和本协定其他条款的相关规定，对参加本协定的发展中国家成员提供差别和更优惠待遇。

12.2 各成员应特别注意本协定有关发展中国家成员的权利和义务的规定，并应在执行本协定时，包括在国内和在运用本协定的机构安排时，考虑发展中国家成员特殊的发展、财政和贸易需要。

12.3 各成员在制定和实施技术法规、标准和合格评定程序时，应考虑各发展中国家成员特殊的发展、财政和贸易需要，以保证此类技术法规、标准和合格评定程序不对发展中国家成员的出口造成不必要的障碍。

12.4 各成员认识到，虽然可能存在国际标准、指南和建议，但是在其特殊的技术和社会经济条件下，发展中国家成员可采用某些技术法规、标准或合格评定程序，旨在保护与其发展需要相适应的本国技术、生产方法和工艺。因此，各成员认识到不应期望发展中国家成员使用不适合其发展、财政和贸易需要的国际标准作为其技术法规或标准、包括试验方法的依据。

12.5 各成员应采取其所能采取的合理措施，以保证国际标准化机构和国际合格评定体系的组织和运作方式便利所有成员的有关机构积极和有代表性地参与，同时考虑发展中国家的特殊问题。

12.6 各成员应采取其所能采取的合理措施，以保证国际标准化机构应发展中国家成员的请求，审查对发展中国家成员有特殊利益产品制定国际标准的可能性，并在可行时制定这些标准。

12.7 各成员应依照第 11 条的规定，向发展中国家成员提供技术援助，以保证技术法规、标准和合格评定程序的制定和实施不对发展中国家成员出口的扩大和多样化造成不必要的障碍。在确定技术援助的条款和条件时，应考虑提出请求的成员、特别是最不发达国家成员所处的发展阶段。

12.8 各方认识到发展中国家成员在制定和实施技术法规、标准和合格评定程序方面可能面临特殊问题，包括机构和基础设施问题。各方进一步认识到发展中国家成员特殊的发展和贸易需要以及它们所处的技术发展阶段可能会妨碍它们充分履行本协定项下义务的能力。因此，各成员应充分考虑此事实。为此，为保证发展中国家成员能够遵守本协定，授权根据本协定第 13 条设立的技术性贸易壁垒委员会（本协定中称"委员会"），应请求，就本协定项下全部或部分义务给予特定的、有时限的例外。在审议此类请求时，委员会应考虑发展中国家成员在技术法规、标准和合格评定程序的制定和实施方面的特殊问题、它们特殊的发展和贸易需要以及所处的技术发展阶段，这些均可妨碍它们充分履行本协定项下义务的能力。委员会应特别考虑最不发达国家成员的特殊问题。

12.9 在磋商过程中，发达国家成员应记住发展中国家成员在制定和实施标准、技术法规和合格评定程序过程中遇到的特殊困难，为帮助发展中国家成员在这方面的努力，发达国家成员应考虑前者特殊的财政、贸易和发展需要。

12.10 委员会应定期审议本协定制定的在国家和国际各级给予发展中国家的特殊和差别待遇。

机构、磋商和争端解决

**第 13 条** 技术性贸易壁垒委员会。

13.1 特此设立技术性贸易壁垒委员会，由每一成员的代表组成。委员会应选举自己的主席，并应在必要时召开会议，但每年应至少召开一次会议，为各成员提供机会，就与本协定的运用或促进其目的的实现有关的事项进行磋商，委员会应履行本协定或各成员所指定的职责。

13.2 委员会设立工作组或其他适当机构，以履行委员会依照本协定相关规定指定的职责。

13.3 各方理解，应避免本协定项下的工作与政府在其他技术机构中的工作造成不必要的重复。委员会应审查此问题，以期将此种重复减少到最低限度。

**第 14 条**　磋商和争端解决。

14.1 就影响本协定运用的任何事项的磋商和争端解决应在争端解决机构的主持下进行，并应遵循由《争端解决谅解》详述和适用的 GATT 1994 第 22 条和第 23 条的规定，但应在细节上作必要修改。

14.2 专家组可自行或应一争端方请求，设立技术专家小组，就需要由专家详细研究的技术性问题提供协助。

14.3 技术专家小组应按附件 2 的程序管理。

14.4 如一成员认为另一成员未能根据第 3 条、第 4 条、第 7 条、第 8 条和第 9 条取得令人满意的结果，且其贸易利益受到严重影响，则可援引上述争端解决的规定。在这方面，此类结果应等同于如同在所涉机构为一成员时达成的结果。

最后条款

**第 15 条**　最后条款。

保留

15.1 未经其他成员同意，不得对本协定的任何条款提出保留。

审议

15.2 每一成员应在《WTO 协定》对其生效之日后，迅速通知委员会已有或已采取的保证本协定实施和管理的措施。此后，此类措施的任何变更也应通知委员会。

15.3 委员会应每年对本协定实施和运用的情况进行审议，同时考虑本协定的目标。

15.4 在不迟于《WTO 协定》生效之日起的第 3 年年末及此后每 3 年期期末，委员会应审议本协定的运用和实施情况，包括与透明度有关的规定，以期在不损害第 12 条规定及为保证相互经济利益和权利与义务的平衡所必要的情况下，提出调整本协定项下权利和义务的建议。委员会应特别注意在实施本协定过程中所取得的经验，酌情向货物贸易理事会提出修正本协定文本的建议。

附件

15.5 本协定的附件构成本协定的组成部分。

**附件 1**　本协定中的术语及其定义

国际标准化组织/国际电工委员会（ISO/IEC）指南 2 第 6 版：1991 年，《关于标准化及相关活动的一般术语及其定义》中列出的术语，如在本协定中使用，其含义应与上述指南中给出的定义相同，但应考虑服务业不属于本协定的范围。

但是就本协定而言，应适用下列定义：

1. 技术法规。规定强制执行的产品特性或其相关工艺和生产方法、包括适用的管理规定在内的文件。该文件还可包括或专门关于适用于产品、工艺或生产方法的专门术语、符号、包装、标志或标签要求。

解释性说明

ISO/IEC 指南 2 中的定义未采用完整定义方式，而是建立在所谓"板块"系统之上的。

2. 标准。经公认机构批准的、规定非强制执行的、供通用或重复使用的产品或相关工艺和生产方法的规则、指南或特性的文件。该文件还可包括或专门关于适用于产品、工艺或生产方法的专门术语、符号、包装、标志或标签要求。

解释性说明

ISO/IEC 指南 2 中定义的术语涵盖产品、工艺和服务。本协定只涉及与产品或工艺和生产方法有关的技术法规、标准和合格评定程序。ISO/IEC 指南 2 中定义的标准可以是强制性的，也可以是自愿的。就本协定而言，标准被定义为自愿的，技术法规被定义为强制性文件。国际标准化团体制定的标准是建立在协商一致基础之上的。本协定还涵盖不是建立在协商一致基础之上的文件。

3. 合格评定程序。任何直接或间接用以确定是否满足技术法规或标准中的相关要求的程序。

解释性说明

合格评定程序特别包括：抽样、检验和检查；评估、验证和合格保证；注册、认可和批准以及各项的组合。

4. 国际机构或体系。成员资格至少对所有成员的有关机构开放的机构或体系。

5. 区域机构或体系。成员资格仅对部分成员的有关机构开放的机构或体系。

6. 中央政府机构。中央政府、中央政府各部和各部门或所涉活动受中央政府控制的任何机构。

解释性说明

对于欧洲共同体，适用有关中央政府机构的规定。但是，欧洲共同体内部可建立区域机构或合格评定体系，在此种情况下，应遵守本协定关于区域机构或合格评定体系的规定。

7. 地方政府机构。中央政府机构以外的政府机构（如州、省、地、郡、县、市等），其各部或各部门或所涉活动受此类政府控制的任何机构。

8. 非政府机构。中央政府机构和地方政府机构以外的机构，包括有执行技术法规的法定权力的非政府机构。

**附件 2** 技术专家小组

下列程序适用于依照第 14 条的规定设立的技术专家小组。

1. 技术专家小组受专家组的管辖。其职权范围和具体工作程序应由专家组决定，并应向专家组报告。

2. 参加技术专家小组的人员仅限于在所涉领域具有专业名望和经验的个人。

3. 未经争端各方一致同意，争端各方的公民不得在技术专家小组中任职，除非在例外情况下专家组认为非其参加不能满足在特定科学知识方面的需要。争端各方的政府官员不得在技术专家小组中任职。技术专家小组成员应以个人身份任职，不得作为政府代表，也不得作为任何组织的代表。因此，政府或组织不得就技术专家小组处理的事项向其成员发出指示。

4. 技术专家小组可向其认为适当的任何来源进行咨询及寻求信息和技术建议。在技术专家小组向在一成员管辖范围内的来源寻求此类信息或建议之前，应通知该成员政府。任何成员应迅速和全面地答复技术专家小组提出的提供其认为必要和适当信息的任何请求。

5. 争端各方应可获得提供给技术专家小组的所有有关信息，除非信息属机密性质。对于向技术专家小组提供的机密信息，未经提供该信息的政府、组织或个人的正式授权不得发布。如要求从技术专家小组处获得此类信息，而技术专家小组未获准发布此类信息，则提供该信息的政府、组织或个人将提供该信息的非机密摘要。

6. 技术专家小组应向有关成员提供报告草案，以期征求它们的意见，并酌情在最终报告中考虑这些意见，最终报告在提交专家组时也应散发有关成员。

**附件 3** 关于制定、采用和实施标准的良好行为规范

总则

A. 就本规范而言，应适用本协定附件 1 中的定义。

B. 本规范对下列机构开放供接受：WTO 一成员领土内的任何标准化机构，无论是中央政府机构、地方政府机构，还是非政府机构；一个或多个成员为 WTO 成员的任何政府区域标准化机构；以及一个或多个成员位于 WTO 一成员领土内的任何非政府区域标准化机构（本规范中称"标准化机构"）。

C. 接受和退出本规范的标准化机构，应将该事实通知设在日内瓦的 ISO/IEC 信息中心。通知应包括有关机构的名称和地址及现在和预期的标准化活动的范围。通知可直接送交 ISO/IEC 信息中心，或酌情通过 ISO/IEC 的国家成员机构，或最好通过 ISONET 的相关国家成员或国际分支机构。

实质性规定

D. 在标准方面，标准化机构给予源自 WTO 任何其他成员领土产品的待遇不得低于给予本国同类产品和源自任何其他国家同类产品的待遇。

E. 标准化机构应保证不制定、不采用或不实施在目的或效果上给国际贸易制造不必要障碍的标准。

F. 如国际标准已经存在或即将拟就，标准化机构应使用这些标准或其中的相关部分作为其制定标准的基础，除非此类国际标准或其中的相关部分无效或不适当，例如由于保护程度不足，或基本气候或地理因素或基本技术问题。

G. 为在尽可能广泛的基础上协调标准，标准化机构应以适当方式，在力所能及的范围内，充分参与有关国际标准化机构就其已采用或预期采用标准的主题制定国际标准的工作。对于一成员领土内的标准化机构，只要可能，即应通过一代表团参与一特定国际标准化活动，该代表团代表已采用或预期采用主题与国际标准化活动有关的标准的该成员领土内所有标准化机构。

H. 一成员领土内的标准化机构应尽一切努力，避免与领土内其他标准化机构的工作或与有关国际或区域标准化机构的工作发生重复或重叠。它们还应尽一切努力就其制定的标准在国内形成协商一致。同样，区域标准化机构也应尽一切努力避免与有关国际标准化机构的工作发生重复或重叠。

I. 只要适当，标准化机构即应按产品的性能而不是设计或描述特征制定以产品要求为基础的标准。

J. 标准化机构应至少每 6 个月公布一次工作计划，包括其名称和地址、正在制定的标准及前一时期已采用的标准。标准的制定过程自作出制定标准的决定时起至标准被采用时止。应请求，应以英文、法文或西班牙文提供具体标准草案的标题。有关工作计划建立的通知应在国家或在区域（视情况而定）标准化活动出版物上予以公布。

应依照国际标准化组织信息网的任何规则，在工作计划中标明每一标准与主题相关的分类、标准制定过程已达到的阶段以及引以为据的国际标准。各标准化机构应至迟于公布其工作计划时，向设在日内瓦的 ISO/IEC 信息中心通知该工作计划的建立。

通知应包括标准化机构的名称和地址、公布工作计划的出版物的名称和期号、工作计划适用的期限、出版物的价格（如有定价）以及获得出版物的方法和地点。通知可直接送交 ISO/IEC 信息中心，或最好酌情通过国际标准化组织信息网的相关国家成员或国际分支机构。

K. ISO/IEC 的国家成员应尽一切努力成为 ISONET 的成员或指定另一机构成为其成员，并争取获得 ISONET 成员所能获得的最高级类型的成员资格。其他标准化机构应尽一切努力与 ISONET 成员建立联系。

L. 在采用一标准前，标准化机构应给予至少 60 天的时间供 WTO 一成员领土内的利害关系方就标准草案提出意见。但在出现有关安全、健康或环境的紧急问题或出现此种威胁的情况下，上述期限可以缩短。标准化机构应不迟于征求意见期开始时，在 J 款提及的出版物上发布关于征求意见期的通知。该通知应尽可能说明标准草案是否偏离有关国际标准。

M. 应 WTO 一成员领土内任何利害关系方请求，标准化机构应迅速提供或安排提供一份供征求意见的标准草案副本。除实际递送费用外，此项服务的收费对国内外各方应相同。

N. 标准化机构在进一步制定标准时，应考虑在征求意见期内收到的意见。如收到请求，应尽可能迅速地对通过已接受本《良好行为规范》的标准化机构收到的意见予以答复。答复应包括对该标准偏离有关国际标准必要性的说明。

O. 标准一经采用，即应迅速予以公布。

P. 应 WTO 一成员领土内任何利害关系方请求，标准化机构应迅速提供或安排提供一份最近工作计划或其制定标准的副本。除实际递送费用外，此项服务的收费对国内外各方应相同。

Q. 标准化机构对已接受本《良好行为规范》的标准化机构就本规范的实施提出的交涉，应给予积极考虑并提供充分的机会就此进行磋商。并应为解决任何投诉作出客观努力。

# 附录 2  实施卫生与植物卫生措施协定

各成员：

重申不应阻止各成员为保护人类、动物或植物的生命或健康而采用或实施必需的措施，但是这些措施的实施方式不得构成在情形相同的成员之间进行任意或不合理歧视的手段，或构成对国际贸易的变相限制；

期望改善各成员的人类健康、动物健康和植物卫生状况；

注意到卫生与植物卫生措施通常以双边协议或议定书为基础实施；

期望有关建立规则和纪律的多边框架，以指导卫生与植物卫生措施的制定、采用和实施，从而将其对贸易的消极影响减少到最低程度；

认识到国际标准、指南和建议可以在这方面作出重要贡献；

期望进一步推动各成员使用协调的、以有关国际组织制定的国际标准、指南和建议为基础的卫生与植物卫生措施，这些国际组织包括食品法典委员会、国际兽疫组织以及在《国际植物保护公约》范围内运作的有关国际和区域组织，但不要求各成员改变其对人类、动物或植物的生命或健康的适当保护水平；

认识到发展中国家成员在遵守进口成员的卫生与植物卫生措施方面可能遇到特殊困难，进而在市场准入及在其领土内制定和实施卫生与植物卫生措施方面也会遇到特殊困难，期望协助它们在这方面所做的努力；

因此期望对适用 GATT 1994 关于使用卫生与植物卫生措施的规定，特别是第 20 条（b）项[①]的规定详述具体规则；

特此协议如下：

**第 1 条**  总则。

1. 本协定适用于所有可能直接或间接影响国际贸易的卫生与植物卫生措施。此类措施应依照本协定的规定制定和适用。

---

① 在本协定中，所指的第 20 条（b）项也包括该条的起首部分。

2. 就本协定而言，适用附件 A 中规定的定义。

3. 各附件为本协定的组成部分。

4. 对于不属本协定范围的措施，本协定的任何规定不得影响各成员在《技术性贸易壁垒协定》项下的权利。

**第 2 条** 基本权利和义务。

1. 各成员有权采取为保护人类、动物或植物的生命或健康所必需的卫生与植物卫生措施，只要此类措施与本协定的规定不相抵触。

2. 各成员应保证任何卫生与植物卫生措施仅在为保护人类、动物或植物的生命或健康所必需的限度内实施，并根据科学原理，如无充分的科学证据则不再维持，但第 5 条第 7 款规定的情况除外。

3. 各成员应保证其卫生与植物卫生措施不在情形相同或相似的成员之间，包括在成员自己领土和其他成员的领土之间构成任意或不合理的歧视。卫生与植物卫生措施的实施方式不得构成对国际贸易的变相限制。

4. 符合本协定有关条款规定的卫生与植物卫生措施应被视为符合各成员根据 GATT 1994 有关使用卫生与植物卫生措施的规定所承担的义务，特别是第 20 条（b）项的规定。

**第 3 条** 协调。

1. 为在尽可能广泛的基础上协调卫生与植物卫生措施，各成员的卫生与植物卫生措施应根据现有的国际标准、指南或建议制定，除非本协定、特别是第 3 款中另有规定。

2. 符合国际标准、指南或建议的卫生与植物卫生措施应被视为为保护人类、动物或植物的生命或健康所必需的措施，并被视为与本协定和 GATT 1994 的有关规定相一致。

3. 如存在科学理由，或一成员依照第 5 条第 1 款至第 8 款的有关规定确定动植物卫生的保护水平是适当的，则各成员可采用或维持比根据有关国际标准、指南或建议制定的措施所可能达到的保护水平更高的卫生与植物卫生措施[①]。尽管有以上规定，但是所产生的卫生与植物卫生保护水平与根据国际标准、指南或建议制定的措施所实现的保护水平不同的措施，均不得与本协定中

---

① 就第 3 条第 3 款而言，存在科学理由的情况是，一成员根据本协定的有关规定对现有科学信息进行审查和评估，确定有关国际标准、指南或建议不足以实现适当的动植物卫生保护水平。

任何其他规定相抵触。

4. 各成员应在力所能及的范围内充分参与有关国际组织及其附属机构，特别是食品法典委员会、国际兽疫组织以及在《国际植物保护公约》范围内运作的有关国际和区域组织，以促进在这些组织中制定和定期审议有关卫生与植物卫生措施所有方面的标准、指南和建议。

5. 第 12 条第 1 款和第 4 款规定的卫生与植物卫生措施委员会（本协定中称"委员会"）应制定程序，以监控国际协调进程，并在这方面与有关国际组织协同努力。

**第 4 条** 等效。

1. 如出口成员客观地向进口成员证明其卫生与植物卫生措施达到进口成员适当的卫生与植物卫生保护水平，则各成员应将其他成员的措施作为等效措施予以接受，即使这些措施不同于进口成员自己的措施，或不同于从事相同产品贸易的其他成员使用的措施。为此，应请求，应给予进口成员进行检查、检验及其他相关程序的合理机会。

2. 应请求，各成员应进行磋商，以便就承认具体卫生与植物卫生措施的等效性问题达成双边和多边协定。

**第 5 条** 风险评估和适当的卫生与植物卫生保护水平的确定。

1. 各成员应保证其卫生与植物卫生措施的制定以对人类、动物或植物的生命或健康所进行的、适合有关情况的风险评估为基础，同时考虑有关国际组织制定的风险评估技术。

2. 在进行风险评估时，各成员应考虑可获得的科学证据；有关工序和生产方法；有关检查、抽样和检验方法；特定病害或虫害的流行；病虫害非疫区的存在；有关生态和环境条件；以及检疫或其他处理方法。

3. 各成员在评估对动物或植物的生命或健康构成的风险并确定为实现适当的卫生与植物卫生保护水平以防止此类风险所采取的措施时，应考虑下列有关经济因素：由于虫害或病害的传入、定居或传播造成生产或销售损失的潜在损害；在进口成员领土内控制或根除病虫害的费用；以及采用替代方法控制风险的相对成本效益。

4. 各成员在确定适当的卫生与植物卫生保护水平时，应考虑将对贸易的消极影响减少到最低程度的目标。

5. 为实现在防止对人类生命或健康、动物和植物的生命或健康的风险方面运用适当的卫生与植物卫生保护水平的概念的一致性，每一成员应避免其认为适当的保护水平在不同的情况下存在任意或不合理的差异，如此类差异造成对国际贸易的歧视或变相限制。各成员应在委员会中进行合作，依照第 12 条第 1 款、第 2 款和第 3 款制定指南，以推动本规定的实际实施。委员会在制定指南时应考虑所有有关因素，包括人们自愿承受人身健康风险的例外特性。

6. 在不损害第 3 条第 2 款的情况下，在制定或维持卫生与植物卫生措施以实现适当的卫生与植物卫生保护水平时，各成员应保证此类措施对贸易的限制不超过为达到适当的卫生与植物卫生保护水平所要求的限度，同时考虑其技术和经济可行性①。

7. 在有关科学证据不充分的情况下，一成员可根据可获得的有关信息，包括来自有关国际组织以及其他成员实施的卫生与植物卫生措施的信息，临时采用卫生与植物卫生措施。在此种情况下，各成员应寻求获得更加客观地进行风险评估所必需的额外信息，并在合理期限内据此审议卫生与植物卫生措施。

8. 如一成员有理由认为另一成员采用或维持的特定卫生与植物卫生措施正在限制或可能限制其产品出口，且该措施不是根据有关国际标准、指南或建议制定的，或不存在此类标准、指南或建议，则可请求说明此类卫生与植物卫生措施的理由，维持该措施的成员应提供此种说明。

**第 6 条** 适应地区条件，包括适应病虫害非疫区和低度流行区的条件。

1. 各成员应保证其卫生与植物卫生措施适应产品的产地和目的地的卫生与植物卫生特点，无论该地区是一国的全部或部分地区，或几个国家的全部或部分地区。在评估一地区的卫生与植物卫生特点时，各成员应特别考虑特定病害或虫害的流行程度、是否存在根除或控制计划以及有关国际组织可能制定的适当标准或指南。

2. 各成员应特别认识到病虫害非疫区和低度流行区的概念。对这些地区的确定应根据地理、生态系统、流行病监测以及卫生与植物卫生控制的有效性等因素。

3. 声明其领土内地区属病虫害非疫区或低度流行区的出口成员，应提供必要的证据，以便向进口成员客观地证明此类地区属，且有可能继续属病虫害非

---

① 就第 5 条第 6 款而言，除非存在如下情况，否则一措施对贸易的限制不超过所要求的程度：存在从技术和经济可行性考虑可合理获得的另一措施，可实现适当的卫生与植物卫生保护水平，且对贸易的限制大大减少。

疫区或低度流行区。为此，应请求，应使进口成员获得进行检查、检验及其他有关程序的合理机会。

第7条 透明度。

各成员应依照附件B的规定通知其卫生与植物卫生措施的变更，并提供有关其卫生与植物卫生措施的信息。

第8条 控制、检查和批准程序。

各成员在实施控制、检查和批准程序时，包括关于批准食品、饮料或饲料中使用添加剂或确定污染物允许量的国家制度，应遵守附件C的规定，并在其他方面保证其程序与本协定规定不相抵触。

第9条 技术援助。

1. 各成员同意以双边形式或通过适当的国际组织便利向其他成员、特别是发展中国家成员提供技术援助。此类援助可特别针对加工技术、研究和基础设施等领域，包括建立国家管理机构，并可采取咨询、信贷、捐赠和赠予等方式，包括为寻求技术专长的目的，为使此类国家适应并符合为实现其出口市场的适当卫生与植物卫生保护水平所必需的卫生与植物卫生措施而提供的培训和设备。

2. 当发展中国家出口成员为满足进口成员的卫生与植物卫生要求而需要大量投资时，后者应考虑提供此类可使发展中国家成员维持和扩大所涉及的产品市场准入机会的技术援助。

第10条 特殊和差别待遇。

1. 在制定和实施卫生与植物卫生措施时，各成员应考虑发展中国家成员、特别是最不发达国家成员的特殊需要。

2. 如适当的卫生与植物卫生保护水平有余地允许分阶段采用新的卫生与植物卫生措施，则应给予发展中国家成员有利害关系产品更长的时限以符合该措施，从而维持其出口机会。

3. 为保证发展中国家成员能够遵守本协定的规定，应请求，委员会有权，给予这些国家对本协定项下全部或部分义务的特定的和有时限的例外，同时考虑其财政、贸易和发展需要。

4. 各成员应鼓励和便利发展中国家成员积极参与有关国际组织。

第11条 磋商和争端解决。

1. 由《争端解决谅解》详述和适用的GATT 1994第22条和第23条的规定

适用于本协定项下的磋商和争端解决，除非本协定另有具体规定。

2. 在本协定项下涉及科学或技术问题的争端中，专家组应寻求专家组与争端各方磋商后选定的专家的意见。为此，在主动或应争端双方中任何一方请求下，专家组在其认为适当时，可设立一技术专家咨询小组，或咨询有关国际组织。

3. 本协定中的任何内容不得损害各成员在其他国际协定项下的权利，包括援用其他国际组织或根据任何国际协定设立的斡旋或争端解决机制的权利。

**第 12 条** 管理。

1. 特此设立卫生与植物卫生措施委员会，为磋商提供经常性场所。委员会应履行为实施本协定规定并促进其目标实现所必需的职能，特别是关于协调的目标。委员会应经协商一致作出决定。

2. 委员会应鼓励和便利各成员之间就特定的卫生与植物卫生问题进行不定期的磋商或谈判。委员会应鼓励所有成员使用国际标准、指南和建议。在这方面，委员会应主办技术磋商和研究，以提高在批准使用食品添加剂或确定食品、饮料或饲料中污染物允许量的国际和国家制度或方法方面的协调性和一致性。

3. 委员会应同卫生与植物卫生保护领域的有关国际组织，特别是食品法典委员会、国际兽疫组织和《国际植物保护公约》秘书处保持密切联系，以获得用于管理本协定的可获得的最佳科学和技术意见，并保证避免不必要的重复工作。

4. 委员会应制定程序，以监测国际协调进程及国际标准、指南或建议的使用。为此，委员会应与有关国际组织一起，制定一份委员会认为对贸易有较大影响的与卫生与植物卫生措施有关的国际标准、指南或建议清单。在该清单中各成员应说明那些被用作进口条件或在此基础上进口产品符合这些标准即可享有对其市场准入的国际标准、指南或建议。在一成员不将国际标准、指南或建议作为进口条件的情况下，该成员应说明其中的理由，特别是它是否认为该标准不够严格，而无法提供适当的卫生与植物卫生保护水平。如一成员在其说明标准、指南或建议的使用为进口条件后改变其立场，则该成员应对其立场的改变提供说明，并通知秘书处以及有关国际组织，除非此类通知和说明已根据附件 B 中的程序作出。

5. 为避免不必要的重复，委员会可酌情决定使用通过有关国际组织实行的程序、特别是通知程序所产生的信息。

6. 委员会可根据一成员的倡议，通过适当渠道邀请有关国际组织或其附属机构审查有关特定标准、指南或建议的具体问题，包括根据第4款对不使用所作说明的依据。

7. 委员会应在《WTO协定》生效之日后3年后，并在此后有需要时，对本协定的运用和实施情况进行审议。在适当时，委员会应特别考虑在本协定实施过程中所获得的经验，向货物贸易理事会提交修正本协定文本的建议。

**第13条  实施。**

各成员对在本协定项下遵守其中所列所有义务负有全责。各成员应制定和实施积极的措施和机制，以支持中央政府机构以外的机构遵守本协定的规定。各成员应采取所能采取的合理措施，以保证其领土内的非政府实体以及其领土内相关实体为其成员的区域机构，符合本协定的相关规定。此外，各成员不得采取其效果具有直接或间接要求或鼓励此类区域或非政府实体，或地方政府机构以与本协定规定不一致的方式行事作用的措施。各成员应保证只有在非政府实体遵守本协定规定的前提下，方可依靠这些实体提供的服务实施卫生与植物卫生措施。

**第14条  最后条款。**

对于最不发达国家成员影响进口或进口产品的卫生与植物卫生措施，这些国家可自《WTO协定》生效之日起推迟5年实施本协定的规定。对于其他发展中国家成员影响进口或进口产品的现有卫生与植物卫生措施，如由于缺乏技术专长、技术基础设施或资源而妨碍实施，则这些国家可自《WTO协定》生效之日起推迟2年实施本协定的规定，但第5条第8款和第7条的规定除外。

**附件A  定义**[①]。

1. 卫生与植物卫生措施——用于下列目的的任何措施：

保护成员领土内的动物或植物的生命或健康免受虫害、病害、带病有机体或致病有机体的传入、定居或传播所产生的风险；

保护成员领土内的人类或动物的生命或健康免受食品、饮料或饲料中的添

---

[①] 就这些定义而言，"动物"包括鱼和野生动物；"植物"包括森林和野生植物；"虫害"包括杂草；"污染物"包括杀虫剂、兽药残余物和其他杂质。

加剂、污染物、毒素或致病有机体所产生的风险；

保护成员领土内的人类的生命或健康免受动物、植物或动植物产品携带的病害，或虫害的传入、定居或传播所产生的风险；或防止或控制成员领土内因虫害的传入、定居或传播所产生的其他损害。

卫生与植物卫生措施包括所有相关法律、法令、法规、要求和程序，特别包括：最终产品标准；工序和生产方法；检验、检查、认证和批准程序；检疫处理，包括与动物或植物运输有关的或与在运输过程中为维持动植物生存所需物质有关的要求；有关统计方法、抽样程序和风险评估方法的规定；以及与粮食安全直接有关的包装和标签要求。

2. 协调—不同成员制定、承认和实施共同的卫生与植物卫生措施。

3. 国际标准、指南和建议。

对于粮食安全，指食品法典委员会制定的与食品添加剂、兽药和除虫剂残余物、污染物、分析和抽样方法有关的标准、指南和建议，及卫生惯例的守则和指南；

对于动物健康和寄生虫病，指国际兽疫组织主持制定的标准、指南和建议；

对于植物健康，指在《国际植物保护公约》秘书处主持下与在《国际植物保护公约》范围内运作的区域组织合作制定的国际标准、指南和建议；以及对于上述组织未涵盖的事项，指经委员会确认的、由其成员资格向所有WTO成员开放的其他有关国际组织公布的有关标准、指南和建议。

4. 风险评估—根据可能适用的卫生与植物卫生措施评价虫害或病害在进口成员领土内传入、定居或传播的可能性，及评价相关潜在的生物学后果和经济后果；或评价食品、饮料或饲料中存在的添加剂、污染物、毒素或致病有机体对人类或动物的健康所产生的潜在不利影响。

5. 适当的卫生与植物卫生保护水平—制定卫生与植物卫生措施以保护其领土内的人类、动物或植物的生命或健康的成员所认为适当的保护水平。

注：许多成员也称此概念为"可接受的风险水平"。

6. 病虫害非疫区—由主管机关确认的未发生特定虫害或病害的地区，无论是一国的全部或部分地区，还是几个国家的全部或部分地区。

注：病虫害非疫区可以包围一地区、被一地区包围或毗连一地区，可在一国的部分地区内，或在包括几个国家的部分或全部地理区域内，在该地区内已

知发生特定虫害或病害,但已采取区域控制措施,如建立可限制或根除所涉虫害或病害的保护区、监测区和缓冲区。

7. 病虫害低度流行区——由主管机关确认的特定虫害或病害发生水平低,且已采取有效监测、控制或根除措施的地区,该地区可以是一国的全部或部分地区,也可以是几个国家的全部或部分地区。

**附件 B** 卫生与植物卫生法规的透明度

法规的公布

1. 各成员应保证迅速公布所有已采用的卫生与植物卫生法规①,以使有利害关系的成员知晓。

2. 除紧急情况外,各成员应在卫生与植物卫生法规的公布和生效之间留出合理时间间隔,使出口成员、特别是发展中国家成员的生产者有时间使其产品和生产方法适应进口成员的要求。

咨询点

3. 每一成员应保证设立一咨询点,负责对有利害关系的成员提出的所有合理问题作出答复,并提供有关下列内容的文件:

在其领土内已采用或提议的任何卫生与植物卫生法规;

在其领土内实施的任何控制和检查程序、生产和检疫处理方法、杀虫剂允许量和食品添加剂批准程序;

风险评估程序、考虑的因素以及适当的卫生与植物卫生保护水平的确定;

成员或其领土内相关机构在国际和区域卫生与植物卫生组织和体系内,及在本协定范围内的双边和多边协定和安排中的成员资格和参与情况,及此类协定和安排的文本。

4. 各成员应保证在如有利害关系的成员索取文件副本,除递送费用外,应按向有关成员本国国民②提供的相同价格(如有定价)提供。

通知程序

5. 只要国际标准、指南或建议不存在或拟议的卫生与植物卫生法规的内容与国际标准、指南或建议的内容实质上不同,且如果该法规对其他成员的贸易有重大影响,则各成员即应:

---

① 卫生与植物卫生措施包括普遍适用的法律、法令或命令。
② 本协定中所指的"国民"一词,对于 WTO 的单独关税区成员,应被视为在该关税区内定居或拥有真实有效的工业或商业机构的自然人或法人。

提早发布通知，以使有利害关系的成员知晓采用特定法规的建议；

通过秘书处通知其他成员法规所涵盖的产品，并对拟议法规的目的和理由作出简要说明。此类通知应在仍可进行修正和考虑提出的意见时提早作出；

应请求，向其他成员提供拟议法规的副本，只要可能，应标明与国际标准、指南或建议有实质性偏离的部分；

无歧视地给予其他成员合理的时间以提出书面意见，应请求讨论这些意见，并对这些书面意见和讨论的结果予以考虑。

6. 但是，如一成员面临健康保护的紧急问题或面临发生此种问题的威胁，则该成员可省略本附件第 5 款所列步骤中其认为有必要省略的步骤，只要该成员：

立即通过秘书处通知其他成员所涵盖的特定法规和产品，并对该法规的目标和理由作出简要说明，包括紧急问题的性质；

应请求，向其他成员提供法规的副本；

允许其他成员提出书面意见，应请求讨论这些意见，并对这些书面意见和讨论的结果予以考虑。

7. 提交秘书处的通知应使用英文、法文或西班牙文。

8. 如其他成员请求，发达国家成员应以英文、法文或西班牙文提供特定通知所涵盖的文件，如文件篇幅较长，则应提供此类文件的摘要。

9. 秘书处应迅速向所有成员和有利害关系的国际组织散发通知的副本，并提请发展中国家成员注意任何有关其特殊利益产品的通知。

10. 各成员应指定一中央政府机构，负责在国家一级依据本附件第 5 款、第 6 款、第 7 款和第 8 款实施有关通知程序的规定。

一般保留

11. 本协定的任何规定不得解释为要求：

使用成员语文以外的语文提供草案细节或副本或公布文本内容，但本附件第 8 款规定的除外；或各成员披露会阻碍卫生与植物卫生立法的执行或会损害特定企业合法商业利益的机密信息。

**附件 C** 控制、检查和批准程序[①]。

1. 对于检查和保证实施卫生与植物卫生措施的任何程序，各成员应保证：

---

① 控制、检查和批准程序特别包括抽样、检查和认证程序。

此类程序的实施和完成不受到不适当的迟延，且对进口产品实施的方式不严于国内同类产品；

公布每一程序的标准处理期限，或应请求，告知申请人预期的处理期限；主管机构在接到申请后迅速审查文件是否齐全，并以准确和完整的方式通知申请人所有不足之处；主管机构尽快以准确和完整的方式向申请人传达程序的结果，以便在必要时采取纠正措施；即使在申请存在不足之处时，如申请人提出请求，主管机构也应尽可能继续进行该程序；以及应请求，将程序所进行的阶段通知申请人，并对任何迟延作出说明；

有关信息的要求仅限于控制、检查和批准程序所必需的限度，包括批准使用添加剂或为确定食品、饮料或饲料中污染物的允许量所必需的限度；

在控制、检查和批准过程中产生的或提供的有关进口产品的信息，其机密性受到不低于本国产品的遵守，并使合法商业利益得到保护；

控制、检查和批准一产品的单个样品的任何要求仅限于合理和必要的限度；

因对进口产品实施上述程序而征收的任何费用与对国内同类产品或来自任何其他成员的产品所征收的费用相比是公平的，且不高于服务的实际费用；

程序中所用设备的设置地点和进口产品样品的选择应使用与国内产品相同的标准，以便将申请人、进口商、出口商或其代理人的不便减少到最低程度；

只要由于根据适用的法规进行控制和检查而改变产品规格，则对改变规格产品实施的程序仅限为确定是否有足够的信心相信该产品仍符合有关规定所必需的限度；以及建立审议有关运用此类程序的投诉的程序，且当投诉合理时采取纠正措施。

如一进口成员实行批准使用食品添加剂或制定食品、饮料或饲料中污染物允许量的制度，以禁止或限制未获批准的产品进入其国内市场，则进口成员应考虑使用有关国际标准作为进入市场的依据，直到作出最后确定为止。

2. 如一卫生与植物卫生措施规定在生产阶段进行控制，则在其领土内进行有关生产的成员应提供必要协助，以便利此类控制及控制机构的工作。

3. 本协定的内容不得阻止各成员在各自领土内实施合理检查。

# 参考文献

1. Dell'Oro Group. 全球5G基站市场份额与供应链风险［R］. 2023 Dell'Oro 5G Market Report.

2. European Commission. 欧盟技术性贸易壁垒年度报告（2023）［R］. 欧盟贸易政策数据库.

3. 鲍晓华. 技术性贸易壁垒的经济效应和政策选择：基于发展中国家视角的分析［M］. 上海：财经大学出版社，2007.

4. 丁纯，曹雪琳. 欧盟碳边境调节机制对中国贸易的影响：基于动态递归GTAP-E模型的模拟分析［J］. 世界经济研究，2024（2）：18－19.

5. 冯宗宪，柯大钢. 开放经济下的国际贸易壁垒［M］. 北京：经济科学出版社，2001.

6. 纪建悦，许瑶，刘路平. 美国技术性贸易壁垒的新态势与中国的应对策略［J］. 国际贸易，2022（4）.

7. 刘春青，等. 美国、英国、德国、日本和俄罗斯标准化概论［M］. 北京：中国标准出版社，2012.

8. 欧盟海豹产品案综合页面，European Communities—Measures Prohibiting the Importation and Marketing of Seal Products. https：//www.wto.org/english/tratop_e/dispu_e/cases_e/ds400_e.htm.

9. 欧洲汽车制造商协会（ACEA）. 全球新能源汽车市场与技术性贸易壁垒分析［R］. 2023 ACEA Report.

10. 中国蜂产品协会. 中国蜂产品出口欧盟合规操作指南［R］. 2021年，中国蜂协官网.

11. 中国蜂蜜出口欧盟相关 TBT/SPS 通报，WTO TBT/SPS 数据库.

12. Charnovitz, S. The WTO Seal Products Decision：Animal Welfare vs. Free Trade［J］. AJIL Unbound, 2015（109）：89－94.

13. Cho, S. Post-Fukushima Trade Disputes：Science, Risk, and the SPS Agree-

ment [J]. Journal of World Trade, 2020, 54 (2): 217-240.

14. Henry Farrell, Abraham Newman. Geopolitics of 5G Standards: Huawei, Technological Decoupling, and the Future of Global Networks [J]. International Security, 2023, 47 (1): 45-78.

15. Korea — Import Bans, and Testing and Certification Requirements for Radionuclides, https://www.wto.org/english/tratop_e/dispu_e/cases_e/ds495_e.htm.

16. Russia—Measures Affecting the Importation of Railway Equipment, https://www.wto.org/english/tratop_e/dispu_e/cases_e/ds499_e.htm.

17. The WTO Agreements Series Technical Barriers to Trade Third Edition [R]. 2022a. fanj. nl.

18. United States—Measures Affecting the Production and Sale of Clove Cigarettes, https://www.wto.org/english/tratop_e/dispu_e/cases_e/ds406_e.htm.